中華書局

唐滌生

創作傳奇

增訂版

陳守仁 著

增訂版序

　　能為《唐滌生創作傳奇（增訂版）》寫序，感到很榮幸和欣喜；喜見研究唐滌生（1917-1959）的書籍再版，惠及更多受眾。

　　唐滌生成就非凡，很值得重視。他將粵劇由娛樂，提升為藝術。[1]1950 年代唐滌生改革粵劇，重視藝術性。注重劇本素質：劇情合理、題材多樣化、唱腔悅耳。編寫劇本方面質、量並重：獨力編寫的有 400 部、合作的則有 28 部。此外，唐滌生在粵劇和電影之間並行發展：參與 102 部電影；84 部由唐劇改編。[2]

　　《唐滌生創作傳奇（增訂版）》將初版歸入第四章的資料抽出、增補獨立成為「第五章　巔峰五年」是明智的。唐滌生將粵劇與古典戲曲接軌，豐富了粵劇的文學元素。他自 1954 年改編《萬世流芳張玉喬》後，受到啟發，從

1　陳守仁教授主講，「唐滌生與《帝女花之庵遇》選段賞析」，2022 年 10 月 5 日，香港中文大學邵逸夫堂。

2　陳守仁教授主講，「唐滌生與《帝女花之庵遇》劇本與音樂賞析」，2022 年 10 月 17 日，香港中文大學邵逸夫堂。

古典戲曲中吸收養分。[3] 依此路線所編的作品有《牡丹亭驚夢》（1956 年首演）、《帝女花》（1957 年首演）、《紫釵記》（1957 年首演）、《蝶影紅梨記》（1957 年首演）和《再世紅梅記》（1959 年首演）等，皆成為傳頌的經典。余慕雲（1930-2006）便認為唐滌生的經典作品，大都集中在 1956 至 1959 年。[4] 這數年唐滌生夥拍「仙鳳鳴劇團」，被視為完美的組合。1955 至 1959 年，不但是唐滌生編創的巔峰期，也是香港粵劇的巔峰期。

唐滌生改編元、明、清雜劇、傳奇，成就經典粵劇；傳承之餘卻又與原著有別：改編亦是種「創造」。改編者在改編過程中有意「誤讀」（misread）原作。布魯姆（Harold Bloom, 1930-2019）認為文學史上前輩作家對後輩作者的影響，在於後輩對前輩的著作有意識地「誤讀」，而非純粹模仿。[5] 如能推陳出新，便能有所超越。所謂「誤讀」，借埃斯卡皮（Robert Esparpit, 1918-2000）的說法，便是一種

3　區文鳳：〈唐滌生後期的粵劇創作與香港粵劇的發展〉，刊於劉靖之、冼玉儀編：《粵劇研討會論文集》，香港：香港大學亞洲研究中心，1995，頁 444。

4　余慕雲：〈唐滌生傳記〉，刊於《唐滌生逝世四十周年紀念匯演：唐滌生電影欣賞：香港電影資料館珍藏》，香港：香港電影資料館，1999，頁 11。

5　Harold Bloom, *A Map of Misreading* (New York: Oxford University Press, 1975), Introduction, pp.3-6; Harold Bloom, *The Anxiety of Influence: A Theory of Poetry* (New York: Oxford University Press, 1997), pp.5-45.

「創造性背叛」（creative treason）：文學作品為不同讀者出於自身需要而加以利用，其真正面目便會被改造。[6] 在改編過程中，改編者對原著加以改造和利用，也是一種「創造性背叛」。

　　唐滌生在改編過程中，在原著基礎上進行「創造性背叛」：注入新元素，配合讀者和時代的發展；推陳出新，尤為精彩，媲美甚至超越前作。清代黃燮清（1805-1864）《帝女花》，長平公主無奈遵從清廷「賜婚」聖旨，與駙馬周世顯完婚，「鎮日價珠淚洗紅妝」（第十五齣〈觸敘〉），[7] 鬱鬱病歿，死於自然；駙馬也沒有殉國。唐劇《帝女花》，殉國與殉情並行，婚禮與葬禮並進：「墓穴作新房」（第六場〈香夭〉），[8] 營造極為淒美的氛圍，戲劇效果而言，優於原著。另外，明代湯顯祖（1550-1616）《紫釵記》，李益被迫婚，自言：「因盧太尉恩禮。宛轉支吾。」表現猶豫（第五十一齣〈花前遇俠〉）。韋夏卿也怪責他：「言來語去。盡屬模糊。移高就低。」（第四十二齣〈婉拒強婚〉），甚

6　Robert Escarpit, *Sociology of Literature*, trans. Ernest Pick (London: Frank Cass & Co. Ltd., 1971), pp.75-86.

7　黃燮清《帝女花》，刊於黃燮清《倚晴樓七種曲》（缺出版地、出版社，1834-1865 年出版），現藏香港大學馮平山圖書館善本書室。

8　葉紹德編撰、張敏慧校訂：《唐滌生戲曲欣賞》（一），香港：匯智出版有限公司，2015，頁 149。

至責罵李益「薄倖青樓第一名」。[9] 唐劇《紫釵記》，李益面對太尉迫婚，及誤會小玉偽負情：賣釵、另有婚聘的絕望情況下，卻選擇忠於情。李益説：「不堪婚配願以死酬俗眼」，以死明志並以紫釵自盡：「吞釵酬玉碎」（第四場〈吞釵拒婚〉），[10] 在愛情堅貞而言，唐劇《紫釵記》優於湯劇《紫釵記》。

《唐滌生創作傳奇（增訂版）》，除「第五章　巔峰五年」獨立成章外，這一章亦新增具參考價值的資料：著者考證了《梁祝恨史》乃潘一帆和唐滌生合作編寫之作。另外，這一章增添不少材料，豐富了分析：添加了多齣戲劇的內容及分析，如《胭脂巷口故人來》、《三年一哭二郎橋》、《琵琶記》、《紅樓夢》、《唐伯虎點秋香》、《牡丹亭驚夢》、《花田八喜》、《醋娥傳》和《西樓錯夢》等。增訂版增加的材料很具參考價值，結論部分加入長沙灣天主教墳場發現唐滌生女兒唐淑珊之墓，因而衍生唐氏夫人的問題，以及唐氏生年是否 1917 的疑問。此外，增訂版亦增添了不少新注釋如「紅船班」、「十八本」、「提綱戲」等（見本書第一章），方便讀者閱讀和理解。

9　湯顯祖：《紫釵記》（繡刻版《紫釵記》定本），台灣：台灣開明書店，1970，頁 111、113、149。

10　葉紹德編撰、張敏慧校訂：《唐滌生戲曲欣賞》（二），香港：匯智出版有限公司，2016，頁 106。

　　本書研究唐滌生的創作，以編年為主軸，探究唐氏周邊人物，立體呈現唐滌生的創作之路。著者釐清了南海十三郎、馮志芬和唐滌生的傳承關係（見本書第二章）。此外，唐夫人鄭孟霞由於熟悉京劇，亦有助唐滌生的編創工作（見本書第三章）。本書除研究唐滌生的創作之路外，另備三個附錄，分別為「唐滌生文稿三十二篇」、「唐滌生參與及唐劇改編電影年表」和「唐滌生創作及參與粵劇年表」。三個附錄對研究唐滌生編創粵劇、電影甚具參考價值。

　　本書的再版，誠如著者所言：「為粵劇觀眾建議另一個觀賞角度」，以及與「後來學者和唐劇演員分享參考資料」（本書「初版致謝、感懷」）。研究是孤獨的，但研究成果的分享，令孤獨變得不那麼孤獨和更有意義。

劉燕萍

嶺南大學中文系榮譽教授

2022 年 10 月 22 日

初版序　唐滌生創作傳奇的啟發

　　於香港二十世紀文化而言，唐滌生先生（1917-1959）於粵劇的貢獻及地位早有公論。其畢生忠於創作，致力提高香港粵劇的水平，纍纍碩果在今日香港及海外仍不斷發出光芒。以香港功利社會的說法是，唐氏的作品在市場上仍然是未被下架的「熱賣品」。「仙鳳鳴劇團」（任、白）的三大名劇《帝女花》、《紫釵記》及《再世紅梅記》與何非凡的《雙仙拜月亭》的鐳射光碟尚在流通，可惜其出版機構娛樂唱片公司已不再運作！而唐氏其他作品如《西樓錯夢》、《牡丹亭驚夢》、《蝶影紅梨記》等劇，現仍為本地及國內劇團所搬演，且歷演不衰。唐滌生於香港粵劇何等重要？不用余鸚鵡學舌，讀者細讀本書便一目了然。

　　一般人對唐滌生的認識，多止於「仙鳳鳴」的戲寶，或報章、流行雜誌的追憶與懷念。唐滌生先生的作品在其逝世半個世紀後，仍能在粵劇劇目的汪洋大海中脫穎而出，且閃耀奪目。於香港粵劇而言，實舉足輕重。今日我們不能不全面審視唐氏成名前所經歷的種種，了解他如何從一個為馮志芬、麥嘯霞、容寶鈿等名編劇家抄寫劇本的「後生」，發展到為薛覺先、何非凡、新馬師曾、任劍輝、芳艷芬、紅線女、白雪仙、吳君麗等一眾文武生及花旦度

身撰曲、寫劇本的名編劇家（見本書第二章）。這部《唐滌生創作傳奇》正正為讀者提供了一個較全面的歷史視角，為「仙鳳鳴」之前的唐滌生及當時各戲班、老倌和粵劇環境作出可靠及清晰的描述。

於電影，唐滌生先生亦為導演及編劇。他曾在上海白鶴美術專科學校受訓，與香港國語電影導演李翰祥和胡金銓有着十分相似的藝術背景，故其舞台設計十分講究。若細讀他在劇本中的種種要求，就會了解他除了是劇作家外，實相當於今天在唱片、電影及舞台表演常見的「製作人」或「監製」（producer）。唐先生多才多藝，其書法及為粵劇與電影所作的插圖，年前曾在香港文化博物館展覽，這方面應有專家研究。個人認為，唐先生不單是一個能撰曲、擅編劇的開戲師爺，他最終的個人定位是「作者」。在其最後的劇本《再世紅梅記》（1959）中，唐先生曾三次以「作者」自居，並親自繪圖指示。以下均見於該劇的「佈景說明」（下間線為筆者所加）：

　　……此景因別緻之故，說明頗難理解，作者有圖供參考（底景紅日正破雲而上）。〔第二場〈折梅巧遇〉〕

　　……以往粵班之廳堂，多是五彩繽紛，庸俗不堪。故此作者特設此景草圖，欲一洗既往塵俗之氣。〔第三場〈倩女裝瘋〉〕

⋯⋯ 此景<u>作者</u>擬定圖式。煩慶祥照圖設計。〔第六場〈蕉窗魂合〉；按：「慶祥」是負責「仙鳳鳴劇團」舞台佈景的陳慶祥。〕

粵劇觀眾及讀者一直被唐氏優美的曲文或唱詞迷倒，錯過了他精心撰寫的「佈景説明」，實即「演出指引」；其中不少讀來猶如一篇意境清幽的雋永古文小品。就以《帝女花》第四場〈庵遇〉一折的舞台佈景説明為例：

（維摩庵內景連外景）

（旋轉舞台。開幕時雜邊維摩庵。莊嚴肅穆。快雪初晴。桃花三五。遠景皇城。）（衣邊殘橋積雪。轉景後有立體觀音塑像。金童玉女相伴。爐煙繞繞。肅穆處尚帶清淒景象。）（牌子頭一句作上句起幕）（遠寺疏鐘。風聲凜冽。桃花片片飛。）（長平（道姑身）挑舊破竹籃。背塵拂上介。起唱小曲〈雪中燕〉。）

孤清清，路靜靜⋯⋯

唐先生就是用其優雅並帶動態畫面的筆觸，引導當劇者唱出隱世於維摩庵的長平公主思潮起伏前的孤寂與平靜：「心好似月掛銀河靜，身好似夜鬼誰能認⋯⋯」

本書把唐先生四百多個劇本的靈感來源歸納為九類：

「九個繆思」。余對其中一類「翻炒舊作」，即今日所謂「二次創作」最感興趣。在劇目上改編唐宋傳奇、宋元雜劇；在音樂上粵化原來唱官話的「大調」如〈貴妃醉酒〉（〈樹盟〉）及〈秋江哭別〉（〈庵遇〉）；把樸拙的〈妝台秋思〉轉化為殉國殉情前的深情絕唱（〈香夭〉）；把江南琵琶曲〈潯陽夜月〉的絲竹版〈春江花月夜〉改編成〈劍合釵圓〉；把潮州名曲〈寒鴉戲水〉化為〈芸娘〉的小曲（「偷偷痛哭失聲……」），及把潮、客箏曲〈蕉窗夜雨〉變為〈觀柳還琴〉，以上種種，均是唐先生化通俗、古舊及外來（非粵）元素為神奇的「二次創作」。他點石成金，把它們都變成了香港粵劇經典！這就是中國文學、音樂及戲曲一貫以來通用的創作手法。唐先生「翻炒自己」成功的極致，個人認為是把《牡丹亭驚夢》的〈幽媾〉重寫作《再世紅梅記》的〈脫阱救裴〉。更具體地說，是把〈倩女魂〉再生，成了〈未生怨〉。無論意念、場景、氣氛、遣詞用字及旋律（朱毅剛師傅的傑作），均有跡可尋。但再生的意境及整體效果清新可喜，並沿着同一氛圍，帶出一段集歌、舞、樂於一體，長達十四分鐘的〈霓裳羽衣十八拍〉（「莫非你驟借雲煙駕霧來……」）的一手創作！

　　在其作品中，唐先生處處流露早年在中國內地受教育、受戰火流離孕育出來的中國歷史人文情懷與想像。當馬師曾、紅線女在廣州正經歷文革前的反右運動和戲曲改革之際，唐先生與香港粵劇黃金時期的頂尖粵劇演員，卻

在香港英國殖民政府治下極鮮有之歷史文化空隙中，出色地展現了他們的才華。余相信是香港五十年代的獨特文化環境使然。這就是本書結論中的「第十位繆思」：「對唐氏創作有更深啟發的第十位繆思是他既曾被戰亂、生離、死別所洗禮，而又在戰後的香港享受到高程度的創作自由」。旨哉斯言！這部《唐滌生創作傳奇》肯定可讓關心香港粵劇及唐滌生先生創作的讀者，對其人及其時代有更深入的了解。

本書共六章，[1] 前四章為唐氏的「創作傳奇」，第五章為唐氏對粵劇及各有關方面的語錄，共一百一十七條。讓資料說話。作者用唐氏自己的話語來交代其人其事的意圖，彰彰甚明。第六章結論為作者對唐氏一生成就的總評。

唐滌生先生在中國文學、戲曲及香港粵劇絕對是一個異數，亦是一個傳奇！陳教授面對如此豐富及傳奇的精彩資料，仍恪守學者的嚴謹，為讀者提供書中人物（多聞而不知者）的資料，讀來猶如「唐滌生百科全書」，實勞苦功高！於此，忽發奇想：能用上太史公寫列傳，或唐滌生天馬行空的筆觸與角度，去二次創作《唐滌生傳奇》的最佳人選，應陳教授莫屬！猜想此亦是他在書寫過程中不斷

1　增訂版有七章。

面對的誘惑。

　　我等立足當今學術界，免不了要用西方通用的英語發表成果。陳教授在參與這個行內必要之「遊戲」的同時，仍持之以恆用中文發表有關粵劇研究的書籍與論文，極不容易。他不單身體力行，並帶動一眾門生，於香港粵劇音樂研究，已交出了亮麗的成績。自陳教授離港移民英國威爾斯至今，本港大學音樂系的粵劇研究與教學一落千丈，確沉寂了好一陣子。這部《唐滌生創作傳奇》是其多年潛心研究的成果，放諸其過去香港粵劇研究豐厚的業績，可說是陳氏重出江湖的頭一炮，也許是他壓卷巨著的開篇。作為香港音樂文化研究的一份子，為唐滌生先生的傳奇寫上幾句話，余義不容辭。惟出版時間逼迫，不免草草！

余少華

2016 年 4 月 27 日

初版致謝、感懷

研究工作沒有捷徑，也只有藉不斷的努力、耐心的累積才會產生點滴成果；很多時，儘管學者盡了所能，其收穫往往充其量也只是階段性的。在此，我必須感謝梁沛錦教授、余慕雲先生、葉紹德先生等人過去為唐滌生研究所奠下的基礎；藉着他們的前驅性努力，我們才得以緩步向前，朝着下一階段邁進。

雖說研究工作 ── 尤以人文學科在香港而言 ── 是孤獨的旅程，本人非常感激戴淑茵博士、李少恩博士多年來給我的關懷和協助；是書的完成，亦蒙阮紫瑩小姐、林英傑先生、林萬儀博士、張文珊小姐、邵寶珠小姐、湛黎淑貞博士多番幫忙，我當銘感於心。本人亦感謝一向令我景仰的余少華教授賜序及勉勵、阮紫瑩小姐寫「跋」和無私分享資料、匯智出版社羅國洪先生提出寶貴意見，以及香港電影資料館、文化博物館、香港中文大學音樂系戲曲資料中心、香港中央圖書館、香港大學馮平山圖書館提供資料。

去年，粵劇圈一些朋友悄悄地紀念一代名旦、愛國藝人薛覺先的「賢內助」唐雪卿逝世六十周年；今年，我們幾個香港「小眾」紀念麥嘯霞殉難七十五周年，粵劇圈不

少朋友發起紀念薛覺先辭世六十周年，香港不少傳媒報道世界各地紀念莎士比亞逝世四百周年的活動，另外香港一些戲曲、粵劇愛好者也默默地紀念同是死於 1616 年、大部分香港人感到比莎士比亞更陌生的湯顯祖離世四百周年；而明年，我們也許會紀念容寶鈿逝世二十周年，和唐滌生誕生一百周年。

在今天香港，當學術圈在醫學、科研、商學、財經、管理的主導下，當崇洋風仍熾烈，人文學科 —— 尤以中國、香港本土研究 —— 的價值備受質疑。戲曲被視為盛世的點綴，學者、藝人被邊緣化更毋庸多説；粵劇的發展四面楚歌，在劇場內，不文明的捧場客嚇退了認真的觀眾，窒礙着粵劇精緻化的進程⋯⋯在無事可為下，藝人與學者是否只盲目跟風地搞些紀念活動？更涼薄的，是説他們借搞紀念發財！

一如研究，創作也是孤獨的事業；但孤獨本身是一雙明亮的眼睛，能看通、洞察世態玄機；透過劇作家這雙法眼和生花的妙筆，結合藝術家的深情演繹，一部動人的粵劇往往對處於十字路口的我們 —— 不論販夫走卒，還是王公卿相 —— 有所啟發，幫我們空虛的心靈開竅。這樣來看，唐滌生的貢獻是他曾經藉他的劇作，充分發揮粵劇在省港澳的本土人緣和地緣作用，支撐了千千萬萬曾經在物質、肉身、精神痛苦中掙扎的人們，給了他們身份、價值、判別和抉擇的動力，以及活下去或為理想而犧牲的勇

氣。如此，若本書能夠為粵劇觀眾建議另一個觀賞角度、與後來學者和唐劇演員分享參考資料、向粵劇的推動者呈上一些意念，或令當代和未來編劇家得到啟發、促成動人作品的面世，則研究工作總算沒有白費。

在孤獨的人生旅程中，近兩年間我有不少難過的日子；我感謝摯友陳榮開、他的「賢內助」Carol、好友朱冠來、王舜歡、梁慶榮、勞偉忠、鄺麗媚、杜增祥，以及表叔葉繼華醫生、表嬸，和兩位姐姐陳寶珍、陳寶蓮一直在精神上的支持，並謹以此書紀念一向慈祥、真誠待人的先父、先母逝世十周年。

陳守仁

2016 年 4 月 30 日

羅便臣道「宏基國際賓館」1201 室

初版前言

　　經歷了自二十世紀初至 1930 年代不少藝人、劇作家、音樂家和班政家的努力，香港粵劇終於在 1938 至 1959 年這約二十年間開花結果。這花朵的名稱叫「唐滌生」（1917-1959），這果實是超過 420 齣的粵劇作品。自此，他為香港粵劇的發展奠定了穩固的基礎，也打造了香港粵劇的獨特風格。他的劇作，由芳艷芬的《六月雪》和《洛神》，至任劍輝、白雪仙的《蝶影紅梨記》、《帝女花》、《紫釵記》和《再世紅梅記》，以至何非凡、吳君麗的《雙仙拜月亭》和《白兔會》，早已成為香港粵劇的經典劇目。它們曲折但合理的情節、緊醒的曲白、雅俗共賞的唱詞，和悅耳動聽的唱段風靡了不少觀眾，並隨着香港人移民海外而傳遍世界各地。

　　唐滌生雖然並非在香港出生，但他由 1938 至 1959 年的創作生涯既以香港為根據地，亦曾與幾乎所有香港紅伶、作曲家、伴奏樂師和班政家為合作夥伴，故可以稱得上是香港卓越的編劇家，而他的成就亦足令香港人感到自豪。事實上，若非中國政府一向視粵劇為「地方劇種」，唐滌生絕對有條件被提升為「國寶級」劇作家，無遜於我國的關漢卿（？-約 1290）和湯顯祖（1550-1616）、英國

的莎士比亞（William Shakespeare, 1564-1616）及法國的雨果（Victor-Marie Hugo, 1802-1885）。

作為一個孤獨的粵劇工作者，身處於 1950 年代香港粵劇的艱難歲月，即使時刻被「趕工」、「賺錢」的陰影籠罩着，唐滌生卻始終堅守崗位，用心鑽研古典戲曲，努力閱覽各種題材，誠心觀察和欣賞演員的藝術成長，小心地策劃，嚴謹地創作，積極地為後世創造一批文獻式的粵劇和電影作品，並把香港粵劇從娛樂方式推上藝術事業的軌道。

2017 年是唐滌生誕生一百周年，在紀念唐氏貢獻的同時，重構他傳奇式的創作生涯，追尋他那些源源不絕的靈感的來源，分析他如何看待自己的創作事業，以及回顧過去一個世紀裏香港粵劇的發展，足以令我們肯定唐氏貢獻是前無古人、後欠來者。

增訂版前言

　　自《唐滌生創作傳奇》初版在 2016 年面世至今，本書著者欣見多本與唐滌生創作粵劇劇目有關的專著出版，包括朱少璋和張敏慧的多本著作，其中為本書的修訂提供了大量珍貴資料的是李少恩的《唐滌生粵劇選論：芳艷芬首本（1949-1954）》（2017），而岳清的《新艷陽傳奇》（2008）則仍然是研究芳艷芬與唐滌生合作的必備參考。此外，本人近年與張群顯博士和何冠環教授合作編寫和校訂《帝女花讀本》（2020；2022 修訂第二版）和《紫釵記讀本》（2021）的過程中，亦加深了對唐滌生粵劇創作的了解，直接啟發了本書的修訂工作。

　　本書著者感謝蘇寶萍女士、吳詠芝女士在研究上長期提供支援和協助，也感謝粵劇研究者岳清先生無私地分享研究資料；本人並感謝戲棚文化學者蔡啟光先生、粵劇紅伶阮兆輝教授、電影研究者阮紫瑩小姐和粵劇學者林英傑先生等人提供多方面的資料。

　　本書著者尤其感謝嶺南大學中文系劉燕萍教授多年來的支持和為這個增訂版寫序。劉教授有關唐滌生的專著和多篇論文，為本書提供了珍貴的參考資料。

　　自 2008 年初離開香港中文大學音樂系的崗位，不無

唐滌生創作傳奇（增訂版）

感到人情冷暖、跟紅頂白、秋後算帳、莫須有帶來新的挑戰，時刻鞭策我須堅強，謹此對無間地送上暖流的阿康、阿齊、Sidney、Charles、Carol、Grace、Sharon、Bonny、Wing、Ophelia、阿照、傑文、國明兄和 Terrenz 等致意。

陳守仁

2023 年 10 月 22 日

灣仔分域街太平洋咖啡

目　錄

第一章

家世與至親

唐氏家世

一代粵劇編劇名家唐滌生的唐氏家族是廣東望族，祖籍廣東省香山，是國父孫中山（1866-1925）的同鄉。國父在 1925 年逝世，1927 年國民政府接納國民黨元老唐紹儀（1862-1938）的倡議，把「香山」改名「中山」，以紀念國父對國民革命的貢獻。

唐滌生祖輩原居的唐家灣，是今天珠海市管轄的唐家鎮。地理上，唐家灣和珠海與澳門毗鄰，距離廣州和香港不遠，是廣東省對外的另一扇大門，也是歷代嶺南文化的搖籃，善於吸收歐美因子融匯於傳統文化之中，過去人才輩出，自非偶然。

英國學者馬克奧尼爾（Mark O'Neill）在《唐家王朝：改變中國的十二位香山子弟》（*The Second Tang Dynasty: The Twelve Sons of Fragrant Mountain Who Changed China*；中譯本 2015）列舉了這十二位「香山子弟」，較著名的六位是：容閎（1828-1912），是首位留學西方的華人及教育家；唐紹儀，是民初政要及國民黨元老，也是民國第一任內閣總理；黃寬（1829-1878），是首位留學歐洲的華籍

醫學先驅；唐廷樞（1832-1892），是首位現代洋行買辦，其後成為洋務運動（1861-1895）的先驅；唐寶鍔（1878-1953），是律師、漢學家和中國律師協會創辦人之一；及唐翹卿（1841-1925），是民初茶業巨子，曾創辦第一間華資茶業出口公司，成功打破外資的壟斷。

據余慕雲（1930-2006）的〈唐滌生傳記〉引述唐氏遺孀鄭孟霞（1912-2000）所說，唐滌生 1917 年 6 月 18 日出生於東北黑龍江省某地（余 1999:7）；[1] 但據賴伯疆、賴宇翔合著的《蜚聲中外的著名粵劇編劇家唐滌生》，唐滌生大概是在上海出生，並在上海度過他的童年和少年，直至 1936 年才回到廣東中山（賴、賴 2007:173）。

唐滌生的父親名字待考，母親是梁善楨（生卒年待考）。父親曾任海員，是舉足輕重的政壇元老唐紹儀的侄兒，故唐滌生是唐紹儀的侄孫。唐紹儀的另一個侄兒是 1930 至 1950 年代的粵劇紅伶及電影紅星唐雪卿（1908-1955）的父親，故此唐雪卿既是唐紹儀的侄孫，也是比唐滌生年長約九歲的「堂姐」。

1　唐滌生出生於黑龍江一說，最早見於唐賓南在 1959 年 11 月 1 日舉行的「港九伶星各界追悼唐滌生先生大會」場刊中所寫的〈唐滌生先生事略〉。

唐滌生、唐雪卿、薛覺先

1920 年代，不少唐家灣唐氏族人旅居上海，從事多種行業並且成就卓越。這時，唐滌生的堂姐唐雪卿及家人亦於上海居住，與唐滌生一家可能早有交往。唐雪卿的父親當時在上海一間洋行任職買辦，家境自當不錯；唐雪卿曾在崇德女校及啟明女校唸書。但唐雪卿的父親不幸於約 1924 年突然辭世。家道中落的唐雪卿被迫輟學，時年十六歲。

幸好正值「二八年華」的雪卿長相娟好、身材高駣及能歌擅舞，很快被著名導演竺清賢（約 1905-1983）選為晨鐘影片公司出品的電影《悔不當初》的女主角，在電影圈初露頭角（賴 1993:38）。

1920 年代也是薛覺先（1904-1956）崛起於粵劇圈的年代。他自 1922 年被省港大班「環球樂」聘為「拉扯」[2]後，一直追隨著名小武演員朱次伯（1892-1922），尤其仿效朱氏以「本嗓發聲」、用稍低調門及採納廣府方言取代舞台官話的「生角平喉」唱法。

同年，朱次伯因政治立場或桃色事件被暗殺後，薛覺先先後受聘於「新中華」及「人壽年」班，因擅演丑生為觀眾樂道。

2　「拉扯」是傳統角色，在十大行當中屬「雜」類，地位比「手下」高，扮演次要人物如朝臣、家院、中軍、旗牌等；專職武打的稱「打拉扯」（《粵劇大辭典》2008:344；347）。

也在同一年，薛覺先於「人壽年」班與當紅男花旦（「乾旦」）千里駒（1888-1936）合演著名開戲師爺駱錦卿（約 1890-1947）編劇、取材自西方小說的《三伯爵》[3]後聲名大噪，其時年僅十八歲。

1923 年「梨園樂」班用高薪聘請薛氏為「唯一丑生」，夥拍靚少華（1901-？）任文武生，及男花旦陳非儂（1899-1984）任正印花旦。1925 年 7 月，正當薛覺先的演戲事業如日中天之際，他遭歹徒藉故勒索，被迫連夜從廣州逃到香港，再藉朋友的幫忙避難到了上海（賴 1993:36-37）。

在上海，薛覺先化名為「章非」，時刻記掛從京劇和電影吸收改革粵劇的養分。他翌年創辦非非電影公司，在開拍電影《浪蝶》前，登報招考女主角，與報考的唐雪卿邂逅於片廠，二人一見鍾情，共墮愛河。1926 年底「省港大罷工」結束，薛覺先、唐雪卿回到香港，二人於 1928 年 6 月 28 日在廣州結婚。

1929 年，薛覺先創立「覺先聲劇團」，以廣州和香港為基地。1929 年 12 月，他首演由著名開戲師爺梁金堂（生卒年待考）編寫的「西裝粵劇」《白金龍》。這劇改編自美國默片《郡主與侍者》（*The Grand Duchess and the Waiter*，1926 年首映），藉風趣的愛情故事，呼籲廣

3　駱錦卿粵劇作品中較為著名的還有《苦鳳鶯憐》（1924），由馬師曾等主演。

東人識穿及打破入口商對中國本土煙草業的抹黑和封殺
（李嶧 2006:5-7），創下了連滿一年的空前賣座紀錄（賴
1993:71）。

　　1930年，薛覺先又藉《心聲淚影》和《璇宮艷史》兩
劇風靡省、港、澳的觀眾。前者是南海十三郎（即江楓，
1909-1984）的原創作品，後者是梁金堂改編自著名德國
裔導演 Ernst Lubitsch（中譯「劉別謙」，1892-1947）的 *The Love Parade*（1929年於紐約首映）。

| 薛覺先在「西裝粵劇」《璇宮艷史》的造型

薛先其及人雪女合
攝與妹夫唐卿士影

左起：薛覺清（薛覺先的十妹，又名倩
儂，後來成為唐滌生妻子）、唐雪卿（薛
覺先妻子）、薛覺先，約攝於 1930 年。

　　據香港學者林英傑未發表的文稿〈打曲不成曲打
我 ── 唐滌生傳略〉（2016），[4] 唐滌生早在少年時期已從
上海回到中山，1935 年就讀於翠亨村私立總理故鄉紀念
學校，即今天的中山紀念中學。他曾在校內被選為學生會
主席及主持學生運動，先後推動反對校長專制的「護校運
動」和號召學生及鄉民支持抗日。

4　文稿載錄大量珍貴資料，謹此向無私分享的林英傑先生致謝。

1937 年初，唐滌生母親病逝，父親帶他及弟弟滌棻（1921- 約 1941）回到上海居住。這期間，唐滌生在白鶴美術專科學校及由美國教會開辦的滬江大學攻讀，並加入了名人雲集的「湖光劇團」，同時活躍於京劇、話劇和電影圈（賴、賴 2007:7-9）。

1937 年「七七事變」爆發，日軍開始全面侵華，唐滌生的父親這時不幸去世，唐滌生隨繼母從上海到了廣州。在廣州期間，據說他曾出任正在籌劃中的「廣州無軌電車局」的秘書，其後又回到中山參加話劇團，編寫了《漁火》一劇，宣揚抗日及愛國思想（賴、賴 2007:9-10）。這時廣州人心惶惶，難民不斷湧往香港和澳門。據林英傑的〈唐滌生傳略〉指出，唐滌生不久抵達香港，找到堂姐唐雪卿，在她引薦下，加入了堂姐夫薛覺先領導的「覺先聲男女劇團」。

踏足粵劇圈

早在 1933 年 11 月初，香港政府批准了男女演員可以同台演出，「覺先聲劇團」順應潮流，立刻聘請譚玉蘭（？-2003）、蘇州麗（生卒年待考）等女性花旦（「坤旦」或「坤伶」），並改名為「覺先聲男女劇團」。譚玉蘭 1935 至 1937 年亦拍了多部電影，擔任主角或配角；在 1930 年代，她與上海妹（1909-1954）、衛少芳（1908-

1983）、譚蘭卿（1908-1981）合稱「四大名旦」，並有「艷旦」之稱。

　　「覺先聲男女劇團」其後改聘上海妹為正印花旦，之後她與薛覺先長期拍檔，而唐雪卿則擔任二幫花旦。上海妹原名顏思莊，出生於新加坡的梨園世家，自小隨父親、名伶「太子友」習藝，六歲初踏台板，年少已在東南亞走埠，1931 年更在美國與馬師曾（1900-1964）演出時結識名丑生半日安（原名李鴻安；1904-1964），其後結成夫婦。上海妹與譚玉蘭同樣是影、劇雙棲，一生拍了 13 部電影。衛少芳曾受聘於太平、錦添花等劇團，擅演青衣，首本戲有《花街慈母》等（參閱「維基百科」）。

　　唐滌生既在「覺先聲男女劇團」任職「抄曲」和充當開戲師爺的助手，在親上加親的意願下，他在 1937 年 9 月 23 日（即農曆八月十九日）娶了薛覺先的十妹薛覺清（又名倩儂；1918-2010）為妻，其後育子（唐寶堯）、女（唐淑嫻），全家居住在薛氏位於銅鑼灣愛群道、落成於 1936 年 11 月的大宅「覺廬」（林英傑 2016:1-2）。

　　唐滌生從此開始踏足薛家和粵劇圈。

敬啟者茲定民國廿六年九月廿三日（舊曆八月十九日）為舍姪滌生（舍妹倩儂完婚。際此國難嚴重時期，一切禮儀，決意從儉，祗在香港政府註冊，並將一切婚禮費用，送交華人賑災會，聊表結婚不忘救國之微意。親朋戚友，惠賜禮儀，敬請轉換救國公債，蓋所以幫助政府推銷，亦聊為國家盡一分之力云爾。

唐熙南
薛覺先　同啟

1937 年 9 月唐滌生與薛倩儂結婚啟事，當中「唐熙南」與唐滌生大概是叔侄關係。（蒙林英傑先生提供，謹此致謝。）

唐滌生攝於 1950 年代

第二章

身歷高峰

1920 至 1930 年代粵劇概況

1920 至 1940 年代是現代粵劇史上的第一個高峰，它的成就不只在大量新劇目、藝人、伴奏樂師和編劇家的湧現，也見於題材的多樣化、伴奏樂器中西兼用、引入京劇和北派元素、音樂和唱腔、唱法的創新、男女合班和六柱制，更重要的是戲曲審美觀念、粵劇觀的萌芽，和粵劇史研究初見成果。

今天，對 1930 年代粵劇面貌的了解，最重要的文獻是當時著名的編劇家和電影導演麥嘯霞（1904-1941）於 1940 年出版的《廣東戲劇史略》。[1] 書中「廣東戲劇特質與時代精神」一節，麥氏把粵劇的特質定性為「輕快流麗」、「新穎善變」、「以平劇為老兄，而以電影為諍友」和「具備了中國寫意派藝術的一切優點和一貫精神，既運用美妙的身段符號來表達深奧細微的心情，亦藉着經濟、簡練的方法去達到戲劇的效果」。

1　見陳守仁編注：《早期粵劇史：〈廣東戲劇史略〉校注》，香港：中華書局，2021。

　　麥嘯霞同時指出優美的粵劇演出不只為國民提供賞心悅目的娛樂和藝術，更高層次的，是增強中國人的民族自尊。他說：「我國事事落後，唯一足以自豪的便是藝術，若從高處着眼，擺脫現實的限制，讓我們神馳於戲劇藝術的世界，自當感到超然在上。」（陳守仁 2021:43）

　　然而，在 1920、1930 年代這種「新粵劇」出現之前，粵劇仍處於「紅船班」[2]、「十八本」[3] 和「提綱戲」[4] 的階段，而由晚清開始出現的班本戲雛形仍未普及。唐滌生進入粵劇圈時，粵劇剛剛完成了在省港澳戲院扎根、由提綱戲過渡至班本戲，以及由開戲師爺過渡至編劇的階段。

　　在「提綱戲」或「爆肚戲」盛行的古代粵劇和近代粵劇，開戲師爺的功力每每奠定一本新戲的成敗。高超的師爺「橋多」兼「橋絕」，拙劣的則老是抄襲「舊橋」，且多「死橋」甚至「屎橋」。然而，即使開戲師爺有「神來之筆」度出「絕橋」，整本戲仍然在很大程度上視乎大老倌的素質甚至取決於臨場發揮。而更由於提綱戲實在屬於因循舊制的集體創作，故在劇情上常出現與時代洪流和社會變遷脫節、首尾不一致、平鋪直敘甚至犯駁的弊端。

2　戲班因以紅船運送下鄉演戲而得名。

3　「江湖十八本」是古代粵劇（1750-1850）的常演劇目；「大排場十八本」和「新江湖十八本」是近代粵劇（1850-1920）的常演劇目。

4　依據一紙「提綱」、運用排場和「爆肚」（即興）演出的粵劇。

　　事實上，當時大部分開戲師爺的目標是為大老倌提供
一個鬆散的架構，好待有足夠空間容許演員把大量的唱、
做、唸、打片段「塞入」架構，以營造豐富的視覺、聽覺
甚至娛樂效果。正如當代名演員阮兆輝（1945-　）憶述，
傳統粵劇觀眾一般並不在乎劇情是否合理，只在乎由哪位
主演和是否「好睇」。而顧名思義，開戲師爺的職責主要
在「開戲」，至於「埋尾」或「收科」，便須由老倌們「貴
客自理」了。

　　清末，香港和澳門出現了「志士班」，藉改革粵劇宣
揚推翻滿清的革命思想，創作的劇本稱為「理想班本」，
雖然難成氣候，但畢竟為粵劇注入了新的思維，如採用日
常廣府話取代舞台官話，以及生角演員採用「平喉」（即
本嗓或自然發聲）取代高尖、接近旦角子喉的「小生喉」，
多少開始促使觀眾口味發生改變。

　　清末至民初，「近代粵劇」的奠基、省港大班的興
起、香港的開埠和第一批戲院建立於 1850 年代，以至粵
劇進入及扎根於都市，與「班本戲」取代「提綱戲」的潮
流幾乎同步進行，當中的關鍵是廣州及香港政府明令戲班
在演出前須交出劇本作審查，以及觀眾口味的改變。

　　自從省港大班以廣州和香港戲院作為基地，傳統的審
美觀念終於在 1920 年代被新世代的新審美取代。都市裏
教育水平較高並且有接觸西方電影的觀眾開始重視劇情的
緊湊和合理，迫使戲班督促開戲師爺改編或寫作新風格

的「班本」來取代集體創作、依賴爆肚和劇情鬆散的提綱
戲。在這些省港大班，開戲的職責從開戲師爺一人分工為
開戲、抄曲、撰曲（按既有曲牌填詞及創作新的曲牌）及
提場四個職位（陳守仁 2021:86）。這細微的分工反映了觀
眾對優質劇目的需求，是一個大躍進。

　　繼 1923 年「人壽年」班的駱錦卿改編西方小說《三
伯爵》後，約在 1928 年，編劇家陳天縱（1903-1978）及
麥嘯霞合作把西片《八達城之盜》（*The Thief of Bagdad*，
1924 年首映）改編成粵劇《賊王子》，迅即成為名伶馬師
曾的首本戲，既風靡了省港觀眾，也創造了賣座紀錄。如
前文所述，1929 年薛覺先的《白金龍》和 1930 年的《心
聲淚影》、《璇宮艷史》亦獲得空前的成功（賴 1993:70-
78）。

　　1920 至 1930 年代，新劇目在題材上作出多種革新及
嘗試，包括：（一）新編革命史劇，如《太平天國》、《雲
南起義師》、《粉碎姑蘇台》、《溫生才打孚琦》、[5]《火燒阿
房宮》和《怒碎黨人碑》等，藉以呼籲世人支持國民革
命；（二）改編世界名著，如《茶花女》、《黑奴籲天錄》、
《半磅肉》和《羅蜜歐與朱麗葉》等，藉以呼籲世人放眼
世界；（三）改編外國歷史劇，如《拿破崙》、《賓虛》、《魯

5　志士班演員馮公平等據真人真事改編，詳見《早期粵劇史：〈廣東戲劇史
　　略〉校注》，2021:45-46。

濱血》（即《羅賓漢》）、《安重根刺伊藤侯》[6] 和《獅王李察》等，藉以令世人了解外國歷史；（四）改編著名電影，如《白金龍》、《璇宮艷史》、《賊王子》、《復活》、《野寺情僧》、《無敵王孫》、《野花香》和《深閨夢裏人》等，藉以呼籲借鑒西方電影；（五）原創的西裝新劇，如《慾魔》和《冷月孤墳》等，藉以追上時代步伐；（六）原創的時裝新劇，如《毒玫瑰》、《鬥氣姑爺》、《龍城飛將》、《可憐秋後扇》和《一個女學生》等，使粵劇增添時代色彩（陳守仁 2021:45-46）。

劇本之外，其他能適應潮流和切合時代的改革有：（一）採用西方樂器和奏，如梵啞鈴（violin）、結他（guitar）、色士風（saxophone）、班祖（banjo）等；（二）恢復用古樂器和奏，如喉管、洋琴、秦琴等；（三）改用立體佈景；（四）採用電影表情；[7]（五）滲入話劇氣氛；（六）統一時代服裝等（陳守仁 2021:46）。

麥嘯霞的《廣東戲劇史略》也記載了 1920、1930 年代 73 位編劇家的姓名及 815 個劇目，足見當時粵劇創作的盛況。這些編劇家競相以緊湊、複雜及切合現實的情節

6　大膽地搬演朝鮮人安重根（1879-1910）於 1909 年刺殺時任朝鮮總監的日本政要伊藤博文（1841-1909）的真實事跡。

7　相信是指粵劇劇本中介口的表達方式借用了電影劇本的方法。據說，一些介口標明使用「電影口白」（劉文峰，2008:19）。

和緊醒的科白來吸引觀眾，攜手打造 1930 年代的粵劇高峰（陳守仁 2021:126-129；131-166）。

「覺先聲」的編劇團隊

唐滌生於 1937 年加入「覺先聲」任職抄曲時，薛覺先以重金禮聘了不少編劇家為「覺先聲」開戲，包括麥嘯霞、南海十三郎、李少芸（1916-2002）和馮志芬（約 1907-1961），以及多位女編劇家如唐雪卿、容寶鈿（筆名「容易」；1910-1997）、江畹徵（1904-1936）、臥月郎（約 1910-？）、望江南（1918-1979）等，可謂人才濟濟。時年二十歲的唐滌生當上了他們的「後生」[8] 時，相信斷不會想到他有一天會青出於藍，成為粵劇史上最知名的編劇家。

如前文所述，麥嘯霞是 1930 年代香港著名粵劇編劇家、電影編劇和導演，也是書法家、美術家、篆刻家、作曲家和粵劇史家。他出生於富裕家庭，但不幸家道中落。約 1928 年，他在名編劇家陳天縱及盧有容（1889-1945）引薦下，在廣州為馬師曾編劇，與陳天縱合編《賊王子》，自此聲名鵲起。

麥嘯霞約於 1927 或 1928 年移居香港，其後加入「覺

8　這是容寶鈿在 1990 年代向本書著者憶述唐滌生時的用語。

先聲」，任宣傳部主任及編劇，並曾與薛覺先合作多部電影。1933 年，他為黎北海（1889-1955）監製的香港首部局部有聲片《良心》任導演。由 1934 至 1940 年，他總共參與了 22 部電影的製作，擔任演員、主題曲主唱、作曲、填詞、編劇及導演（陳守仁 2021:30-31）。

麥嘯霞執導的電影代表作有：（一）《荼薇香》（1936），由薛覺先、唐雪卿主演，與《白金龍》同樣以反外資壟斷為主題；[9]（二）《花木蘭》（1939），由陳雲裳（1916-2016）、鄺山笑（1909-1976）主演，以抵抗外敵入侵為主題；和（三）《血灑桃花扇》（1940），由鄭孟霞、鄭生（1905- 約 1980）和林坤山（1891-1964）主演，以激發香港人的愛國情操為主題，是麥嘯霞今天仍然保留的唯一電影作品。[10]

麥嘯霞的粵劇作品數以百計（何建青 1993:255），可惜在 1941 年 12 月 8 日日軍開始進攻香港時，他寄居在港島羅便臣道「妙高台」容家大宅，為免連累妻兒及容家家人，他把自己含反日思想的劇本、著作及電影拷貝燒掉或丟進海裏；其後他的其他作品亦全數毀於日軍炮火。

電影《血灑桃花扇》之外，今天只保存他與徒弟容寶

9　見陳守仁〈薛覺先、唐雪卿攜手尋突破、反壟斷〉，載《香港電影資料館通訊》，第七十八期，頁 3-4。

10　見陳守仁〈麥嘯霞熱血灑在桃花扇〉，載《香港電影資料館通訊》，第七十六期，頁 21-23。

鈿合編如《花魂春欲斷》（約 1933）和《荀灌娘》（1939）等十多個劇，以及他與陳天縱、盧有容、陳劍儔（生卒年待考）為馬師曾、騷韻蘭（生卒年待考）合編的《斷腸蕭郎一紙書》，與繆劍神（生卒年待考）為薛覺先合編的《九頭獅子》和《白鷹》等劇本。

南海十三郎本名江譽鏐，又名江楓，是廣州望族後人，曾在香港大學醫學院攻讀，又曾在廣州女子師範學校任教，並精通中文、英文。他的粵劇作品有《燕歸人未歸》（1930 年代）、《心聲淚影》（1930）、《女兒香》（1939）等，也有多個劇作被改編成電影劇本。二次大戰後，他因精神出現問題而淡出劇壇，1984 年病逝於香港青山醫院（《粵劇大辭典》，2008:881）。

馮志芬也是出身於書香世家，但比麥嘯霞稍遲出道，由名丑廖俠懷（1903-1952）在 1930 年代初介紹到「覺先聲」，初時任南海十三郎的編劇助手。約在 1933 年，南海十三郎不知何故與時人稱「薛五嫂」的唐雪卿發生意見，之後便再沒有為薛覺先開戲，加上麥嘯霞在抗日戰爭爆發後以電影、粵劇、研究、寫作多棲，馮志芬遂成為「覺先聲」的主力。他曾改編莎士比亞的《羅蜜歐與朱麗葉》為《嫣然一笑》（1938），其他名作無數，有《胡不歸》（1939；1940 年拍成電影）及合稱「四大美人」的《貂蟬》（1938）、《西施》（1939）、《王昭君》（1940）和《楊貴妃》（年份待考），戰後則有成為何非凡（1919-1980）首本的《情僧

偷到瀟湘館》（1948），創連滿 367 場的佳績（《粵劇大辭典》，2008:872-873）。

李少芸在戰前的劇作有為「覺先聲」編寫的《陌路蕭郎》（1930 年代初）和《歸來燕》（1930 年代初），中期的名作有為新馬師曾編的《光緒皇夜祭珍妃》（1950）、為芳艷芬寫的《王寶釧》（1957）和《紅鸞喜》（1957），以及為林家聲編的《龍鳳爭掛帥》（1967）和《春花笑六郎》（1973）等（《粵劇大辭典》，2008:947-948）。

1930 年代「覺先聲」及香港粵劇的另一個突破是羅致了幾位「才女」開戲，她們雖是寥寥數人，但彌足珍貴。

「望江南」是張式蕙的筆名。她生長在富裕家庭，熱愛文學，不時寫作戲劇故事及劇本。由於當時社會仍視戲行為不光彩的行業，她只能託朋友把劇作交給戲班，並用筆名掩飾真正身份。據說她曾把日文小說《不如歸》改編成《韓娘恨史》，最後啟發了馮志芬在 1939 年編寫名劇《胡不歸》（鄧兆華 2004:2-3）。[11]

在中產家庭長大的謝君諒處境與張式蕙相似，曾用「臥月郎」作筆名，為薛覺先編寫了《靈犀一點通》（1932）、《月冷花香》（1936）等幾齣戲。

薄命的豪門女兒江畹徵是南海十三郎的胞姐。據說她

11　據說，張式蕙的編劇事業是在解放後才正式展開的；見《粵劇大辭典》。

曾在劇本上署名弟弟的綽號，並託他交給戲班；因此，有以為她才是《女兒香》和《紅粉金戈》等劇的真正編者。

如前文所述，唐雪卿是薛覺先的妻子，也是粵劇紅伶和電影紅星，粵劇作品有《龍鳳帕》和《相思盒》，兩劇均為薛覺先首演於 1927 年。

容寶鈿（筆名「容易」，洋名 Alice Yung）也是望族後人，祖籍廣東省中山南屏（今珠海市南屏鎮），與「中國留學生之父」容閎是同鄉（奧尼爾 2015:13）；祖父容達舫（生卒年待考）及父親容啟邦（約 1886-1915）均曾任香港渣打銀行的買辦，母親陳綺華是中國、日本混血兒。1932年容寶鈿為好友「臥月郎」把《靈犀一點通》劇本轉交薛覺先時，被薛覺先和麥嘯霞誤以為是「臥月郎」本人，幾經陰差陽錯，終被麥嘯霞收作徒弟。其後容、麥兩人亦師亦友，最後「亦師亦友亦情人」。[12] 由 1933 至 1941 年容寶鈿和麥嘯霞合作無間，今天仍保留的劇作約二十個，代表作有《花魂春欲斷》（1933）、《念奴嬌》（1937）、《虎膽蓮心》（1940）等，使她成為大概是粵劇史上最多產的「巾幗師爺」。

12　見容寶鈿 1990 年悼麥嘯霞詩：「亦師亦友亦情人，偉略鴻圖論古今。新曲撰成同砥礪，忘形之戀印心深。」可悲的是，容、麥相戀時，麥氏早有家室和子女。

　　容寶鈿喜用女性人物作為劇中主角，如《念奴嬌》藉劇中高傲女皇、傻太子龍雲及晴曦國分別暗諷英國、蔣介石（1887-1975）及日本，又借女主角文翠翠呼籲國人摒棄前嫌、團結救國。《虎膽蓮心》藉劇中瓊花公主和梨花公主的對立，暗喻國、共本是同父異母所生，理應團結對抗日本的侵略。她在麥嘯霞死後淡出粵劇圈，並抱獨身直至1997年3月22日逝世（陳守仁2021:190-191）。

「覺先聲」的「後生」

　　據容寶鈿憶述，當年唐滌生加入「覺先聲」時，[13] 薛覺先和唐雪卿夫婦曾囑麥嘯霞收他為徒，但由於當時麥嘯霞以拍電影呼籲港人齊心抗日及編寫《廣東戲劇史略》為急務，故指點唐滌生的任務便交給了馮志芬。當年馮志芬肩負指導唐滌生的責任，與唐賓南在〈唐滌生先生事略〉說的一致。[14]

　　然而，唐滌生仍然是麥嘯霞、馮志芬，甚至容寶鈿的「後生」，負責抄寫他們劇作的初稿為正稿，而他一直視

13　容寶鈿沒有提及準確年份。

14　見唐賓南〈唐滌生先生事略〉（1959）；唐賓南與唐滌生的關係待考。

粵劇和電影雙棲的薛覺先和麥嘯霞為偶像。有以為「傳奇級」的唐滌生一定是「傳奇級」的南海十三郎的徒弟，實際上，唐滌生是馮志芬的徒弟，在一向「論資排輩」的粵劇戲班裏，唐滌生應該說是南海十三郎的徒孫，卻沒有證據顯示唐滌生曾經接受南海十三郎的指導。

當時「覺先聲」創班已近十年，劇務部早已累積了數以百計的古老提綱、傳統和當代劇目的泥印及鉛字印刷劇本，以及「覺先聲」和其他戲班的戲橋。麥嘯霞在編寫《廣東戲劇史略》時，便經常參考這批寶貴的材料。今天，我們也有理由相信唐滌生曾經從這批資料裏找到不少靈感和題材（見本書第七章）。

解放後，馮志芬在 1950 年離開香港，回到廣州加入新中國的建設事業。1957 年「反右」期間，他被判勞改，失蹤多年，最後約於 1961 年死在石礦場（何建青 1993:245-246）。他身後留下資料不多，故後世無法知道他如何開戲。

據容寶鈿憶述，師傅麥嘯霞在構思新劇時，會一邊在辦公室裏繞着書桌踱步，一邊叫她筆錄。他不時停下來說白、唱曲，唸着鑼鼓點的口訣來襯托自己的台步、身段及做手，並且扮演不同人物，恍如演獨腳戲。有趣的是，據已故粵樂名宿王粵生（1919-1989）及已故編劇家葉紹德（1930-2009）憶述，「獨腳戲」也是唐滌生的開戲模式，相信大概是承襲了麥嘯霞的習慣。

淪陷前創作生涯的開展

唐滌生充當抄曲的「後生」多少有點大材小用。一者，他是讀書人，並曾多年在十里洋場的上海生活，操流利英語甚至上海話，接觸過不少話劇、戲曲和電影；再者，他在加入「覺先聲」前已編寫話劇《漁火》來宣揚抗日及愛國思想。經過一年多藉抄曲、鑽研劇本和看戲以熟習粵劇場景、介口及一般唱腔的運用程式後，他的粵劇「處女作」《江城解語花》終於在 1938 年 10 月面世，並由與薛覺先夫婦素有交情的名伶白駒榮（1892-1974）領導的「海珠男女劇團」首演。

白駒榮原名陳少波，是著名小生演員，也是紅伶白雪仙（原名陳淑良；1928-　）的父親。他對粵劇最大的貢獻是與清末民初的金山炳（生卒年待考）和朱次伯等紅伶攜手創造「生角平喉」，用自然發聲、廣州方言取代傳統小嗓、官話的古腔唱法。1946 年他因眼疾致雙目失明而輟演；解放後，他回到廣州，曾出任廣州粵劇工作團團長，其後又任廣東粵劇學校校長。他傳世的唱片有粵曲《泣荊花》、南音《客途秋恨》等（參閱「維基百科」）。

雖然《江城解語花》的劇本早已散失，但據賴伯疆、賴宇翔按明朝傳奇小說《解語花》敍述故事大要（賴、賴2007:21-22）可見，《江城解語花》大概藉宋金戰爭、朝中大臣主和與主戰壁壘對立、昏君和奸臣當道、忠臣遭殃、

最後北宋國破家亡為背景，籲國人奮力抗日；而分別扮演
霍俠士、解語花的男、女主角被戰亂衝散，最後只能在仙
界重圓，也有 1958 年《九天玄女》的影子。可以推斷，
在 1930 年代而言，《江城解語花》大概是一部不抄舊橋、
不犯駁，而劇情緊湊、曲折、合理、浪漫的力作。[15]

唐滌生粵劇處女作《江城解語花》廣告，見《南中
報晚刊》，1938 年 10 月 1 日。

15　然而，此劇的報紙廣告有「唐龍勖三箭定江山、施楚雲片語釋兵戎、趙維
　　揚拙夫得巧婦、白花望天獨眼不祥」等句（1938 年 10 月 1 日，《南中報
　　晚刊》），看來並不符合上述故事大要；待考。

繼《江城解語花》後，1939 年唐滌生為陳錦棠（1906-1981）、關影憐（原名周蓮；? -1979）領導的「錦添花劇團」編寫了《楊宗保》（1 月）和《衝破奈何天》（3 月）兩劇。陳錦棠採用唐滌生的劇本，相信也和他與薛覺先的交情有關。

陳錦棠是當年薛覺先一手扶掖的新進文武生，曾在《璇宮艷史》裏臨時頂替扮演男主角「伯爵」，與反串女王的薛覺先演對手戲，因而聲名鵲起。其實兩人在年紀上只差兩歲，但陳錦棠基於感激薛覺先的栽培，其後把他認為「義父」（賴 1993:79）。陳錦棠的藝術生涯在 1950 年代到達頂峰；他劇、影雙棲，享有「武狀元」美譽，夥拍名旦有陳艷儂（1919-2002）、羅麗娟（1917-1999）、秦小梨（1925-2005）、芳艷芬（1929- ）、白雪仙、吳君麗（1930-2018）[16] 和羅艷卿等（1929- ）。陳氏一生首演的「唐劇」超過 150 部，是首演「唐劇」最多的文武生演員（賴、賴 2007:25）。

1940 年，唐滌生首嘗劇、影雙棲的滋味。他的電影「處女作」《大地晨鐘》由胡鵬（1909-2000）、梁伯民（生卒年待考）聯合執導，並由吳楚帆、黎灼灼（1905-1990）主演。在題材上，此片屬「國防電影」，[17] 敘述「吳楚帆飾

16　另說吳君麗生於 1934 年。

17　1938 年香港最大型的「國防電影」是《最後關頭》，幾乎動員了影圈每一份子；麥嘯霞和南海十三郎也有參與編劇（余慕雲 1997:139）。

演的愛國青年於鄉土淪亡時，決意捨棄愛情，投筆從戎，為國捐軀」（《香港影片大全》第一卷，1997:436）。這部戲雖然只上映了兩天及反應平平，卻被名作家及編劇家吳其敏（1909-1999）選為 1940 年十二部港產代表電影之一（余 1998:10），與麥嘯霞編導的《血灑桃花扇》並列，對唐滌生不無鼓舞。唐滌生並用藝名「唐丹」在《大地晨鐘》

唐滌生電影處女作《大地晨鐘》廣告，見《華僑日報》，1940 年 2 月 2 日。

擔演一角，達到了麥嘯霞「劇、影、演」三棲的境界。其後唐滌生在攝影、音樂、書法、繪畫、篆刻、設計等方面都下過苦功，相信動力也是源自對麥嘯霞多才多藝的崇拜。[18]

吳楚帆原名吳鉅璋，據說在日本出生，其後回到廣東，曾與其兄吳鉅泉（1909-1988；後來亦成為著名演員，藝名高魯泉）參加麥嘯霞、麥雪峰（生卒年待考）兄弟創辦的「天風新社」，屬鼓吹革命的「志士班」（麥雪峰1947:9）。他於 1932 年開始拍電影，在 1930 年代曾演出多部「抗戰」及「國防」電影，代表作有《生命線》；1937年憑《人生曲》一片榮膺「華南影帝」。在 1950 年代，他與張活游（1910-1985）、張瑛（1919-1984）和李清（1912-2000）合稱粵語片「四大小生」，又與他們和白燕（1920-1987）等合組中聯影業公司，一生演出超過 250 部電影（參閱「維基百科」）。

黎灼灼原名黎杏球，是「香港電影之父」黎民偉[19]（1892-1953）的侄女，1932 年進入影圈，一生主演了超過130 部電影（參閱「維基百科」）。

---

18 唐氏的書法、繪畫、篆刻、美術作品輯錄於《唐滌生電影欣賞》小冊子（1999:32-33）和盧瑋鑾、張敏慧合編的《梨園生輝：任劍輝、唐滌生 —— 記憶與珍藏》（2011）。

19 基於新史料的發現，今天不少學者相信黎北海與黎民偉應該共享「香港電影之父」的尊銜。

繼《大地晨鐘》之後，胡鵬於 1941 年開拍唐滌生的第二個電影劇本《春閨三鳳》（又名《花落見花心》）。唐滌生為堂姐夫兼大舅薛覺先編寫的第一部粵劇是同年 5 月的《霧中花》；劇本由薛覺先親自參訂，由他和上海妹開山。

1941 年初，不少港人預測香港危在旦夕，這年卻是唐滌生淪陷前創作生涯的「小豐收期」，共完成了四個粵劇劇本；這對一個初出道的編劇來說，得來一點不易。《霧中花》之外，《花落又逢君》（2 月）是他為陳錦棠編寫的第二部粵劇，其餘兩劇是為另一位薛覺先悉心栽培的新紮文武生新馬師曾（1916-1997）而寫，分別是《北雁南飛》（4 月；與陳錦棠、金翠蓮、廖俠懷合演）和《趙飛燕》（7 月；與衛少芳合演）。同年的《萬里長情》，由麥寶琳（生卒年待考）編劇、廖俠懷參訂，唐滌生擔任撰曲，亦由新馬師曾和衛少芳主演。

新馬師曾原名鄧永祥，九歲被師傅何細杞（生卒年待考）收養，十歲初踏台板，十一歲已有「神童」美譽。據說早年新馬熱愛觀看和演出馬師曾的幾齣首本戲如《賊王子》（約 1928）等，何細杞便鼓勵他學習「馬腔」和「馬派豪放自由的台風」。後來，當發現自己的「聲線、氣質、戲路」與「馬派」不大接近，便改習較為文靜和細膩的「薛派」唱腔、台風和劇目（賴 1993:149-150）。

新馬師曾 1936 年參加「覺先聲」班，在馮志芬編的

《貂蟬》中飾演呂布，備受讚賞，時年僅十七歲。1939 年他在同是馮志芬編的《西施》扮演越王勾踐，以一曲〈臥薪嘗膽〉搶盡薛覺先的風頭。此曲其後亦成為新馬師曾的首本名曲。

新馬師曾在戰後返回香港影、劇雙棲，擅演「文武丑生」，尤以他的「新馬腔」風靡了不少粵劇觀眾和唱片、電台聽眾。他的首本戲有《光緒皇夜祭珍妃》、《萬惡淫為首》、《一把存忠劍》和繼承薛覺先開山的《胡不歸》等（參閱「維基百科」）。

如前文所說，1920 年代至 1940 年代香港淪陷前後，香港粵劇踏進了高峰，奠定了香港粵劇在劇目內容、音樂乃至戲班體制的基本風格特徵。在多種歷史及文化因素衝擊下，這「新粵劇」標誌着鮮明的新氣息，使它有別於古老的廣府大戲、京劇、崑劇及其他地方戲。

關於戲班的新制度和新管理有：（一）不少戲班如「覺先聲」等由主要老倌兼任班主，打破了傳統演出與班政的分工，其利、弊互見；（二）編劇取代了開戲師爺，劇務細緻地分工為編劇、抄曲、撰曲（職責包括創作新曲及按舊曲填詞）及提場；（三）省港班駐紮都市，與落鄉演出的紅船班分工。

在演出藝術方面的新習慣、新體制包括：（一）生角、旦角均採用廣州或香港日常白話取代舞台官話；（二）生角採用本嗓平喉發聲法，自此與旦角子喉產生鮮明對比；

（三）劇情聚焦於文武生（男主角）、正印花旦（女主角）、小生（男配角）、二幫花旦（女配角）、武生、丑生的「六柱制」，取代了分工細緻的「十大行當」，[20] 而各台柱均需要運用多個行當的特有藝術去表現劇中人，故一定程度上有「跨行當」甚至「萬能」的要求，恍如話劇及電影演員；（四）男女合班，女主角不再由被嘲笑為「落伍」、「過時」的男花旦扮演；（五）班本戲全面取代了提綱戲、排場戲、爆肚戲，並在質和量上都有很大提升；（六）梆子和二黃合流，輔以曲牌和說唱，以及新小曲和新板腔形式的加入；（七）兼採用京劇鑼查、鑼鼓點和西方多種樂器；（八）北派、南派功架兼收並蓄；（九）運用華麗戲服、鮮明化妝和現代舞台美術；（十）戲院的現代化和電力的使用。

薛覺先在 1936 年往新加坡演出前寫的〈南遊旨趣〉充分表達了他改革粵劇的思想，也充分反映了他、唐雪卿、麥嘯霞以至馬師曾等粵劇中堅份子回應源自晚清至五四新文化運動對傳統戲曲的否定。

在改善藝人素質方面，薛覺先指出必須「破除陋習、灌輸劇員之學識、修養劇員之人格、提高劇員之地位，以興起國人注重戲劇教育之觀念」。在提升粵劇方面，他主張「凡演一劇必有一劇之宗旨、每飾一角必盡一角之個

---

20 「十大行當」是指一末、二淨、三生、四旦、五丑、六外、七小、八貼、九夫、十雜。

性……發抒革命真理……改革鑼鼓喧呶……傲自殺之頹
風……寫國恥之痛史……」，也即重視粵劇反映社會和
政治現實。他並扼要地總結他宏遠的理想：「覺先之志，
不獨欲合南北劇為一家，尤欲縱中西劇為全體，截長補
短，去粗存精，使吾國戲劇成為世界公共之戲劇，使吾國
藝術成為世界最高之藝術，國家因以富強，人類藉以進
化，斯為美矣。」（薛 1936:3）時至 2024 年，薛氏的說話
仍有一定的意義，值得戲行人士反思。

在創作生涯的首階段，唐滌生得以沐浴在前輩藝人努
力的成果。尤其是，他身為「覺先聲」成員和薛家的一份
子，得以充分理解及承襲薛覺先、麥嘯霞、馬師曾對粵劇
所做的種種改革，並藉薛覺先的人脈關係取得即時的成
就。[21] 然而，好景不常，轉瞬間不少香港人被侵略者的炮
火弄到家散人亡，一向如大家庭般的「覺先聲」也逃不出
這命運。

---

21 儘管唐滌生已漸露頭角，他仍沒有名列約於 1939 年定稿的《廣東戲劇史
略》的劇作家名錄。

第三章

淪陷與和平

城破巢傾

1941 年 12 月 8 日日軍開始向香港發動攻勢，迅速佔領新界及九龍。12 月 13 日上午，日軍首次向港督發出招降通牒；下午招降被拒絕後，日軍開始猛烈轟炸及炮擊香港島。12 月 17 日早上，麥嘯霞與他認作「誼妹」的徒弟容寶鈿在羅便臣道「安華車房」躲避炮火時，車房中彈，容寶鈿腳部重傷，麥嘯霞身亡，其後遺體更不知所終。一代文化英雄從此殞落，享年僅三十七歲。

12 月 25 日聖誕日，上午港督第三度拒絕投降，下午卻終於決定投降，為時十八日的香港保衛戰結束，香港成為日軍佔領區，開始了三年零八個月的淪陷期。

1942 年初，日軍為了粉飾太平，脅迫粵劇伶人起班演戲，但不少紅伶如馬師曾等為免與日軍合作招致「漢奸」惡名而加以拖延。據說薛覺先初時婉拒負責宣傳工作的日軍「報導部」班長和久田幸助（1915-   ）的要求，然而，在「覺先聲」成員缺糧缺錢和多番懇求下，無奈答允帶頭起班。從農曆新年期間開始，薛覺先與楚岫雲（1922-1980）、馮俠魂（生卒年待考）在利舞臺演出達兩

| 1930 年代位於香港島銅鑼灣與跑馬地交界的利舞臺戲院（網上圖片）

個月之久；之後，他又與上海妹在娛樂戲院演出一個月，
都是只演日戲（李嶧 1987:120）。不久，坊間果然流傳「薛
覺先做漢奸」之說。

　　薛家十妹薛覺清於 1939 年為唐滌生誕下兒子寶堯，
1941 年誕下女兒淑嫻。電影演員吳楚帆在唐滌生死後憶
述，他們一家四口曾居住在車房和「覺先聲」在利園街放
置佈景的貨倉裏，甚至連電燈都沒有，而薛覺清又患病
（吳 1959:30），可能是指唐滌生一家在淪陷初期的生活。

　　唐滌生與薛覺清的婚姻於何時觸礁待考，一說是
1941 年（余慕雲 1999:8）；賴伯疆、賴宇翔則推斷二人分
手是在 1941 年底（2007:28），而二人婚姻破裂是否因為第
三者 —— 鄭孟霞 —— 的介入也無從稽考。據吳楚帆說，

唐滌生與鄭孟霞是在 1942 年初一起參加由吳楚帆、楊工良、王元龍等人組成的「明星劇團」時認識的（2007:30-31）。這戲班在香港、九龍、新界各地巡迴演出，以「明星」為班牌，相信是因班中有不少電影明星助陣；至少，除吳楚帆外，另一位有相當號召力的漂亮女星便是芳齡約三十的年輕寡婦鄭孟霞。

　　風情萬種的鄭孟霞出生於富裕大家庭，父親是上海勝家衣車公司經理，日本裔的母親是妾侍（林 2016:2）。屬中、日混血兒的鄭孟霞是京劇名票，曾拜京劇「四大名伶」之一的荀慧生（1900-1968）為師（李鐵 1987:69）；她在上海曾在舞蹈比賽得到冠軍，又曾拍電影。她與丈夫陳高聰（?-1938）在 1937 年下半年抵港，翌年喪夫。至淪陷前，她先後主演了 17 部電影，當中包括 1940 年由麥嘯霞編劇、導演的《血灑桃花扇》，現由香港電影資料館收藏。此外，她更曾一度受聘於「覺先聲」，後因與唐雪卿有齟齬才離開（岳清 2005:68）。可以推想，唐滌生與比他年長五歲、同樣是半個上海人的鄭孟霞或許在 1937 至 1939 年因同在「覺先聲」共事而早已認識。[1] 據吳楚帆說，到了 1942 年中，兩人已開始同居了。

　　1942 年夏天，背負「漢奸」惡名的薛覺先在日軍監視

1　關於唐滌生早年生活，現存傳記中有不少謎團，見本書第七章。

| 鄭孟霞，攝於 1940 年代末。

下率團到廣州灣（即湛江）演出。由於廣州灣這時仍是法國殖民地，在法國被納粹德軍佔領後，間接由德國控制，而德國和日本又有同盟關係，故日軍只能一直暗中監視薛覺先。據說薛覺先抵達後即時在報紙上發表了「脫離敵寇羈絆返國服務」啟事（李嶧 1987:120）。9 月底，薛氏得國民黨特工協助，擺脫監視，與唐雪卿逃到國民黨控制的廣西，重獲自由，但演出時仍不時被一些不知就裏的觀眾指罵為「漢奸」及喝倒彩。

據容寶鈿憶述，唐滌生與薛覺清婚姻破裂確是事實，但二人離婚或許與薛覺先被指「漢奸」有關。為免被黑幫、流氓藉故勒索，唐滌生為自己及兒女安全着想，亦只

能藉離婚以示與薛家劃清界線。若此說屬實，則唐滌生、薛覺清的分手應該發生在 1942 年農曆新年之後，而與他同樣是「半個上海人」的鄭孟霞的介入又可能多少產生了一些影響。

1942 年底，馬師曾亦經澳門及廣州灣逃到廣西。由於大批資深紅伶離港到澳門、廣州灣或廣西，香港粵劇圈冒起了一批新進老倌，而唐滌生也因南海十三郎和馮志芬的離開成為了少數僅存的新進編劇。

淪陷期豐收

大概是由於新任妻子多才、多藝，且氣質、樣貌不俗，給了他不少靈感，1942 年可能出於唐滌生手筆的 4 齣粵劇均為鄭孟霞而寫，並由她和張活游領導的「乾坤劇團」公演。張活游於 1939 年進入影圈，在《大破銅網陣》裏任主角，和平後以電影為主要事業，一生演出超過 200 部電影。

1943 年是唐滌生傳奇式的創作生涯中首個「多產年」，共完成了 44 齣劇作。當中 6 月至 8 月為鄭孟霞（夥拍陸飛鴻、張活游）寫了 16 齣，由 9 月至年底為老拍檔白駒榮夥拍區倩明（生卒年待考）寫了 27 齣。在這痛苦及黑暗的年代，前者用「新時代」為班牌，可能是在日軍脅迫之下的無可奈何的決定；後者用「義擎天」為班牌，

相信是藉此表達一種無助的盼望。

　　陸飛鴻（約 1912-1982）曾隨桂名揚習藝（《粵劇大辭典》，2008:965），是當年的英俊小生，常夥拍妻子鄒潔雲（1925-2014），二人的代表作有改編自唐滌生劇本的電影《落霞孤鶩》（1953）；當中由紫羅蓮（原名鄒潔蓮，鄒潔雲的胞妹；1926-2015）飾歌女江落霞，陸飛鴻飾她的愛人梁秋鶩，張活游飾撰曲家白憐香，鄒潔雲飾千金小姐孟卿。陸飛鴻在 1960 年代經營飛鷹影業公司並任多部電影的監製，又曾在任、白的電影《帝女花》（1959）中客串擔任「清廷欽差」一角。

　　區倩明是譚蘭卿的「深傳弟子」，在戰前也是影、劇雙棲的藝人，人稱「嬌小玲瓏」和「艷旦」。1943 年 10 月 11 日「義擎天」假座普慶戲院公演唐滌生《蕩婦》一劇時，《華僑日報》的廣告以「女主角初次破例犧牲色相靈魂」作招徠。同一個廣告也把劇情主題、主旨勾畫成「男兒可以玩弄女性，女性何以不能玩弄男兒？男兒玩弄女性謂之調劑環境，女性玩弄男兒亦有淒涼的內裏！」和「初出茅廬誠實青年的當頭棒！萬千僥倖存心青年的喚魂鈴！」。

　　這年的「唐劇」中，《水淹泗州城》、《王伯黨》、《王伯黨大戰虹霓關》均由京劇改編，可能是得到熟悉京劇的鄭孟霞的啟發和協助。《方世玉打擂台》和二集、三集相信改編自 1930 年代的同名劇目，是現存最早的「唐劇」

劇本；同樣，《梁天來》上集和大結局也是改編自 1930 年代的粵劇《梁天來》、木魚書唱本及流行的民間傳奇故事。

《梁天來》原屬傳統劇目，故事橋段脫胎自清朝末年小說《九命奇冤》，敘述因官吏貪贓枉法，令番禺人士梁天來被表親凌貴興藉風水爭拗而弄致家散人亡；幾經波折，梁天來最後得在雍正帝御前申訴，沉冤得雪（《粵劇大辭典》，2008:137）。此劇在 1930 年代由陳錦棠、關影憐（原名周蓮；？-1979）主演，改寫為唐劇後，由鄭孟霞、陸飛鴻、張活游主演。

同年的《馬嵬坡》或許與 1930 年代的《長生殿》或馮志芬的《楊貴妃》有淵源。《穆桂英》由南海十三郎和唐滌生合作改編麥嘯霞原著的同名劇目，可能是悼念麥氏約兩年前殉難之作；11 月 27 日《華僑日報》的廣告敘述了改編的原意：「《穆桂英》…… 全劇精彩絕倫，惜劇本冗長，非演五點鐘不能盡意 …… 經唐滌生、南海十三郎撮成短篇 …… 撰以新曲、編以新場口，以適應觀眾需求，以增是劇之價值。」

這年底的《十三歲封王》取材自傳統劇目「江湖十八本」之一，可見 1930 年代的劇目為「唐劇」提供了不少養分。此外，《落霞孤鶩》（1953 年拍成電影，見上文）是唐滌生的成名作，寫歌壇歌女江落霞與青梅竹馬的梁秋鶩的相戀、珠胎暗結和悲歡離合，以及二人與撰曲家白憐香的三角關係，改編自張恨水（1895-1967）的同名小說。

同年的《生死鴛鴦》、《蝴蝶夫人》均改編自電影。

張恨水原名張心遠，是多產小說家，作品多屬長篇、章回、通俗、鴛鴦蝴蝶派，為數超過 100 部，在中國各地廣泛流傳，有不少讀者。除《落霞孤鶩》（1930）外，他的《啼笑因緣》（1930 年開始連載）和《似水流年》（年份待考）同於 1944 年被改編成同名唐劇。他另一個創作年份待考的作品《孟姜女》可能與 1945 年和 1948 年的同名唐劇有關。但他的《霧中花》（1947）、《孔雀東南飛》（1954）與唐劇《霧中花》（1941）、《孔雀東南飛》（1944）相信無關。他的《燕歸來》（1934）與李少芸 1930 年代初的《歸來燕》的關係則待考（參閱「維基百科」）。

1943 年 12 月首演的《封神榜：龍樓鳳血頭本》和《龍樓鳳血第二本》相信是敘述紂王與妲己的故事，而非宋徽宗與名妓李師師的傳奇（參閱 12 月 2 日《華僑日報》廣告；賴、賴 2007:54）。

1944 年是唐滌生一生最多產的一年，56 個戲中，有超過 50 個寫給鄭孟霞夥拍鄺山笑、黃侶俠（？-1959）、馮少俠（1916-1988）或羅品超（1911-2010）開山，其中包括改編自曹禺（1910-1996）名劇的《雷雨》（1 月）、改編自張恨水小說的《啼笑姻緣》[2]（2 月），均由鄭孟霞和

2　唐劇劇名把「因緣」改為「姻緣」。

鄺山笑主演。由 1930 年代同名劇目改編的《花田錯》（原
由薛覺先主演）及下集由鄭孟霞和馮少俠主演。改編自電
影的《梁山伯與祝英台》及下集（7月）和《孔雀東南飛》
（上、下卷；11月；1947 年拍成電影，改名《恨鎖瓊樓》，
由鄭孟霞、白雲〔 1917-1982〕主演）均由鄭孟霞、羅品
超主演。

粵劇《羅宮春色》報紙廣告

鄺山笑本名鄺劍飛，早年曾參軍及在廣州辦報，後
拜薛覺先的師傅千里駒為師，1923 年拍攝首部電影，是
影、劇雙棲藝人。他樣貌英俊，有「風流小生」美譽，是
戰前最多產的男明星，一生主演超過 100 部戲，常夥拍名
演員如紫羅蘭（1915-？）、陳雲裳和梁雪霏（生卒年待
考；唐雪卿的徒弟）等。由麥嘯霞導演的多部戲，如《大

戰之前夜》（1937）、《三千女明星》（1938）和《花木蘭》
等均由他任男主角（參閱「維基百科」）。

羅品超原名羅肇鑑，早年在八和戲劇養成所習藝，其
後曾參與「覺先聲」的演出。解放後他在廣州組織「珠江
粵劇團」，後任廣東粵劇院副院長。他擅演小武，首本戲
有《羅成寫書》、《平貴別窰》、《五郎救弟》等（參閱「維
基百科」）。

1944年由1930年代同名劇目改編的唐劇有《銀燈照
玉人》（即《花好月圓》）及下集、《呂布與貂蟬》、《霸王
別虞姬》、《花田錯》及下集、《關公守華容》、《胭脂將》
及下集大結局、《危城飛將》、《趙子龍》、《大俠甘鳳池》
上、下卷、《傾國傾城》，以及《班超》。這一年，取材自
1930年代劇目的「唐劇」相信至少共有15個。

唐滌生審訂的《佳偶兵戎》原名《古怪夫妻》，1920
年代由駱錦卿原著、馬師曾改編，並由馬師曾、陳非儂領
導的「人壽年」班首演。故事敘述金國王子萬俟英與宋國
王姑趙淑貞早有婚約，但王子知悉丞相謀朝篡位的詭計，
故意佯裝癡傻；後丞相借意興兵伐宋，俟英化裝成婦人混
入淑貞的娘子軍中。俟英、淑貞二人因誤會而大打出手，
其後淑貞被俟英贈送的脂粉和真情感動，聯手殺奸（《粵
劇大辭典》，2008:108）。唐滌生審訂的版本由鄭孟霞夥拍
羅品超在1944年7月公演。

在資料有限的情況下推斷，「二十後」花旦余麗珍

（1923-2004）在 1945 年漸露頭角，夥拍鄭孟霞演出多本「唐劇」。年初的《白蛇傳》（1 月）、《文天祥》（同月）仍由鄭孟霞、羅品超主演；鄭孟霞、羅品超其後夥拍余麗珍起「百福劇團」，在日軍投降前公演了 16 齣「唐劇」，包括《蕩寇誌》（2 月）、《魂斷藍橋》（3 月）等。

余麗珍十三歲開始演出粵劇，擅演「刀馬旦」、紮腳功架及苦情戲，其後與編劇家李少芸結成夫婦，戰後在多部粵劇電影裏當女主角，代表作有《光緒皇夜祭珍妃》（1952）、《七彩鍾無艷》（1958）、《紮腳樊梨花》（1960）、《無頭正宮救子鬧金鑾》（1961）等。

紫羅蓮與胞姐鄒潔雲同是著名旦角，亦是十三歲開始投身粵劇圈，淪陷期間曾參演日軍製作的宣傳片《香港攻略戰》，頗受非議；和平後在香港繼續她的電影事業，一生拍了超過 110 部戲（參閱「維基百科」）。

香港光復後至 1945 年底，唐滌生又完成了另外 6 齣戲，包括顧天吾（香港名伶吳仟峰的老師；生卒年待考）、鄭孟霞、余麗珍主演的《孟姜女》（10 月）和《蔡文姬》（11 月）。取材自 1930 年代劇目的有《蕩寇誌》（2 月）、《蔡文姬》（11 月）和《方世玉打死雷老虎》（12 月）。1945 年全年共誕生了 24 齣「唐劇」。

當中《方世玉打死雷老虎》亦屬唐滌生「翻炒」自己舊作的第一齣。11 月 20 日公演的《煙精掃長堤》由顧天吾、李海泉（原名李滿船，1901-1965）、鄭孟霞主演，

採用了一個屬時事和社會性的主題 —— 鴉片害人。此劇於 1947 年 3 月被唐氏自己「翻炒」，改名《兩個煙精掃長堤》，由李海泉、陳錦棠、余麗珍、新馬師曾等主演；1948 年拍成電影，由李海泉、藍夜（生卒年待考）、伊秋水（原名伊景榮，1904-1955）、黃楚山等主演。

《兩個煙精掃長堤》故事講述富家子趙鼎昌染上鴉片煙癮，結婚當日，竟因煙癮發作而拒絕行禮，並指使同時吸食「大煙」的隨僕冒充頂替，被人告上「禁煙局」，二人被判入獄戒煙和打掃長堤；其後鼎昌煙癮加深，不只再度入獄，更傾家蕩產、被迫賣妻和淪為按摩師，最後三度被捕，判處槍決（《香港影片大全》第二卷，1998:157）。

和平後，一雞死，一雞鳴

踏入 1946 年，香港管治、經濟漸趨穩定，粵劇藝人相繼從澳門、廣西、湛江等地回歸香港，並恢復往來於省、港、澳三地，當中包括了戰前大師級的薛覺先和馬師曾；粵劇演出逐漸回復蓬勃，演出「唐劇」的生、旦組合亦比較多樣化。

這年年初，羅品超夥拍資深旦角衛少芳主演了《錢》、《四千金》等「唐劇」。戰前大師級的馬師曾與新任妻子、另一位「二十後」花旦紅線女（1925-2013）先後演了唐滌生的《落紅零雁》（7 月 13 日）、《我為卿狂》（7 月 29 日；

劇本由「老馬」親自參訂；1947 年拍成電影，仍由馬師曾和紅線女主演）及《桃園抱月歸》（11 月；詳情待考）。戰時組合羅品超、余麗珍仍有一定叫座力，演了《夜來香》（8 月）、《我若為王》（同月）等多本「唐劇」，而余麗珍已在多個劇團裏擔當正印花旦。

馬師曾和紅線女主演的《我為卿狂》敘述鄧丹雲、雷子平、陳心細三人同時愛上了歌女張杜美（紅線女）；由於張杜美鍾情才子葉瘦鵑（馬師曾），三個男人因妒成恨，合謀設計買通南絲引起二人誤會，瘦鵑失戀成狂，犯罪入獄；後南絲內疚，道出真相，杜美與瘦鵑得續前緣，瘦鵑並為愛人寫了一部名為《我為卿狂》的小說（《粵劇大辭典》，2008:101-102）。

這幾年間冒起的「二十後」花旦有楚岫雲、紅線女、芳艷芬（1929-　）、[3] 鄧碧雲（1926-1991）、年紀稍長的譚玉真（1919-1969）和羅麗娟等。其他演出「唐劇」的生、旦組合尚有新馬師曾與余麗珍、白駒榮與余麗珍、陳錦棠與余麗珍、羅品超與衛少芳、羅品超與余麗珍、陳燕棠與芳艷芬、馬師曾與譚玉真、新馬師曾與譚蘭卿、何非凡與楚岫雲、羅品超與上海妹，以及羅劍郎（1921-2003）與羅麗娟等。可見，當紅的余麗珍已取代了差不多淡出的鄭孟霞。

3　另一些資料指是出生於 1926 或 1928 年。

　　1947 年 4 月，陳錦棠、余麗珍、雪影紅和新馬師曾主演《閻瑞生》，搬演 1920 年轟動上海的妓女被謀財害命案件，可能並參考 1921 和 1938 年兩部同名電影（林英傑 2016）。

　　楚岫雲在 1930 年代曾在「覺先聲」及「太平」任第三花旦，香港淪陷初期升任「覺先聲」的正印；薛覺先離開香港後，她往越南演出。和平後，1948 年她在廣州與何非凡公演馮志芬的《情僧偷到瀟湘館》，創下連滿 367 場的紀錄，遂開始走紅。解放後她一直留在廣州演戲（參閱「維基百科」）。

　　紅線女原名鄺健廉，在香港淪陷前從廣州到香港隨舅父、著名小武靚少佳（1907-1982）及舅母何芙蓮（生卒年待考）習藝，1939 年首踏台板，因樣貌甜美，不久升任第三花旦。香港淪陷後她往廣西加入馬師曾的劇團，因正印花旦陸小仙（？-1963）患急症，紅線女臨時頂替，在《李仙刺目》中首次擔正，時年十六歲，後更與比她年長二十五歲、早有妻女的馬師曾結成夫婦（孔茗 1985:56）。二人在戰後回到香港（參閱「維基百科」）。

　　芳艷芬原名梁燕芳，年十歲已開始習藝並踏台板，翌年加入靚少佳、何芙蓮領導的「勝壽年劇團」，曾與紅線女同台扮演宮女。據說 1940 年代她以廣州為演出基地，1944 年在「大東亞劇團」升任正印花旦，時年僅十五歲。1945 年 8 月日本投降後，她受聘於「大龍鳳」班，先後夥

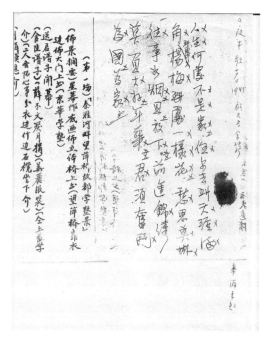

唐滌生寫在《夜半歌聲》（1945）泥印劇本
裏的手跡

拍白玉堂、何非凡、新馬師曾等名伶。她於 1949 年夏天
到香港，自此奠定大型班正印花旦的地位，並享「芳腔名
伶」和「美艷親王」的美號。1954 年，她自組「新艷陽」
班，開山了不少唐劇，直至 1959 年離開粵劇圈（參閱「維
基百科」）。

據說鄧碧雲出生於官宦家庭，十三歲開始習藝，後拜
名師鄧肖蘭芳（生卒年待考）門下，1939 年初踏舞台，參
加「九重天」、「太平」、「平安」等戲班任二幫花旦；據
說她在「平安劇團」的成名作是根據 1940 年轟動香港的
命案而改編的粵劇《羲皇台慘案——關麗珍問吊》。她在
1944 年加入「錦添花」，幾年後升任正印。她約在 1949 年

芳艷芬（網上圖片）

自組「碧雲天」班，公演《多情孟麗君》等劇。1950 年代開始，她影、劇雙棲，一生拍攝了約 250 部電影，並得到「萬能旦后」的美譽（參閱「維基百科」；賴、賴 2007:87）。

譚玉真原名筱碧霞，十二歲開始習藝，後加入全女班，1930 年代受聘於「覺先聲」。由於身材較高和武術基礎不凡，她擅演刀馬旦，亦演正印和幫花。1953 年她從香港回到廣州；廣東粵劇院於 1958 年成立後，她出任第四團副團長。她的傳世之作是在電影《七十二家房客》（1963）裏扮演包租婆「八姑」（參閱「維基百科」）。

羅麗娟原名羅潔濤，母親是全女班旦角名伶。她十六歲開始任正印花旦，曾夥拍馬師曾，首本戲有《藕斷絲

連》、《甘地會西施》等。由 1948 至 1957 年，她拍了十多部電影；1950 年代末移居美國紐約市（參閱「維基百科」）。

正如唐滌生和「老馬」一樣有了「新歡」，戰後的香港觀眾亦有「新寵」，而似乎忘記了昔日的薛、馬。正當「老馬」積極地意圖力挽狂瀾、聚集老戲迷、收復失去江山而重拾舊日光輝，以及紅線女出盡法寶、大展拳腳爭取攀上省、港、澳頂尖正印花旦寶座的同時，可憐的一代「萬能泰斗」薛五哥正在精神崩潰的邊緣掙扎，其後在老妻唐雪卿的悉心照顧下慢慢康復。

薛覺先的精神問題據說早出現於廣西時期，源起於被誣「漢奸」及被部分觀眾嘲笑杯葛，以及被黑幫和軍方勒索所致；另有說是他曾被炮火驚嚇造成。其後，雖然得以平反「漢奸」惡名，他在 1947 年斷續起班均因不時在台上「發呆」而宣告失敗，乃轉向電影，先後主演了《胡不歸下卷》、《冤枉相思》及《新白金龍》三部戲（李嶧 1987:122），可惜光彩不再。他的昔日班底如譚玉真、新馬師曾、陳錦棠，以至老拍檔上海妹和半日安均各自立門戶，並且爭相羅致當時大紅大紫的編劇家唐滌生為他們度身開戲。為求翻身，薛覺先、唐雪卿也找上了昔日的抄曲員、妹夫、堂弟幫忙。[4]

4　由於資料有限，目前未知馮志芬由戰後至 1950 年回廣州定居前的情況。

　　既然「覺先聲」喚不起善忘觀眾的共鳴，薛覺先改用「覺光」作班牌，聘余麗珍為正印花旦，聘唐滌生為編劇，在 1948 年底公演《海棠花下箱屍案》（12 月）和《黃花四烈士》（12 月）。翌年，他又演了唐滌生的《春歸五鳳樓》（1 月）、《六盜綺羅香》（2 月）和《南宋鶯花台》（2 月），但相信成績仍是平平。1949 年底薛覺先起「覺華劇團」，與老拍檔上海妹演唐滌生的《新粉面十三郎》（12 月）。1950 年初，他在「新世界」班夥拍譚玉真演唐滌生的《三喜同堂》（1 月）、《十載繁華一夢銷》（1 月；1952 年拍成電影，由張瑛、廖俠懷、紫羅蓮、黃金愛主演）、《嫡庶之間難為母》（2 月；1952 年拍成電影，由廖俠懷、黃曼梨〔1913-1998〕、麗兒、黃超武主演）。

　　1950 年中，薛覺先的健康、情緒和記憶力可能有了好轉，在 6 月恢復「覺先聲」班牌，與風華卓絕的芳艷芬合作，開山了唐滌生的傑作《漢武帝夢會衛夫人》（6 月 12 日至 25 日，共演 14 夜場）和另一齣唐劇新作《罪惡鎖鏈》（6 月 26 日至 28 日）。到 6 月 29 日，「覺先聲」在晚上演出薛覺先昔日曾經合作無間的開戲師爺馮志芬的新戲《唐明皇夜審安祿山》，日間仍演《漢武帝夢會衛夫人》。[5]

5　　見李少恩《唐滌生粵劇選論：芳艷芬首本（1949-1954）》，香港：匯智出版有限公司，2017:46-48。

這次「覺先聲」復班，薛覺先連演三齣新戲，既反映他對這屆班的重視，也反映他的健康已大致恢復正常。

這屆「覺先聲」的演員配搭也顯現細心和不惜成本的安排，除了由一代宗師「薛五哥」配搭新進「美艷親王」、「芳腔名伶」、芳齡剛二十出頭的芳艷芬，還有「五哥」的「義子」陳錦棠擔任小生，青春花旦梁素琴任二幫花旦，白龍珠任老生（兼「武生」和反串「老旦」），劇影雙棲的李海泉任丑生，車秀英任第三旦。

寫作、製作和宣傳上，多處可見唐滌生視《漢武帝夢會衛夫人》為重頭戲。繼承戰前麥嘯霞老師一向撰寫報紙廣告內文的親力親為，唐滌生曾在廣告以「對聯」透露寫作和製作的嚴謹：「一几、一榻、一扇、一燈俱經考據，一詞、一曲、一字、一句俱經再四推敲」；[6] 廣告其他地方亦標榜此劇「歷史哀艷堂皇[7]、煊赫巨型劇霸」、「主題名曲，薛韻芳腔，藝壇罕有」、「若非上苑情天多浩劫，何致得為皇帝想升天」。[8]

《漢武帝夢會衛夫人》劇中第七場描述漢武帝夜祭衛夫人時，唐滌生為「五哥」度身訂造了篇幅不短的「主題

6　標點由本書著者加入。

7　原文為「堂煌」；後面標點由本書著者加入。

8　見李少恩《唐滌生粵劇選論：芳艷芬首本（1949-1954）》，2017:46-48；54。

曲」，當中包含新作小曲〈靈台怨〉和六種板腔及說唱曲式。其後正印花旦扮演衛夫人唱的主題曲雖然篇幅較短，卻也包含新作小曲〈蓬萊仙詠〉和芳艷芬擅長演唱的板腔曲式「反線二黃慢板」。[9]委託作曲家創作小曲，足見此劇備受「五哥」和「唐哥」的重視。

據說《漢武帝夢會衛夫人》的首演頗受歡迎；此劇其後於 1954 及 1959 年兩度搬上銀幕，前者是吳楚帆、白燕、張活游主演的古裝宮闈片，後者是芳艷芬、任劍輝、半日安主演的粵劇戲曲片，均沒有薛覺先的參與。

粵劇《漢武帝夢會衛夫人》敘述歌姬衛紫卿（芳艷芬）天生麗質，弟弟衛青（陳錦棠）能文能武，得漢武帝（薛覺先）御妹平陽公主（車秀英）鍾情。公主安排紫卿見武帝，得到武帝歡心，立為衛夫人。陳皇后（梁素琴）妒忌衛夫人，武帝害怕，被迫把紫卿幽禁於長門宮。

時值匈奴進犯，衛青領兵前去征討，紫卿已懷龍胎，陳皇后起殺機，幸好衛青班師回朝，殺死替身，帶紫卿逃生。武帝以為紫卿已死，時刻懷念，更設壇作法，望與夫人相會。後衛青以功高震懾陳皇后，復迎紫卿回宮，得與武帝共享繁華。衛青亦娶平陽公主，團圓結局。

---

9   見李少恩 2017:54-57。

1950 年 7 月，薛覺先和余麗珍演了唐滌生為他開的最後一部粵劇《胭脂紅淚》。此後，他仍不時起班及拍電影。1953 至 1954 年，他參加「真善美劇團」，與「老馬」、紅線女演出《蝴蝶夫人》、《清宮恨史》等劇。

雖然「唐劇」沒有令薛五哥「起死回生」，但唐滌生在 1949 至 1950 年間為新一代的生、旦寫了不少傑作。

1949 年的力作有《夜弔白芙蓉》（6 月；麥炳榮〔1915-1984〕、秦小梨主演）、《文姬歸漢》（7 月；羅家權〔1904-1970〕、芳艷芬；1958 年拍成電影）、《斷腸碑》（7 月；譚玉真、新馬師曾）和《血海蜂》（11 月；紅線女、陳錦棠；翌年拍成電影）。

1950 年的傑作有《董小宛》（3 月；芳艷芬、黃千歲、陳錦棠、羅麗娟；同年搬上銀幕）、《花蕊夫人》（4 月；上海妹、陳錦棠）、《紅菱血》（5 月；羅品超、鄧碧雲；1951、1964 年兩度拍片）、《吳宮鄭旦鬥西施》（7 月；相信改編自馮志芬、上海妹、薛覺先的《西施》；黃千歲、上海妹）、《隋宮十載菱花夢》（9 月；芳艷芬、陳錦棠）、《魂化瑤台夜合花》（10 月；芳艷芬、新馬師曾；1958 年拍戲）和《火網梵宮十四年》（10 月底；陳錦棠、任劍輝、芳艷芬、白雪仙；1953、1958 年兩度拍成電影）。

《董小宛》敘述明末秦淮名妓董小宛（芳艷芬）愛慕名士冒辟疆（黃千歲先飾），答應下嫁為姜。適逢清兵入關，小宛隨辟疆避居江南，伺機起義。降清叛將洪承疇

我把董小宛搬上銀幕

董小宛的一萬〇八尺菲林，將來在銀幕上放映後每一寸每一格都已代表了我想講的說話，我不願再執筆寫甚麼開場文章，因為，我不擅寫，我祇蠻幹！

我致謝監製者給我這一群演技精練的演員，我感激大觀公司給予超乎理想的技術，我不敢期望過奢，我祇求無負一切一切對我的期望。

《董小宛》（1950）電影特刊，唐滌生親自撰文介紹。

（陳錦棠）登門招攬辟疆為清效命，因垂涎小宛美色，藉詞威逼小宛改嫁。小宛為保護辟疆，含淚就範，不知辟疆難逃一死。

　　洪承疇聽聞順治皇帝（黃千歲後飾）有意削藩，主動把小宛獻給順治，圖博取皇上歡心。其時清宮朝政由孝莊文太后（羅麗娟）把持，小宛誓死不願為妃，被幽禁於瀛台。順治一夜到訪，向小宛哭訴自己形同傀儡。小宛勸順治發奮圖強，豈料被太監科爾（李海泉）偷聽，密告承疇。承疇轉告太后，孝莊文太后怪責小宛媚惑順治，把她驅逐到玉泉寺為尼。其後婢女尋得小宛下落，帶辟疆骨灰

往見；小宛萬念俱灰，仰藥歸天。順治帝驚聞噩耗，決定出家為僧（李少恩 2017:27-29）。

《隋宮十載菱花夢》敘述五代陳朝末年，大將楊越（陳錦棠）帶領隋軍攻陷陳宮，陳朝樂昌公主（芳艷芬）與駙馬徐德言（黃千歲）逃亡之時，各執菱花鏡之一半，相約日後以破鏡為團圓信物。楊越殺到，樂昌假意用歌舞挑逗楊越，實則意圖拖延時間，好待駙馬保存陳朝卷宗逃出宮禁。楊越為人忠義，被公主感動，認為妻子，帶她及孩兒小德返家，實則假鳳虛鸞，樂昌亦以為德言已殉難。十年後，隋朝一統天下，徐德言以收賣鏡子為生，兒子小德（衛明心反串）偷取母親破鏡賣給德言，德言得與樂昌重遇。楊越仗義還妻，但樂昌自愧失節，終刎劍殉情（李少恩 2017:70；《粵劇大辭典》2008:139）。

《火網梵宮十四年》敘述長安才貌雙全的名妓魚玄機（芳艷芬）早與溫璋（陳錦棠）相戀並珠胎暗結。溫璋酒醉魯莽闖禍，玄機不惜變賣「雪遠樓」營救愛郎。才子李憶（任劍輝）一向愛慕玄機，願意慷慨贈金三千兩銀以解佳人燃眉之急。玄機感激李憶，又見溫璋自暴自棄，遂答應李憶婚事，豈料洞房之夜在新房產女。李憶厚道，原諒玄機，並默許她晚上為溫璋婦、白天為李家媳。溫璋借酒消愁，醉後與玄機婢女綠翹（白雪仙）一夕風流，被玄機撞破；玄機心碎，折返李家。溫璋懊悔，衝動下殺死綠翹，被捕下獄。玄機看破紅塵，攜女出家。十四年後，李

憶高中，溫璋亦刑滿出獄，玄機把女兒交還溫璋，謝絕復合，自刎而死。[10]

1950 年演出「唐劇」的戲班有「錦添花」（陳錦棠、芳艷芬）、「大龍鳳」（新馬師曾、芳艷芬）、「碧雲天」（鄧碧雲、羅品超）及「新世界」（薛覺先、譚玉真）等。眾年青貌美的女演員中，芳艷芬繼承了上海妹、鄭孟霞、余麗珍成為自二十世紀初以來省、港粵劇第四位炙手可熱的旦角，而白雪仙則蓄勢待發，不久即將成為第五位了。

如前所說，白雪仙是名伶白駒榮的女兒，自幼喜愛薛覺先、上海妹的演出，十二歲拜薛五哥、薛五嫂為師，長期住在「覺廬」習藝，十三歲開始踏足戲台，曾在「覺先聲」演梅香，其後隨薛覺先到廣州灣演出。她十六歲在「錦添花」擔任正印花旦，戰時在澳門參加「新聲劇團」，首度與任劍輝合演。她在和平後隨「新聲劇團」返回香港（參閱「維基百科」）。

任劍輝原名任麗初，又名任婉儀，約十三歲起先習藝於藝名「小叫天」（生卒年待考）的姨母，後拜名伶黃侶俠為師，又因刻意模仿擅演小武、綜合了薛覺先和馬師曾神髓、人稱「薛腔馬形」的名伶桂名揚（原名桂銘

10　蒙已故撰曲家及學者蕭啟南先生（1949-2022）撰寫《火網梵宮十四年》劇情簡介，特此鳴謝並作悼念。

揚，1909-1958）的功架，其後贏得「女桂名揚」的美譽。她早年在全女班演小生，曾夥拍名伶李雪芳（約 1898-？）、黃侶俠、譚蘭卿、陳皮梅（亦作陳皮妹，原名胡梅，1905-1993）等，香港淪陷期間暫居澳門，受聘於「新聲劇團」（參閱「維基百科」）。她在 1950 年代在唐劇基礎上創立的「任派」女文武生藝術風靡了省、港、澳觀眾，至今仍然歷久不衰。

1948 至 1951 年，唐滌生共編寫了 9 個電影劇本，其中《兩個煙精掃長堤》、《打破玉籠飛彩鳳》、《地獄金龜》、《董小宛》和《紅菱血》（上、下集）是根據他自己的劇作。此外，這三年間，由其他人根據唐劇改編的電影有《血海蜂》（吳其敏編劇）和《白楊紅淚》（田龍編劇）。

電影版《白楊紅淚》在 1950 年公映。粵劇版《白楊紅淚》1949 年 12 月 26 日在香港公演前，可能由「新聲劇團」於澳門首演。據白雪仙憶述：「我在和平之前在澳門的『新聲』時代，唐滌生為『新聲』開過一齣《白楊紅淚》，我已經覺得他是不同凡響了。」（賴、賴 2007:55）

劇情方面，粵劇版《白楊紅淚》包含的「父女戀」和「同母異父姐弟戀」是大膽的嘗試；比較之下，電影版反而略形保守。下面表 1 比較兩個版本的情節大要（賴、賴 2007:55-56；《香港影片大全》第三卷，2000:31），作為一個粵劇劇本改編成電影的個案分析。

表 1：《白楊紅淚》粵劇版與電影版情節比較

情節	粵劇（1949 年）情節	電影（1950 年）情節
1	許文瑛、杜瑩卿夫婦擺脫家庭束縛，居住在白楊山下，育女兒許翠嬌。	許文瑛、杜瑩卿私奔，結成夫婦，居住在白楊山下。
2	一天，許文瑛被人強行帶走，往當役伕，一去無蹤。	時值戰亂，種田的文瑛被強徵入伍，一去無蹤。
3		瑩卿誕下女嬰，取名翠喬。
4	瑩卿的父親逼她改嫁富翁古流芳。	瑩卿的父母逼她改嫁私梟古流芳。
5	瑩卿把翠嬌交給老僕松叔撫養。	瑩卿把翠喬交給老僕松叔撫養，自己認作翠喬的姨母。
6	瑩卿為古流芳誕下兒子小萍。	
7	十多年後，翠嬌與古家少爺古小萍談戀愛，並擬結婚，被松叔阻止。	十多年後，翠喬與富家少爺小萍相好。
8	文瑛獲釋，回到鄉里，與亭亭玉立的少女巧遇，少女對他傾慕，他不知少女竟是女兒翠嬌。	戰後，文瑛回鄉，改名換姓，與少女翠喬互生情愫；翠喬疏遠小萍。
9	瑩卿見到文瑛，翠嬌才知此人是生父。	時值古流芳宴客，翠喬帶文瑛回府；文瑛見到瑩卿，恨她改嫁，故意與翠喬親近。
10	翠嬌失意，酒醉，古流芳欲姦污繼女，未遂。	
11		瑩卿到旅館向文瑛說出苦衷及真相。
12		文瑛疏遠翠喬，翠喬誤會姨母橫刀奪愛，痛斥瑩卿。

唐滌生創作傳奇（增訂版）

（續上表）

情節	粵劇（1949 年）情節	電影（1950 年）情節
13	翠嬌懷着古小萍的骨肉，瑩卿誤會是流芳令女兒懷孕。	
14	瑩卿重擊流芳，流芳傷重死亡。	流芳誤會瑩卿，毒打瑩卿。
15		小萍乘亂姦污翠嬌。
16		瑩卿誤會流芳姦污翠嬌。
17		瑩卿擬槍殺流芳，混亂中自己中槍。
18	瑩卿知悉真相，説出苦衷。	瑩卿説出苦衷及翠嬌身世。
19		小萍認錯，答應迎娶翠嬌。
20	瑩卿自刎而死；劇終。	瑩卿在文瑛懷中死去；劇終。

　　1950 至 1953 年香港粵劇圈最大的變動是一批藝人及編劇家為參與建設解放後的新中國而北上，到廣州定居和參加粵劇的演出與改革。他們包括名演員白駒榮、譚玉真、楚岫雲，編劇家林仙根（1906-1964）、徐若呆（1908-1952）、馮志芬、陳卓瑩（1908-1980），以及曾與唐滌生合作編寫《蕩寇三雄》（1950）、《慾海鵑魂》（1950）和《雍正皇與年羹堯》（1951）的莫志勤（也作「莫志芹」；1924-1966）。

　　縱使愛國，他們好幾位在其後一浪接一浪、從未間斷的政治運動中被「打倒」。馮志芬在 1957 年「反右運動」裏被打成「極右派」，被判勞改，最後於 1961 年死在石礦場，終年約五十五歲。莫志勤在「文革」初期抵受

不住侮辱和折磨而服毒自殺，終年四十二歲。譚玉真頑強地忍受多年的批鬥，終於仍在 1969 年「解放」（即重獲自由）前夕懸樑自盡，享年五十（據李嶧口述資料）。陳卓瑩雖然在「文革」保住性命，仍受了不少屈辱（陳仲琰 2010:8-9）。

在香港，前輩開戲師爺麥嘯霞早在 1941 年已殉難，駱錦卿於 1947 年辭世，馮志芬到廣州定居和被打倒，戰後的南海十三郎又受精神失常困擾，也間接造就了環境因素，促使唐滌生的編劇事業一枝獨秀。

第四章

與紅伶互動

因才開戲

唐滌生的編劇才華斷定了他一生創作的非凡成就，而他的才華並非單純顯現在精益求精的遣詞造句、情節衝突的緊醒鋪排、人物性格的鮮明刻劃、精警說白和動聽唱段的安排。

縱觀唐哥一生創作，「因才開戲」是獨到之處，而他在 1950 年代初與陳錦棠、黃千歲、何非凡、芳艷芬、紅線女的「互動」，及後與任劍輝、白雪仙、吳君麗、何非凡的「互動」，成就了無數感人的劇作，並開創了粵劇史上繼 1920 至 1940 年代的第二個高峰。

所謂「因才開戲」，是唐滌生因應不同演員的獨特氣質和擅長扮演的人物形象，從不同渠道找尋簇新主題和靈感。因此，1950 年代初期「唐劇」的一個特點是逐漸擺脫 1930 年代劇目的影響，而另一個特點是質、量並重。

回到 1944 年，唐滌生破紀綠地寫了 56 部粵劇，即每星期完成至少一部戲。1945 至 1949 年每年產量是 16 至 26 部，平均每年 22 部，即約每兩星期寫完一齣戲，效率仍然是驚人的。比較上，1950、1951 年是更多產的兩年，

分別完成了 49 齣和 41 齣戲，即約每八日寫完一齣戲。

芳艷芬是 1951 年香港粵劇壇最吃香的花旦，單是這年，唐滌生為芳艷芬創作了 24 部新戲和參訂了另外兩部戲，即約每個月完成兩齣新戲，且質、量並重，堪稱奇跡。也許只有艷光四射、才華卓絕的芳艷芬才能激發滿腹曲文、創意無限的唐滌生；也許二人實力和努力的互動，產生的協同效應鞭策了二人不斷超越和突破。芳艷芬不只擅演「苦情戲」，也以絕代佳人和癡情女子的鮮明形象吸引觀眾。事實上，只有絕代佳人和癡情女子遇上命運播弄，她的「苦情」才能感動觀眾。

踏入 1951 年，「錦添花」班依然活躍於公演「唐劇」，由號稱「武狀元」的薛派弟子陳錦棠夥拍「花旦王」芳艷芬、任劍輝和白雪仙；也有夥拍滿懷壯志的紅線女。「大龍鳳」由黃千歲（1914-1993）、[1] 何非凡或任劍輝夥拍芳艷芬；「大四喜」由芳艷芬與何非凡拍檔，或由新馬師曾夥拍譚玉真；「大羅天」由芳艷芬夥拍何非凡；「大金龍」由馬師曾夥拍紅線女；「大中華」及「普長春」由何非凡夥拍紅線女。

黃千歲十九歲參加戲班演出，師承丑角名伶廖俠懷，初習丑行，後改學小生，在「日月星」班擔當第二小生。

1   另說 1915-1995。

抗日戰爭期間，他滯留美國，和平後回到香港加入戲班，傳承名伶桂名揚的「桂派」藝術，輾轉升任文武生（《粵劇大辭典》，2008:957）。

1951 年初，唐滌生對「何非凡、紅線女」組合發生很大的興趣，說：「何非凡和紅線女初度合作，固然每個人都認為是藝壇空前最高度的新刺激 …… 何非凡的作風是瀟灑裏而帶點哀感，如《情僧偷到瀟湘館》、《白楊塚下一凡僧》、《夜弔》、《泣萍姬》，[2] 都是一種有血有淚的詩篇，由他的歌音容範蘊發出最高度的靈性，而紅線女的作風是惹火中帶點挑撥性的，她好比藝壇裏一隻喜鵲 …… 都是以最雀躍的姿態去刻劃出劇中人的個性，使能栩栩如生 …… 以凡、紅二人合作，他日表演的效果一定是良好的，也可以說會使藝壇在他們合作之後更生色、更有新的發現。」（唐滌生 1951a）

說到「芳艷芬、陳錦棠」組合時，唐滌生指出「劇力」取決於演員及劇中人物的性格：「…… 編劇〔把〕作風不同〔的演員〕而合在一氣會令我有更好的題材，寫劇本就是有幾個性格不同的人物在一氣才能有矛盾、有劇力，例如芳艷芬是柔的、陳錦棠是剛的，所以他們每一場對手戲都能掀震觀眾們的心靈。」（唐滌生 1951a）

2　《夜弔》應是指《夜弔白芙蓉》（唐滌生編劇；1949），而《泣萍姬》則應是指《風雨泣萍姬》（李少芸編劇；首演年份待考）。

到 1951 年介紹芳艷芬、任劍輝、白雪仙和麥炳榮主演的《艷陽丹鳳》時，唐滌生又在報紙廣告說：「這部戲劇的幾場戲曲都是由紅伶的巔峰演技逼成最現實的氣氛。」（唐滌生 1951c）

唐滌生在 1951 年為何非凡度身訂造了不少名劇，有《玉女凡心》（4 月；夥拍紅線女；翌年拍戲，仍由二人主演）、《青磬紅魚非淚影》（5 月；夥拍紅線女；1954 年拍戲，與鄧碧雲主演）、《艷曲梵經》（6 月；夥拍芳艷芬）、《還君明珠雙淚垂》（7 月；夥拍芳艷芬；1957 年拍戲，由芳艷芬、張活游主演）、《蒙古香妃》（8 月；夥拍芳艷芬）、《三十年梵宮琴戀》（9 月 17 日；夥拍芳艷芬）、《紅淚袈裟》（9 月 22 日；夥拍芳艷芬）、《風流夜合花》（10 月；夥拍芳艷芬）、《搖紅燭化佛前燈》（12 月 10 日；夥拍紅線女，劇中〈紅燭淚〉由王粵生作曲；1954 年拍戲，改由任劍輝、白雪仙主演），以及《蠻女催妝嫁玉郎》（12 月 24 日；夥拍紅線女；1954 年拍成電影，由唐氏親自執導，仍由何非凡、紅線女主演）等共 13 部戲，可以說是「凡哥」的豐收年。

這時候，不少粵劇劇目的名稱既反映劇情或劇中主角的獨特性，也「明示」主演的演員。例如，何非凡主演的劇目用「凡」或「梵」，可能象徵劇中男主角曾經或最後出家為僧；陳錦棠的戲用「錦」，象徵男主角的錦繡才華；紅線女主演的用「女」，可能象徵紅線女扮演的玉女

或「蠻女」形象；芳艷芬主演的用「艷」，象徵劇中扮演天生麗質的佳人，卻經常飽嚐悲歡離合、歷盡滄桑。這既反映唐滌生「因才開戲」的考慮，也反映這時候粵劇圈由「偶像老倌」主導的現象。「一石四鳥」的經典劇名是 1951 年 2 月的《錦艷同輝香雪海》，顧名思義，由陳錦棠、芳艷芬、任劍輝和白雪仙主演。

何非凡原名何康棋，早年落班任堂旦和拉扯，其後升任第二小生。香港淪陷期間他在澳門首任文武生，曾與鄧碧雲合作。1945 年和平後，他拜薛覺先為師，一直鑽研「薛腔」，其超卓唱功與亦隨薛氏出身的新馬師曾齊名，分別稱「凡腔」和「新馬腔」。1948 年，他領導「非凡響劇團」，與楚岫雲公演馮志芬編的《情僧偷到瀟湘館》，因連滿 367 場而聲名大噪（王勝泉、張文珊 2011:70-71）。

《三十年梵宮琴戀》雖然今天鮮有香港戲班上演，但寫古代樂工歷盡兵災興亡，身陷艱辛，無限唏噓，十分感人。故事敘述唐玄宗天寶年間、安史之亂初期，歌女張紅紅（芳艷芬）與丈夫沈景和（麥炳榮）失散，與沈氏的繼母（半日安反串）暫居禪院避亂。適逢韋青將軍（何非凡）和名樂家李龜年（梁醒波；1908-1981）也到禪院借宿，於半夜度曲擬獻給明皇聖上，紅紅以過人的靈巧聽覺相助，被龜年認為乾女。

豈料沈夫人貪財，逼紅紅改嫁，韋青憐惜紅紅困境，答應以重金娶她作妾。兵災略平，身為內廷侍衛的沈景和

尋至，沈夫人訛稱紅紅已死。韋青妻子（鳳凰女）貴為郡主，因妒忌紅紅才貌而拒絕她入府。紅紅幸得唐明皇賞識，得以入宮主持樂務。

一夜，韋青進宮見紅紅，二人一夕纏綿，紅紅暗懷身孕。郡主派景和往殺紅紅，二人相認，景和向郡主詐說已施毒手，其實放走紅紅。韋青以為紅顏遇害，怒逐景和出宮。紅紅誕下韋青骨肉，在龜年安排下，把孩兒交還韋青，之後遠去。十五年後，紅紅以賣唱維生，沈夫人、龜年相繼淪落街頭行乞。一日景和與兒子路過街頭，目睹龜年與沈夫人起爭執，紅紅被誤傷，最後香消玉殞。

《艷曲梵經》是承接《漢武帝夢會衛夫人》（1950）的另一齣「帝苑后妃鬥爭」劇，講述唐懿宗（何非凡）微服出遊，不慎墮馬，被浣紗女舒玉廉（英麗梨；？-2011）救回家裏休養。玉廉妹妹柳艷（芳艷芬）見眼前男子英俊，自認是營救者。懿宗表明身份，立柳艷為妃，柳艷後誕下公主小蠻。

唐懿宗的皇貴妃（歐漢姬；約 1919-2021）妒忌心生，派人追殺柳艷及小公主，柳艷得心腹宮女犧牲身代，得逃返故居，由玉廉收養小蠻，遠走避世。

十八年後，八皇子李倚（何非凡）狩獵時巧遇小蠻（芳艷芬），情愫頓生，擬立為皇子妃，卻被未婚妻慧姬郡主（譚玉真）和皇姑（白龍珠反串）反對，將小蠻逐出皇城。小蠻用血把艷曲寫在菩提葉上，表白絕愛；李倚讀後，逃

禪出家，後輾轉尋得小蠻，卻知道原來是同父異母的妹妹，乃封她為「鶯花公主」，追封生母為「睦國夫人」，並立志爭奪帝位（陳苡霖 2007:6；李少恩 2017:145-147）。

1951 年矚目的「唐劇」生、旦組合也有芳艷芬、任劍輝，主演了三齣「唐劇」：《艷陽丹鳳》（5 月；1958 年拍戲，由芳艷芬、羅劍郎主演）、《一彎眉月伴寒衾》（6 月；1952 及 1964 年兩度拍片，前者由芳艷芬、張瑛主演，後者由任劍輝、吳君麗主演），和《一片冰心在玉壺》（6 月）。

《艷陽丹鳳》同樣刻劃「帝苑后妃鬥爭」，更可以視為《漢武帝夢會衛夫人》的續集，引人反思。劇情敘述晚年漢武帝（任劍輝）狩獵時被民女趙艷陽（芳艷芬）吸引，不理衛夫人女兒鄂邑公主（白雪仙）和駙馬王充（麥炳榮）反對，納艷陽為妃，後誕下太子弗陵。

衛夫人失寵，鬱鬱而終，鄂邑公主懷恨在心，欲毒殺艷陽。艷陽洞悉帝苑宮闈內爭之可怕，裝死逃出宮禁，隱居艷陽山。駙馬王充保護弗陵，安排替身代死，把弗陵視作親兒，伺機迎少主登基。

十五年後，弗陵（任劍輝）於艷陽山遊獵，對艷陽竟生愛慕。艷陽入宮，以為弗陵並非親兒，誤把他刺傷，之後逃返深山，化名丹鳳，並修練成仙。弗陵尋母心切，艷陽下凡，母子相會。最後弗陵登基，把艷陽冊封為皇太后（李少恩 2017:110-114）。

　　《一彎眉月伴寒衾》敘述襄陽王府裏，懷才不遇的馬
伕桂炳芬（任劍輝）與婢女杜月明（芳艷芬）相戀，月明
且珠胎暗結。太史江汝南（梁醒波）原安排兒子迎娶襄陽
王的女兒襄陽郡主（白雪仙先飾），兒子卻因誤殺情人李
鳳儀而逃亡失蹤，太史僕人江狼哄騙炳芬搬進太史第，認
作太史養子，欲逼炳芬迎娶郡主。炳芬向郡主坦告早與月
明相戀，郡主亦與月明情同姐妹，但汝南怕生枝節，暗中
命江狼擄走月明。月明為山賊易劍湘（麥炳榮）所救，其
後誕下女兒，取名雪兒。劍湘雖然鍾愛月明，月明卻不願
下嫁。

　　李鳳儀的弟弟擬為鳳儀報仇，入太史第用毒箭射傷炳
芬，碰巧月明抱雪兒到來擬還給炳芬，被誤會是兇手。炳
芬拒認月明，月明含冤離去。這邊廂，有人告發江汝南與
炳芬合謀騙婚，炳芬被判充軍十四年，太史第破落，郡主
因難產而死。那邊廂，月明因感激劍湘，答應婚事，之後
一同撫養雪兒。

　　十四年後，服刑期滿的炳芬變成傷殘，重返故里，與
潦倒的汝南相依為命。長得亭亭玉立的雪兒（白雪仙後
飾）巧遇在街頭賣字的炳芬，一見如故。炳芬與汝南夜訪
雪兒，終與月明相見。劍湘坦言當年因欲娶月明而告發炳
芬騙婚，亦隱瞞射傷炳芬的真正兇手。月明身陷兩難，託
付女兒後，自己黯然離開。

　　1952 年電影版《一彎眉月伴寒衾》由唐滌生親自執

筆「變身」為時裝戲，卻並非戲曲電影。故事敘述婢女月明（芳艷芬）懷有富家少爺江炳芳（張瑛）的骨肉，後誕下女兒小雪（容小意；1919-1974），而炳芳亦家散人亡及被仇家弄致跛足；月明與工人易劍湘（吳楚帆）結婚，長得亭亭玉立的小雪巧遇販賣書報維生的炳芳，不知他是生父，幾至因憐生愛；其後月明又瞞着丈夫、小雪給炳芳送上衣物。此片公映時曾創下粵劇電影票房紀錄（《香港影片大全》第三卷，2000:371）。片中芳艷芬唱的主題曲〈眉月寒衾〉由唐滌生作詞，王粵生按詞作曲，其後廣為傳誦。

至 1964 年再度拍戲時，《一彎眉月伴寒衾》故事回復到古代，月明（吳君麗）是王府侍婢，與窮書生桂炳芬（任劍輝）相戀，誕下雪兒（薛家燕），改嫁俠士易劍湘（黃千歲），而情節又較 1952 年版更為曲折（《香港影片大全》第五卷，2005:303）。

1952 年初何非凡與鄧碧雲用「大歡喜」及「喜臨門」班牌公演了五本「唐劇」，分別是《粉俠賀元宵》、《綵雲仙子鬧禪台》、《鸞鳳換香巢》（1955 年拍成電影，由鄧碧雲、鄭惠森〔1923-1980 年代〕主演，唐滌生亦演一角）、《漢宮蝴蝶夢》和《夜夜念奴嬌》（1956 年拍成電影，由鄧碧雲、梁無相〔1930- 〕主演）。鄧碧雲其後與黃千歲演《玉女懷胎十八年》，據說極受歡迎，於 1954 年搬上銀幕，但改由新馬師曾夥拍鳳凰女（1925-1992）和陳艷儂。

　　1952 年矚目的「唐劇」生、旦組合仍是芳艷芬、任劍輝，公演名作有《望帝迎歸九鳳屏》（8 月）、《一枝紅艷露凝香》（8 月；1955 及 1959 年兩度拍戲，均由芳艷芬、任劍輝主演）、《漢苑玉梨魂》（8 月）、《一樓風雪夜歸人》（9 月；1957、1962 年兩度拍成電影，前者由芳艷芬、吳楚帆主演，後者由任劍輝、吳君麗主演）、《一點靈犀化彩虹》（11 月；1963 年拍戲，由任劍輝、吳君麗主演）、《夢斷香銷四十年》[3]（11 月）和《紅樓二尤》（11 月）。

　　《一枝紅艷露凝香》講述秦淮歌女單艷雯（芳艷芬）與太寧學士孟嶠（任劍輝先飾）相愛，婚後育有一子。歌樓大姐江夢霞不滿孟嶠移愛艷雯，乘孟家壽宴，混入賓客中，落毒殺死孟嶠。艷雯被誤會與孟嶠的妹夫沈蘭陵（麥炳榮）有私情，更被指落毒殺夫，與蘭陵雙雙被驅逐。

　　多年後，艷雯兒子任亭（任劍輝後飾）長大，欲與生母相認，卻誤信祖父（白龍珠）與姑姐（白雪仙）的說話，因而怒斥艷雯。蘭陵責備任亭，把他誤傷，之後逃去。眾人要把艷雯「浸豬籠」，幸得夢霞良心發現，承認罪咎，艷雯與蘭陵罪名才得洗脫（陳苡霖 2007:6）。

　　唐劇《夢斷香銷四十年》故事敘述梁夢環（任劍輝）及虞小清（芳艷芬）相戀，小清懷了身己，卻因早與丞相

3　此劇內容與陳冠卿同名粵劇完全不同。

劉光復（靚次伯）的兒子「冥婚」，被劉丞相藉故逼害。夢環、小清幾經波折才得成眷屬（陳芷霖 2007:6）。

這年唐氏其他傑作還有為芳艷芬、白玉堂寫的《梨渦一笑九重冤》（9 月；1962 年拍成電影，改由麥炳榮、鳳凰女主演）和《艷女情顛假玉郎》（同月；1953 年拍成電影，改由鄧碧雲等主演）；給陳錦棠、鄧碧雲、任劍輝、白雪仙開山的有《楊乃武與小白菜》上、下集（10 月）。

1952 年度，唐氏四齣劇名中有「一」字的「一劇」均極受歡迎，其後都搬上了銀幕。432 部唐劇中共有 21 齣「一劇」，可見他對「一」字略有偏好。

《一點靈犀化彩虹》是唐滌生第三齣以「帝苑后妃鬥爭」為題材的名作，敘述韓韻餘（白雪仙）的繼女姚緯青（芳艷芬）是貌似天仙的採珠女，與學士杜牧陵（黃千歲）互生情愫。韻餘改嫁光祿大夫王玉章（麥炳榮），漢成帝（任劍輝）出遊，巧遇緯青，難禁驚艷，後緯青懷有龍胎，被封皇后，韻餘奉命入宮照料。時太后（靚次伯）妒忌緯青得寵，指使玉章對付緯青和太子。牧陵官拜御醫，重遇緯青，認作表親。韻餘為保太子性命，用自己親兒瓜代。玉章誣告太子是緯青和牧陵所生，成帝誤信，把緯青打入冷宮。牧陵與緯青分別自盡和投水。十六年後，韻餘在深山寺門撫養太子成人，巧遇當年被救的緯青。成帝到此，緯青拒絕相認。緯青、韻餘、玉章向成帝訴說當年真

相，太后亦認錯，得成帝開恩免罪，太子被納為皇儲，緯青被迎回宮。[4]

「芳、任」、「任、白」爭雄

1953 年演出「唐劇」的戲班有芳艷芬、任劍輝的「金鳳屏」，陳錦棠、任劍輝、白雪仙的「鴻運」和陳錦棠、陳艷儂或芳艷芬的「大好彩」，三班鼎足並立，各領風騷。

芳艷芬、任劍輝的代表作有《艷滴海棠紅》（2 月；翌年拍戲，由新馬師曾、周坤玲〔1924-2020〕主演）和《一年一度燕歸來》（3 月；1953 及 1958 年兩度拍戲，前者由芳艷芬、新馬師曾主演，後者仍由芳艷芬、任劍輝主演）。「大好彩」的名劇有《香銷十二美人樓》（4 月；1954 及 1958 年兩度拍戲，前者由新馬師曾、鄧碧雲主演，後者由芳艷芬、任劍輝、陳錦棠、譚倩紅主演）、《願作長安脂粉奴》（11 月）和《醉打金枝戲玉郎》（11 月）等。

這時，既是「劇、影雙棲」，也是「芳、白雙棲」，更可說是「雌、雄雙棲」、「剛、柔雙棲」的任劍輝，鋒芒逐漸蓋過了陳錦棠、黃千歲、何非凡、新馬師曾等薛派名角。

4　劇情簡介由本書著者根據劇本撰寫。

　　1987 年名導演李鐵回憶 1950 年代的粵語戲曲片熱潮時，說：「任劍輝⋯⋯拍得最多，因為片商認為她夠拍任何女星都可以。最高峰時她一部片酬一萬七千五，平均月入五萬；她前後起碼拍了三百多部電影，真是非同小可。」對於任姐的藝術，李鐵說：「表面看來她並不靚，但反串卻很靚，而且她有一點連男人都做不來的，就是那種癡情、為愛瘋狂的表現，還有在台上身段的瀟灑，就算薛覺先也不過如此。若論唱功，她可能不算特別標青，但勝在聽落舒服⋯⋯女觀眾直認她是王子。」（李、李 1987:68）

　　「鴻運」的任劍輝、白雪仙與唐滌生惺惺相惜，因而合作無間，開山了一系列的「唐劇」名作，有 1953 年 8 月的《大明英烈傳》、《富士山之戀》（1954 年拍成電影，由任、白主演）和《還君昔日煙花淚》；9 月有《賴婚》（據說改編自「二十五年前」某「世界電影」）、[5]《復活》和《燕子啣來燕子箋》（1959 年拍片，改由鄧碧雲、羅劍郎主演）；及 12 月有《紅了櫻桃碎了心》。這時候，青春漂亮、前輩名伶白駒榮的千金、曾拜薛五哥與薛五嫂為師的白雪仙的鋒芒已不讓芳艷芬了。

　　據余慕雲說，《富士山之戀》改編自西片《殘月離

5　參閱任、白領導「大金龍」班約 1954 年在越南「中國戲院」演出戲橋。

魂記》（*Madonna of the Seven Moons*，1945 年首映，由史釗域格蘭加（Stewart Granger, 1913-1993）等主演（余1999:44）。

《富士山之戀》故事敘述由白雪仙飾演、患上了「離魂症」（近似心理變態或雙重性格）的少女小夜福子糾纏於追求她的菅井一郎（梁醒波）、柳永二郎（關海山）兩同母異父兄弟，和她心儀、來自中國的救命恩人張秋舫（任劍輝）之間；後因她服從父命嫁給一郎，在「離魂症」病發下向秋舫吐露真情，又被二郎誤會福子的剖白是對他而說，把矛盾推向高潮。[6] 初步分析所見，筆者認同賴伯疆、賴宇翔的觀點：《富士山之戀》不似是《殘月離魂記》的改編，而更似唐氏的原創劇（賴、賴 2007:75）或根據另一部電影改編。

有別於一般粵劇，《紅了櫻桃碎了心》有濃厚的現代感，很有話劇和時裝粵劇的味道。劇情前半部描述趙珠璣對蕭桃紅的栽培，以及桃紅舉止漸次由粗鄙轉為高貴，近似英國劇作家蕭伯納（George Bernard Shaw, 1856-1950）的作品 *Pygmalion*（1938 年被拍成電影；再先後於 1956 及 1964 年改編成歌舞劇及拍成電影 *My Fair Lady*，中譯《窈窕淑女》）的橋段。無疑它是香港粵劇自 1920 年代開始不

6　參閱任、白領導「大金龍」班約 1954 年在越南「中國戲院」演出戲橋。

斷嘗試「西為中用」實驗的成功產品。

《紅了櫻桃碎了心》敍述歌女蕭桃紅（白雪仙）糾纏於舊愛孔桂芬（陳錦棠）與新好、栽培她的恩師趙珠璣（任劍輝先飾）之間；珠璣死後十六年，桃紅苦心栽培他的兒子「細珠」（任劍輝後飾），卻因孩子的懶散而感沮喪，復在百感交集下自殺身亡。從演技來說，此劇對正印花旦的要求很高，需要她扮演兩個劇中人及表現她們性格的變化，從一個十來歲的窮家女搖身變成風華絕代的佳人，再化身為有難言之隱的小姑媽，之後又回復扮演十多歲的少女。若說蕭桃紅一角是唐滌生刻意為白雪仙度身訂造，一點也不足為奇。

「鴻運」翌年再公演四本「唐劇」，分別是《魂繞巫山十二重》（1 月）、《錯把銀燈照玉郎》（1 月）、《鴻運喜當頭》（2 月；1955 年拍成電影）和《英雄掌上野薔薇》（2 月；1962 年拍成電影，由鄧碧雲、鳳凰女主演），據說均不算是唐氏力作。

《英雄掌上野薔薇》敍述竇皮海（梁醒波）與人稱「薔薇」的妹妹竇眉（白雪仙）經營酒舖，常趁顧客半醉時，偷取顧客隨身物品。一天，他們偷得太師配劍後，店裏又來了一個英姿凜凜的帶劍男子。竇眉擬重施故技，卻被男子識破，忙忙道歉。這時太師（靚次伯）帶人前來，欲斬皮海，但一見此男子，即時住手，竇氏兄妹才知此人竟是當今聖上朱允文（任劍輝）。

　　允文見寶眉貌好，把她和寶皮海帶回皇宮。本是太子的朱二奎（陳錦棠）一向鍾情茶薇，發誓回宮奪取江山和美人。宮廷上，允文欲讓位，但潘太后弄權，要脅殺死二奎。允文為保二奎性命，狠心逐他出宮。

　　二奎娶得燕國公主，登基為燕王，出兵攻陷大明皇城，殺人無數。允文被擒，被二奎百般凌辱。皮海、茶薇往見二奎，用空空妙手盜得他的寶劍和令箭，解散了他的軍隊。二奎戰敗，最後茶薇與他雙雙自殺。

　　1954 年初，粵劇圈的盛事是芳艷芬創辦「新艷陽劇團」，期望自己肩負傳揚粵劇傳統的使命（李少恩 2017：216）。作為第一屆的創班巨獻，2 月芳艷芬、黃千歲、陳錦棠公演了《艷陽長照牡丹紅》，連演 15 場（李少恩 2017:218）；由於熱賣，電影於翌年 1 月公映，由芳艷芬、張瑛、林蛟、吳丹鳳主演。

　　時至 2016 年，粵劇《艷陽長照牡丹紅》仍然很受香港觀眾歡迎。在劇情上，它與上文介紹的《紅了櫻桃碎了心》有相似之處，敘述賣花女沈菊香（芳艷芬）糾纏於窮書生李翰宜（黃千歲）與栽培她、但目不識丁的親王（陳錦棠）之間；翰宜得菊香資助，高中解元；親王出資栽培菊香，鍾愛菊香搖身一變的「牡丹紅」，擬用借刀殺人之計剷除情敵李翰宜，竟因胸無點墨而賠了夫人又折兵，最後更被菊香和患上「大近視」的妹妹（鳳凰女）「無心插柳」，被迫迎娶「十全怪女」為妻；作為 1954 年的賀歲力

作，全劇在歡笑中結束。

　　唐滌生在《艷陽長照牡丹紅》巧妙地以一封書信作為劇情轉折的關鍵，類似的安排亦見於唐劇《洛神》和徐子郎編寫的力作《鳳閣恩仇未了情》。文盲親王的原意是：「新科解元李翰宜，乃手足之情敵，與我好好待為刻薄，不能放縱，派往蘇州黃泥涌，使其受苦致命。牡丹紅乃是小王愛侶，萬勿與解元同行，歸返便結婚⋯⋯」，竟然被「半文盲」的隨從寫成「新科解元李翰宜，乃手足之情〇與我好好待為〇〇不能〇〇派往蘇州黃泥涌，使其受苦致命。牡丹紅乃是小王愛女〇〇與解元同行，歸返便結婚⋯⋯」，最後令親王把心上人拱手讓給情敵。

　　繼《艷陽長照牡丹紅》，2 月 17 日芳艷芬、黃千歲公演了唐滌生改編自著名民初作家魯迅（1881-1936）短篇小說〈祝福〉的粵劇《程大嫂》，亦極成功，電影於年底放映，由芳艷芬、張瑛主演。

　　粵劇《程大嫂》敘述李翠紅（芳艷芬）自幼喪父，被後母（歐漢姬）賣到孔家為婢女，與孔家幕僚程幻雯（黃千歲）相戀並暗結珠胎。孔家七姨太（鄭碧影）誤會翠紅勾引少爺孔樹陵（麥炳榮），對翠紅諸多刻薄。幻雯出資為翠紅贖身並迎娶回家。

　　豈料七姨太向程母（陳斌俠）誣告翠紅身懷孔家骨肉，令程母憎惡翠紅。幻雯借酒消愁，病重吐血，程母藉口翠紅命苦連累他們一家，將翠紅驅逐。翠紅的後母貪取

禮金，把翠紅和兒子賣給斬柴的「瘌痢牛」（歐陽儉）；阿牛雖是粗人，但自幼與翠紅相識，一向愛惜翠紅，翠紅亦以為幻雯經已身故。

豈料原來幻雯未死，到牛家找尋翠紅，但被翠紅弟良安（蘇少棠）勸止，並囑幻雯上京考試。瘌痢牛為求脫貧，離家遠去，下落不明；翠紅兒子病死，被家人和鄰居嘲笑為「不祥人」，流落街頭行乞為生。

一天，幻雯高中榮歸故里，欲把翠紅帶返家園團聚，無奈翠紅已對人情絕望，不想再仰人鼻息，寧願繼續自我放逐（李少恩 2017:222-226）。

一如既往，唐滌生在報紙廣告裏的介紹往往起着「導賞」作用，向觀眾揭示「糟蹋」程大嫂的「血掌」、「永遠站在程大嫂背後的陰影」其實是傳統以男性為中心的封建思想（唐滌生 1954）。最後程大嫂決定不再依賴男人，甘願自我放逐、流落街頭，或許點醒了無數當年困於十字街頭的香港女性。

1954 年 4 月，芳艷芬再演名劇，這次夥拍陳錦棠開山由歷史學家簡又文（1896-1978）原著、唐滌生創作唱段曲詞的《萬世流芳張玉喬》，是芳艷芬擅演的又一齣「婦人失節、忍辱負重」戲。此劇電影版於 1958 年 1 月 30 日首映，由陳錦棠、鄧碧雲、關德興（1905-1996）和梁醒波主演。

關於張玉喬的故事，最早見於歷史學家簡又文的著

作，其後載錄於麥嘯霞的《廣東戲劇史略》（麥 1940:9；陳守仁 2021:63），述說清兵入關，陳子壯（1596-1647）在南海九江起義，被明朝叛將李成棟（？-1649）擊敗殉國的歷史事跡。

張玉喬（芳艷芬）原是陳子壯（黃千歲）的妾侍，被迫改嫁李成棟（陳錦棠）後，經常鬱鬱寡歡。成棟費盡心思，始終難求美人一笑；豈料玉喬一天偶觀粵劇演出後，一反常態，對成棟百般殷勤，且嫣然一笑。李成棟大喜，問她因何而笑，玉喬答道是因見到大明衣冠威儀，實則玉喬已與梨園子弟密謀起義。成棟為了取悅愛妾，也穿起了明朝衣冠，玉喬乘機慫恿他率領旗下軍隊叛清，更不惜自刎勉勵成棟成就復明大業。

1957 年，《萬世流芳張玉喬》電影拍攝接近完成，簡又文控告唐滌生侵犯他的版權，二人一度對簿公堂，令影片被迫延期公映，最終可能是雙方達成和解。[7]

1954 年另外兩齣「新艷陽」名劇是芳艷芬、陳錦棠在 9 月公演的《一代名花花濺淚》和《春燈羽扇恨》（1956、1959 年兩度拍戲，均由芳艷芬、任劍輝主演）。

在題材上，《一代名花花濺淚》也屬於「婦人失節」的悲劇，據說可能是取材自南海十三郎於 1940 年編導、

---

7 見 1957 年 9 月 7 日《工商晚報》，標題為「《萬世流芳》引起訴訟簡又文控告唐滌生　陳錦棠等亦一齊被控訴案押候本月十四日提訊」的報道。

| 報紙報道《萬世流芳張玉喬》在 1957 年引起版權訴訟

敘述塘西名妓「花影恨」真人真事的電影《一代名花花影恨》（林英傑 2016:4）。

《一代名花花濺淚》故事在英國古都倫敦展開，裘蝶（芳艷芬）是劇院的歌唱紅星，丈夫是著名鋼琴家安杜明爵士（黃千歲）。

裘蝶本來與侯萍（陳錦棠）相愛，六年前，侯萍卻為救裘蝶而殺人和被判監禁。侯萍逃獄成功，巧遇風塵女子安娜（鳳凰女），得她收留，才避過追捕。

侯萍受聘於劇院為雜役，得與裘蝶重逢。裘蝶寫字條

給侯萍，約他到爵士府花園見面，卻給安娜拾得字條。

爵士表面上彬彬有禮，在家裏對妻子卻百般苛待。裘蝶因他栽培才得成名，故此對他也百般遷就。這晚，裘蝶等到丈夫入睡，便去花園與侯萍見面，豈料被丈夫撞破。爵士失意激動，竟開槍自殺，遺下二千英鎊作為裘蝶日後的生活費。

安娜向侯萍表達愛意，侯萍拒絕，安娜轉愛為恨，勒索他二千英鎊，作為隱瞞侯萍逃獄的代價。侯萍無計，把裘蝶僅餘的生活費全數偷去。

公寓裏，安娜收到二千鎊，但意猶未足，要求侯萍繼續勒索裘蝶。侯萍氣憤，殺死安娜，把屍體移放床鋪裏，然後逃去。裘蝶到來，以為侯萍的新歡在床上入睡，失意離去。

一年後，潦倒的裘蝶回到早已被人離棄的劇院，巧遇爵士；原來當日爵士只是扮作自殺。爵士打罵裘蝶一頓後離去。

裘蝶發現侯萍原來躲在劇院一角，便打電話報警。侯萍現身，坦言當日拒絕安娜示愛，及為保護裘蝶而殺死安娜。裘蝶恍然大悟，後悔報警。

警察到來，見侯萍手持小刀，開槍把他打死。裘蝶變得一無所有，獨自離去。

《春燈羽扇恨》敍述太后早年御賜春燈予楊御史、御賜羽扇給張太守，作為兩家後人通婚的媒證。楊御史死

後，妾侍秦么鳳（鳳凰女）與情夫賀人龍（歐陽儉）私奔，並盜去春燈。時值兵災，楊夫人帶長女繡芳（芳艷芬）與幼子懷玉逃命，於糧盡時，繡芳賣身給書生李英翔（黃千歲）。十八年後，英翔鍾情繡芳，但繡芳喜歡落拓的張九環（陳錦棠），後並發現他是張太守的後人，也即自己的未婚夫。英翔失意，淪為盜賊，被官拜「太史」的賀人龍拿獲，用他要脅繡芳放棄九環。人龍有春燈在手，為求攀附張家，要求九環迎娶自己女兒。么鳳設計，欲燒死繡芳，豈料卻燒死了英翔。繡芳淪落為奴，卻巧遇失散多年的弟郎懷玉。這時已官拜巡按的懷玉為姐姐翻案，繡芳、九環有情人終成眷屬。[8]

同年，陳錦棠、陳艷儂領導的「錦城春」演了七本「唐劇」，包括《胭脂淚灑戰袍紅》[9]和「艷情武俠劇」《鐵馬驪情伏九花娘》（共三集）等。此外，陳錦棠、羅麗娟的「大世界」班開山了「唐哥」改編自古典小說《金瓶梅》的《壯士魂銷帳下歌》等劇。

芳齡廿六、如日初昇的玉女花旦白雪仙在 1954 至 1955 年與任劍輝主演了五部改編自「唐劇」的電影，分別是《富士山之戀》、《錦艷同輝香雪海》、《搖紅燭化佛前

8　劇情簡介由本書著者根據劇本撰寫。

9　1968 年，葉紹德、梁山人及方錦濤合作把此劇改編為《梟雄虎將美人威》，由麥炳榮、羅艷卿主演。

燈》、《鴻運喜當頭》和《花都綺夢》（由「唐哥」親自編劇、執導；據說改編自西片 *Queen of Paris*），奠定了她在劇壇和影圈的地位。

但在長江後浪推前浪、世上新人換舊人的同時，當年薛覺先的老拍檔、一代名旦上海妹於 1954 年因肺病辭世，享年五十五歲。

1954 年 4 月 20 日，一代宗師薛覺先與妻子唐雪卿舉家離開香港，前往廣州定居和參與新中國的粵劇事業。當時很多粵劇圈中人士認為「五哥」的離開是因為他的粵劇事業在香港不能順利發展，但其實當中不無涉及政治因素。

在戰前，基於孫中山先生與國民黨元老唐紹儀的影響力，祖籍廣東香山（1927 年按唐紹儀的倡議改名「中山」）的唐氏族人多少與國民黨有連繫，或至少是國民黨的忠實支持者，相信唐雪卿和唐滌生也不例外。作為唐雪卿的丈夫，薛覺先多年來既支持國民黨，而與他緊密合作製作粵劇和電影的麥嘯霞早年畢業於陸軍學校，也有濃厚的國民黨背景。

日軍於 1937 年底進攻首都南京時，國民政府決定遷都重慶，展開抗日戰爭。汪精衛（1883-1944）其後離開重慶，籌組反蔣及與日本和好的聯盟。由於唐紹儀早於1931 年曾與汪精衛組織反蔣勢力，故此受到重慶政府的顧忌。為避免唐紹儀被汪精衛拉攏或被日軍利用，1938

年 9 月 30 日，國民黨派特工到唐氏位於上海的寓所將他
暗殺。

也許「五哥」與妻子唐雪卿早在唐紹儀被暗殺時已萌
生與國民黨劃清界線、轉為支持共產黨的念頭。1954 年
他們決定為新中國效力，絕非一時的衝動。

1954 年 11 月至 12 月，唐滌生、鄭孟霞和多位香港粵
劇圈中名人應邀出席在廣州舉行的「粵劇改革工作匯報和
觀摩演出」。唐氏雖然婉拒招手，沒有像堂姐唐雪卿和堂
姐夫薛覺先般留下來參加廣州的粵劇革新工作，但據說他
曾把《琵琶記》、《白蛇傳》、《竇娥冤》、《春香傳》、《秦
香蓮》等古典戲曲劇本帶回香港，啟發了他後來的創作和
劇本改編（賴、賴 2007:88-89）。

第五章

巔峰五年

1955 至 1959 年是唐滌生創作生涯的最後五年，首三年在產量上逐年減少，大概是他意識到質、量不能並存的道理。

1955 年：新艷陽、多寶、利榮華

1955 年唐滌生為七個不同戲班開戲，包括任、白的「多寶」，芳艷芬領導的「新艷陽」，新馬師曾、陳艷儂領導的「艷陽紅」，黃千歲、鄧碧雲的「同慶」，陳錦棠、羅麗娟的「錦添花」和「大世界」，以及何非凡和白雪仙的「利榮華」。可見，不同老倌的組合可以擦出多樣的藝術火花，而享譽劇壇的「唐哥」亦不是任何戲班的專利。

這年較矚目的「唐劇」是《梁祝恨史》，由「新艷陽劇團」於 1955 年 11 月 3 日在利舞臺戲院首演。劇團劇本封面上注明是「新艷陽劇團劇務委員會參訂潘一帆編撰」，並沒有提及唐滌生的參與。一方面，據已故編劇家葉紹德及紅伶阮兆輝說，唐滌生確實參與了此劇的編寫，卻因入息稅務或簽訂合約等理由不便「出名」，假託由新艷陽劇團劇務委員會及潘一帆編撰。另一方面，據粵劇學

者岳清親自向名伶芳艷芬求證，得知《梁祝恨史》確實經潘一帆編寫。[1] 今天，把《梁祝恨史》視為潘、唐合作的成果，似乎更為合理。

《梁祝恨史》敘述祝英台（芳艷芬）渴望到杭州求學，更欲逃避紈絝子弟馬文才（蘇少棠）的癡纏；父親（白龍珠）雖然反對，最終還是准她改扮男裝，與改扮書僮的侍婢人心（譚倩紅）一同赴學；唯嫂嫂要英台攜裥帶前去，以警惕保存貞節。

英台與人心在路上遇到梁山伯（任劍輝）和書僮士久（梁醒波），山伯與英台投契，結成兄弟。轉眼三年，士久發現英台、人心行李中的裥帶，遂懷疑二人不是男子。英台否認是女子，山伯仍然懷疑，但經多番試探，英台仍然未露破綻。

其實英台亦暗中傾慕山伯，只是羞於啟齒。英台母親（英麗梨）病重，英台起程回家，山伯、士久送行。英台多番暗示身份和愛意，但山伯未能會意。英台心生一計，詐說家有妹妹，請山伯學期完結後速到祝家求親。山伯在往祝家路上被馬文才作弄，走錯了路。在祝家，英台堅拒下嫁馬文才，無奈山伯遲來三日，有情人無法成眷屬，最後雙雙化蝶，長相廝守。

1　見網上「大龍鳳講古　香港粵劇點滴」網站「潘一帆」。

　　1955 年「多寶」的七齣名劇是《陽春白雪兩爭輝》（1月）、上文提及的《花都綺夢》（1月；同年拍戲）、《李仙傳》（2月）、《胭脂巷口故人來》（2月；1959 年拍成電影，改名《枇杷巷口故人來》，仍由任、白主演）、《風箏誤》（9月）、《初為人母》（9月）和《三年一哭二郎橋》（9月；1959 年拍成電影，仍由任、白主演）。

　　白雪仙、何非凡的「利榮華」在年底公演了《西廂記》和《珍珠塔》，使白雪仙成為全年開山最多「唐劇」的演員。

　　《胭脂巷口故人來》敘述胭脂巷口的歌樓「同春坊」裏，沈玉芙（吳君麗）是一名歌女，哥哥沈桐軒（任劍輝）是樂府的名樂師，顧竹卿（鳳凰女）是桐軒的學生。樂府的司樂總管左口魚（梁醒波）逼竹卿下嫁，竹卿拒絕，被左口魚毒打。

　　桐軒帶竹卿混入相府，向宰相千金宋玉蘭（白雪仙）舉報左氏惡行。宋丞相（靚次伯）得聞冤情，乃傳左口魚到來質詢。玉蘭嚴斥左口魚以下犯上，左口魚自知理虧，悻悻然離去，心裏痛恨玉蘭，發誓伺機報復。玉蘭仰慕桐軒才華，留他在相府教導弟郎文敏（陳燕棠）。

　　玉蘭與桐軒兩情相悅，竹卿懷恨在心。宰相慶壽之日，左口魚帶政樂司（李學優）到來告發玉蘭勾引沈桐軒，有辱樂府聲譽。宋丞相怪責玉蘭，與她斷絕關係，玉蘭離府。

　　竹卿偷取玉蘭贈給桐軒的珠寶；玉蘭弟郎文敏懇求桐軒不要帶走玉蘭，也求他不要應試，好待文敏自己先考得功名，桐軒唯有獨自遠走天涯。轉眼過了六年，玉蘭一直盼望桐軒高中歸來帶她離開胭脂巷，桐軒卻淪落為叫化。玉蘭絕望，責打桐軒。幸好玉芙已封貴妃，文敏高中狀元，桐軒兄憑妹貴，被封翰林主事，與玉蘭再續前緣。

　　《三年一哭二郎橋》敘述江耀祖（梁醒波）與江謝祖（任劍輝）兄弟一向手足情深，謝祖與鄰村女子楊春香（白雪仙）相戀，每晚必橫過二郎橋往對岸與她會面。

　　耀祖一晚過橋時遇上雷電交加，墮橋重傷及毀容。六年兵災過後，謝祖與春香失散，兄弟到西莊投靠姨丈李桐軒（靚次伯）。因母親病重，春香不得已在街上賣身籌錢。李桐軒把女子買來給耀祖做媳婦，婚禮過後，謝祖才知春香已成嫂嫂。

　　耀祖不願奪弟所愛，留書出走往投軍，託表妹媚珠（黃金愛）把書函交給謝祖。媚珠一向暗戀謝祖，為怕謝祖與春香復合，撕毀了書函。

　　謝祖送春香返娘家，到十里亭即先行離去。富家子賈華（李學優）欲侵犯春香，被春香拔釵亂刺，賈華重傷呼救，死前對人詐說因識破謝祖和春香姦情，被她意圖滅口。春香怕損害謝祖名聲，自認勾引謝祖及殺人，被判斬刑。

　　謝祖禍不單行，被賊人弄到雙目失明，對世情亦心灰

意冷，在「二郎橋」重會披枷帶鎖、背插斬簽的春香，二人不勝唏噓。幸好耀祖因救駕有功，封平南侯，到來營救春香，一家人得以團聚。

有別於一般唐劇，《三年一哭二郎橋》存在不少有違常理的情節，包括幾個主角在關鍵時刻竟然放棄或錯失當面解釋的機會，令誤會演變成一發不可收拾的悲劇。

《珍珠塔》故事敘述貧苦的才子方子文（何非凡）與富有的表姐陳翠娥（白雪仙）相戀，但為姑媽白眼；子文後得表姐暗贈五十兩銀及傳家寶珍珠塔作訂情信物，上京高中，最後假裝寒微戲弄姑媽後與翠娥表姐團圓結局。

1955 年其他「唐劇」傑作尚有「新艷陽」的《一入侯門深似海》（2 月；1958 年拍戲，由芳艷芬、何非凡主演）和《漢女貞忠傳》（7 月；1959 年拍成電影，由芳艷芬、羅劍郎主演）；「艷陽紅」的《紅梅閣上夜歸人》（3 月）、「同慶」的《雄寡婦》（5 月；同年拍片，由鄧碧雲、羅劍郎主演）和「錦添花」的《還卿一把吳鈎劍》（10 月）等。

1955 年夏天，震撼省、港粵劇圈的不幸事件是「薛五嫂」唐雪卿突然在廣州因「急性腦炎」辭世，享年四十七歲。據麥嘯霞的徒弟、誼妹和愛人容寶鈿憶述，當時有人便猜測暴斃事件是與薛氏、唐氏不滿內地生活及萌生了離穗返港的意向有關。

1956 年：由「利榮華」到「仙鳳鳴」

唐滌生在 1956 年為四個戲班創作了共 13 部粵劇。這年也是任、白的「豐收年」，分別用「利榮華」及「仙鳳鳴」班牌開山了十本「唐劇」，當中不乏流傳至二十一世紀初的名劇。屬「利榮華」的有《琵琶記》（1 月）、《跨鳳乘龍》（2 月；1959 年拍成電影，仍由任、白主演）、《煙花引蝶來》（2 月）、取材自京、崑《奇雙會》的《販馬記》（2 月；1956 及 1959 年兩度拍成電影，分別由任劍輝、鄧碧雲和芳艷芬、羅劍郎主演）和《金雀奇緣》（2 月）。

《琵琶記》敘述蔡伯喈（任劍輝）不羨功名，奈何父親逼他上京應試；離別時，妻子五娘（白雪仙）答應就算十指磨穿，也絕不會讓家公及家婆捱凍、捱餓。伯喈高中狀元，宰相牛僧儒（白龍珠）欲招伯喈為婿，虛報陳留大旱後伯喈家人已死，豈料伯喈不只拒絕再娶，還怒打官媒。

在陳留，婆婆、公公死後，五娘扮作道姑，手抱琵琶，上京尋找伯喈，沿途乞食及賣唱。一天，五娘於彌陀寺稍避風雪；伯喈到寺，卻不幸與五娘緣慳一面，但見樹上掛着父母畫像。

金殿上，伯喈堅拒仁宗（林家聲）賜婚蕙蘭（鄭碧影），甘願削髮逃禪。蕙蘭遇上五娘，敬佩她的堅貞。五娘誤會伯喈負心，逃到破廟，伯喈追來，二人冰釋前嫌，

仁宗亦恩准伯喈蓄髮還俗，帶五娘和蕙蘭回鄉守孝，及期滿回京復職。

《琵琶記》首演時，唐滌生根據古本，以伯喈兼娶五娘和蕙蘭作結局。1969 年，葉紹德鑒於香港多年來已實行一夫一妻制，故此把結局作了改動，安排蕙蘭體諒伯喈和五娘，主動退出。這正正反映香港粵劇力求追上時代的脈搏。

《販馬記》又名《桂枝告狀》，故事敍述李桂枝（白雪仙）、李保童（蘇少棠）姐弟因老父（歐陽儉）離家販馬，繼母（英麗梨）私通姦夫（白龍珠），姐弟被迫離家出走，姦夫和淫婦誣害老父殺死婢女（鄭碧影先飾）；其後桂枝的夫婿趙寵（任劍輝）高中，李保童又升任高官，三人連同趙寵的妹妹（鄭碧影後飾）合力設計使姦夫、淫婦招供，最後洗脫了老父的嫌疑。

有如其他早期「唐劇」，《販馬記》在唱腔音樂上多運用傳統板腔及說唱，但曲詞字字珠璣、精簡達意、溫馨傳情，充分反映唐氏的豐富文采和對劇情細節的掌握。第四場〈會父〉及〈寫狀〉兩折是全劇的高潮，主要唱段有老犯人（即李奇）與桂枝一唱一白的「乙反木魚」、李奇追憶往事及訴冤唱的小曲〈懷舊〉（王粵生 1954 年的作品）、趙寵回府時唱「南音」及其後與桂枝對唱「二黃慢板」、趙寵向桂枝賠禮唱小曲〈鳳去留痕〉、桂枝哭述老父在獄中蒙冤受苦唱小曲〈四季相思〉（連序唱）後，

轉「乙反木魚」訴說自己身世及趙寵憤寫狀詞唱的「反線中板」。

1956 年香港粵劇史上一件大事是「仙鳳鳴」的創班，全年演了兩屆，首屆用陣容鼎盛的悲劇《紅樓夢》（6 月）和喜劇《唐伯虎點秋香》（7 月；1957、1975 年兩度拍戲，前者由任、白主演，後者由龍劍笙、梅雪詩主演）打響頭炮。

唐滌生的《紅樓夢》是繼 1947 年馮志芬《情僧偷到瀟湘館》的另一個《紅樓夢》粵劇，不同之處是前者把重點放在賈寶玉，後者則偏重從黛玉的遭遇和心聲出發。

唐滌生重視《紅樓夢》作為「仙鳳鳴」的創班重頭戲，不只見於他把劇情和曲文精雕細琢，也見於他在劇本詳細地指示佈景、道具、旋轉舞台的運作、背景音樂、身段以至演員的唱曲、說白及演繹方式。傳統粵劇劇本裏關於視、聽效果的「指示」統稱為「介口」，一般來說十分精簡，細節的發揮則由演員自主，但《紅樓夢》的「介口」往往十分具體及仔細。

例如，劇本第五場是全劇悲劇的高潮，包含了黛玉焚稿、代披嫁衣、叫喚寶玉和歸天，開首對舞台運作的指示謂：「運用舞台旋轉由瀟湘館內景轉蘆雪亭新婚景，再由蘆雪亭轉入怡紅院新房景」，之後對瀟湘館、蘆雪亭及怡紅院的佈景均有詳細描述，恍如電影劇本。

同一場戲，黛玉出場時有十分詳細的指示：「古曲譜

子、琵琶、三弦獨奏，代表風聲及鐵馬細碎聲」及「黛玉食住寶子，[2] 一路喘氣并咳嗽上，捧心至台口，略拗腰作欲暈跌介」。在〈焚稿〉一折，黛玉命紫鵑及雪雁取來詩稿匣子及火盆時，用了一連三個介口：「起潮州古曲音樂」、「紫鵑、雪雁應命分邊取火盆及詩匣子、埋掩門、黛玉食住起身三人同縈架介」及「舞蹈式」。

上述這些指示及介口均反映唐滌生對演出整體上的細節均有嚴謹的要求，和他接受了西方電影及戲劇的影響。十分有趣的是在劇本第五場完結之後，唐氏加插了一段「肺腑之言」：「作者將《紅樓夢》僅有的三個高潮 ——〈焚稿〉、〈歸天〉、〈逃禪〉—— 一氣貫成，但如非排練到爛熟、每一個介口都能演至緊湊唧接，恐難收獲良好效果。『戲，是靠人力、體會力去做的』，請各位三味這一句莎翁[3] 的名句。」（唐滌生 1956d）

唐滌生亦特邀多位音樂名家為《紅樓夢》譜寫了七首新曲，包括王粵生的〈卻扇令〉（第五場）、林兆鎏的〈紅樓夢斷〉及〈撲仙令〉、[4] 羅寶生的〈葬花詞〉（第三場）、林兆鎏的〈焚稿詞〉（第五場）、羅寶生的〈歸天〉（第五場）及〈絳仙詞〉（第六場）。第六場的〈絲絲淚〉也是王粵

2　「食住」即「緊接」；「寶子」即「譜子」，也即奏起的曲牌曲調。

3　指著名英國劇作家莎士比亞（1564-1616）。

4　〈紅樓夢斷〉及〈撲仙令〉其後亦用於 1957 年開山的《帝女花》的〈香劫〉。

生早年的作品。[5]

《紅樓夢》故事情節複雜，開幕時敘述榮國府賈太夫人（白龍珠）、賈政（靚次伯）、王夫人、薛姨媽、寶釵（梅綺）、薛蟠（蘇少棠）、史湘雲及鳳姐（鳳凰女）歡迎賈太夫人外孫女林颦卿（白雪仙）到來榮國府居住。賈太夫人想起小孫女年紀小小已父母雙亡，不禁生憐落淚。寶玉（任劍輝）到來，一見這個天仙似的表妹，頓感似曾相識，為她起別字「黛玉」，並承諾以後心中只有黛玉、別無他人。

第二場說寶玉的姐姐元春被當今皇上選為貴妃，賈府特建大觀園以慶祝這件家門盛事。寶玉、黛玉及寶釵均搬進了大觀園居住，寶玉更為自己和她們的居所分別起名「怡紅院」、「瀟湘館」及「絳雲軒」。寶釵探訪寶玉，拿出身上金鎖給寶玉欣賞，被剛到的黛玉看見，心中妒意油生。寶玉其實一向喜歡黛玉，今見她醋意極濃及幾與寶釵針鋒相對，慨歎昔日青梅竹馬和無所猜忌的日子一去不返，不禁潸然淚下。寶玉激動起來，埋怨是通靈玉惹起愁端，乃怒擲玉塊於地上。賈太夫人見此大驚，急命各人伏地尋玉。

第三場敘述黛玉一邊葬花、一邊悲從中起，勾起了詩興，唱出〈葬花詞〉；唱至「儂今葬花人笑癡，他年葬儂

5　參閱本書第七章「表3」。

知是誰」，及「一朝春盡紅顏老，花落人亡兩不知」，不禁失聲痛哭起來。鳳姐為討賈太夫人歡心，建議為寶玉選媳婚配，並謂黛玉身體過於單薄，而寶釵當是最佳人選。

第四場敘述傻丫頭石春（梁醒波反串）給鳳姐責罵，因感激黛玉關懷，竟道出寶玉與寶釵今夜拜堂。黛玉聞言魂飛魄散，立時去見寶玉，寶玉卻神魂不定、木無表情及不發一語。黛玉悲極吐血，紫鵑連忙扶她返瀟湘館。為了安撫寶玉，鳳姐訛稱他將迎娶的正是黛玉。

第五場說黛玉叫雪雁把火盆端到她身邊，又叫紫鵑取出她的詩稿，然後焚稿。這時鳳姐、賈太夫人及侍婢捧着鳳冠和嫁衣來到瀟湘館，叫黛玉穿起嫁衣及戴起鳳冠，使黛玉轉悲為喜，忙叫雪雁取脂粉及鏡為她添妝。黛玉從鏡中窺見鳳姐與賈太夫人神態有異，鳳姐終坦言寶玉與寶釵行將拜堂，但寶玉一心記掛黛玉，故請黛玉冒充新娘，藉以瞞過寶玉。黛玉萬念俱灰，但為求成全寶玉，甘願披衣戴冠。

眾人離去後，那邊廂寶玉與寶釵在蘆雪亭拜堂，這邊廂黛玉在瀟湘館叫喚寶玉。寶玉隱約聞聲，卻以為是身畔的黛玉叫他。鳳姐抬頭赫然望見黛玉在小樓上憑欄呼叫寶玉，乃吩咐動樂掩蓋黛玉的叫聲。小樓上，黛玉暈倒又復甦醒，叫了三聲寶玉便魂斷歸天。寶玉及寶釵拜堂已畢，寶玉生疑，強把紅羅帕揭開，一見新娘竟是寶釵，立時失去知覺，呆若木雞。

　　尾場敘述寶玉身穿僧袍悄悄地回到瀟湘館哭祭黛玉。矇矓中，寶玉彷彿魂遊太虛幻境，看見「雲頂仙府」，前面種有碧綠的絳珠草，旁邊是一塊頑石。寶玉對此情此景似曾相識，貌似晴雯的「守絳仙姑」述說絳珠草曾經枯萎，但被神瑛侍者灌沐重生；為報此恩，絳珠仙子入凡間歷劫還淚，今已重返太虛幻境。黛玉到來，說寶玉原是絳珠草旁的頑石，而前塵往事盡是一場夢幻，並囑寶玉拋棄雜念，誠心參禪。寶玉癡情未減，撲向黛玉，黛玉瞬間消失在虛無縹緲之間。石春引賈太夫人、王夫人、寶釵、鳳姐及眾侍婢到來，同聲請求寶玉還俗回家。寶玉決定扶黛玉靈柩回鄉安葬，以實現她臨終遺願。

　　滿腹曲文、排場、典故，飽讀古今中外劇本和歷盡人間悲歡離合的唐滌生不只擅寫悲劇，寫喜劇也能妙筆生花。

　　《唐伯虎點秋香》敘述高中解元的江南才子唐伯虎（任劍輝）追求相府丫鬟秋香（白雪仙），過程中被表姐馮彩蓮（鳳凰女）和暗戀他的才女祝繡鳳（梅綺）阻撓而屢生枝節，最後在二人幫助下打動佳人。

　　時值天后誕，風流俊俏的唐伯虎遇上相府蕭夫人（白龍珠反串）帶侍婢往天竺廟上香，被秋香體態和容貌吸引，秋香亦對這個癡情書生產生好感，三次對他回眸一笑。蕭夫人的大媳婦馮彩蓮是伯虎的表姐，不信伯虎能以平民身份娶得秋香，與伯虎打賭三千兩銀。

　　蕭夫人及侍婢登上官船啟程回府，伯虎登上畫舫緊隨官船，登岸後又緊隨秋香，更不惜化名華安、賣身到相府為僕人。彩蓮對秋香說伯虎存心玩弄她，使秋香對伯虎欲迎還拒。壽宴上，伯虎幫助公子華文（梁醒波）、華武（蘇少棠）對通對聯，得到夫人器重和挽留。華安對夫人訛稱祝府願以年薪三百兩銀僱用他，並答應讓他在祝府侍婢中挑選妻子。夫人答應給伯虎同樣待遇，伯虎選秋香為妻，彩蓮遊說秋香反抗，繡鳳則為伯虎辯解。前嫌盡釋，夫人也立秋香為女，使才子得與相府千金成親。彩蓮見伯虎佳偶天成，轉怒為喜，並撮合繡鳳與華武的婚事。

　　同是 1956 年，「仙鳳鳴」的第二屆公演了由湯顯祖名劇改編的《牡丹亭驚夢》（11 月）、改編自京劇《元宵誤》和參考古典戲曲《金團扇》（林英傑 2016:4）的《穿金寶扇》（12 月；1959 年拍成電影，仍由任、白主演）。這兩屆的四劇中，由於《紅樓夢》要求的「卡士」不是一般戲班輕易擁有，而《穿金寶扇》未能合理鋪陳李桂英（由幫花扮演）因頑皮地女扮男裝夜闖表姐（正印花旦扮演）香閨而禍及無辜，然後竟不負責任地逃去無蹤的一段關鍵情節，故今天仍經常上演的，是《唐伯虎點秋香》（又名《三笑姻緣》）和《牡丹亭驚夢》。

　　《牡丹亭驚夢》敘述太守千金杜麗娘（白雪仙）後園春遊，興起傷春之感，在「牡丹亭」倚几而睡，夢見「花神」引書生柳夢梅（任劍輝）與她歡好。醒來不久，麗娘

病重而亡，死前囑婢女春香（任冰兒；1931-2022）把她的畫像埋於梅花樹下。麗娘父杜寶（靚次伯）接任淮陽，行前建「梅花庵」，將麗娘葬於梅花樹下。三年後，秀才柳夢梅路經梅花庵，借宿一宵。麗娘鬼魂出現，引夢梅拾得丹青。夢梅入睡，麗娘以燈謎引導夢梅，夢梅才知麗娘乃為他而死。麗娘囑他破棺，以再續情緣。二人成親後，暫居杭州，夢梅赴淮陽報還魂喜訊。麗娘的老師陳最良（梁醒波）向杜寶告發夢梅盜墓。夢梅高中狀元，但杜寶不肯認他為婿。杜寶、夢梅各執一詞，上朝面聖。宋帝（歐偉泉）給麗娘照鏡，並以蒲葉灑在麗娘身上，麗娘亦無異樣。聖上稱奇，封麗娘為「懷陰公主」，得與夢梅團圓。

1956 年與任、白爭鋒的是「新艷陽」。先是芳艷芬、陳錦棠、黃千歲公演了《西施》（4 月 13 日）和《洛神》（4 月 25 日；翌年拍電影，芳艷芬、任劍輝主演）；其後，芳艷芬、任劍輝開山了《六月雪》（9 月；1959 年拍成電影，由芳艷芬、任劍輝主演）。

《西施》是唐劇中的力作。在劇本「演員表」之後、曲文開始之前，唐滌生破例用上一千五百字交代此劇的歷史背景、前人對西施性格及故事的演繹，並描述了唐劇版本的劇情大要。[6] 明顯地，唐滌生意圖藉這些資料及論述加

6　見本書「附錄一：唐滌生文稿三十二篇」（1956b）。

深演員對劇情的了解，以便他們投入更精彩的演出。

唐滌生首先把《西施》定性為「歷史上利用女人達到政治上目的的沉痛戲劇！是中國古代最偉大女間諜的血淚史詩！」，其後，他用了很多詳盡的「介口」引導佈景和演員。例如，第四場「佈景說明」強調「此景角度與佈景位置萬不能錯，請與編者一度」；在第五場夫差中伏、被勾踐擊敗後，夫差說「悔不聽相國之言，大⋯⋯事⋯⋯休⋯⋯矣！」之後，介口是「用最蒼涼的聲調講，跟住起最蒼涼之譜子，垂頭喪氣，從正面門入，舞台連隨轉景」。（唐滌生 1956b）

唐滌生也清楚地交代他的「劇旨」，是藉刻劃勾踐殺害西施的意圖，來暴露「古來霸主們對美人的糟蹋，讓後人憑弔姑蘇台時候，微聞西施的餘哀」。而觸發唐滌生採取這結局的，便是勾踐所想：「吳無赦汝，越與吳何異。」也即是說：「既然吳國沒有寬恕你的禍國殃民，越國也不應該寬恕你。」

唱腔音樂方面，唐滌生又延請王粵生創作了多闋新曲，包括第二場鄭旦、東施和村女合唱的〈越女吟〉和尾場西施返回苧蘿村時，芳艷芬獨唱主題曲〈越女歸吟〉裏的〈西施怨〉。[7]

7　本書著者獲香港大學圖書館允許翻閱珍藏《西施》泥印本，謹此致謝。

　　《西施》[8] 第一場交代吳王夫差（？—前 473）的父親被越王勾踐（？—前 464）所殺，後來勾踐戰敗，淪為夫差的車伕和馬伕，並為夫差「嚐糞」。勾踐從臣文種和范蠡藉口向夫差獻寶，獲准返回越國。二人盤算策動美人計以蠱惑夫差。

　　大夫范蠡在苧蘿村遇上天生麗質的浣紗少女西施，向她曉以大義，西施答應接受任務，以拯救越王及越民。范蠡把西施、鄭旦等美女獻給夫差，忠於夫差的相國伍子胥規勸夫差拒納，夫差卻被能言善辯的西施巧言迷惑。夫差測試勾踐，認為他意志消沉、再無威脅，下令把他釋放。

　　吳宮裏，鄭旦為求得寵，着夫差提防西施進行反間。然而夫差深慕西施美色，既接納她的建議進攻齊國，也決意向越國借取軍糧。伍子胥力諫無效，唯有以死明志。

　　自從回到越國，勾踐秣馬厲兵、處心積慮要向夫差報仇，今見時機已到，乃大舉攻吳。夫差不慎中伏，越軍破吳宮，鄭旦不願返越，甘願死於勾踐刀下。勾踐放走夫差，夫差請西施殺他，西施一度處於兩難，竟不知誰友誰敵。

　　夫差自投羅網，勾踐賜劍，夫差終於自行了斷。西施到來，發現勾踐、一眾浣紗女甚至軍士對她竟懷敵意。原

8　以下劇情簡介是參考岳清《新艷陽傳奇》（2008:81）。

來勾踐視西施為禍國紅顏，並擬藉口賜宴遊湖而把西施葬身湖底。范蠡和西施洞悉勾踐詭計，最後決意泛舟遁走。

《洛神》以三國末年曹操（155-220）、曹丕（187-226）、曹植（192-232）一家人在府內爭權、外謀篡位為背景，講述世子曹植本與甄宓相戀並得曹操寵信，卻被曹丕橫刀奪愛和施計奪權，最後僅能憑天賦的詩才逃過殺身之禍；甄宓則身投洛水殉情，化作「洛川神女」。

《六月雪》取材自元代關漢卿（1225-1320）[9]《感天動地竇娥冤》和明代葉憲祖（1566-1641）的傳奇《金鎖記》（唐滌生 1956e）。

故事敘述當今皇姑鳳屏公主往商山寺進香時遇上賊兵，幸得蔡昌宗搭救。蔡母見竇娥在街上賣身，把她帶回蔡家。張驢兒垂涎竇娥美色，見她和昌宗情投意合，乃決定陷害昌宗。二人新婚，昌宗要離家赴試，竇娥為他十繡香囊，夫妻道盡離別之苦。昌宗出發過橋，不料橋早被驢兒破壞，突然塌掉，昌宗落水，幸得李鳳車所救。

各人以為昌宗已死，驢兒落毒擬殺蔡婆，以為無親無故的竇娥會委身下嫁。豈料張母飲下羊肚湯暴斃，驢兒乃賄賂縣官，誣告蔡婆殺母。竇娥甘願身代，認作兇手。

昌宗高中，聖上擬配婚鳳屏公主，經昌宗解釋，公主

9　另說約 1220-約 1300；見網上資料。

明白他已娶妻。竇娥被判斬刑，在刑場上，天突然六月降雪，眾人雖知她乃冤枉，無奈難以翻案。適逢昌宗衣錦還鄉，開堂審訊。驢兒伏法，竇娥死罪獲得昭雪，與昌宗團聚。

「新艷陽」之外，陳錦棠、吳君麗領導的「麗聲」在11月公演了名劇《香羅塚》；翌年拍戲時改由吳君麗、任劍輝主演。

《香羅塚》敘述性格衝動善妒的武備趙仕珍（陳錦棠）娶妻林茹香（吳君麗），因兒子喜郎將茹香的香羅帶遺留在老師陸世科房中，仕珍遂誤會妻子與世科有染。世科也誤會並不齒茹香欲挑逗他，留書而去。

仕珍出外查案，投入黑店，捲入凶案中，被誤認遇害。因茹香的香羅帶，茹香被控謀殺親夫。世科高中主審，認定茹香有罪而將她判斬。及後仕珍榮歸，驚聞茹香死訊，回鄉哭祭。原來行刑當日茹香得獄卒相助，得以逃生，趙仕珍得到愛妻恕諒，一家團圓。

以今天觀點而言，《香羅塚》男主角的衝動善妒、劇情關鍵過分依賴巧合，均削弱了此劇的說服力。

這年10月30日晚上，唐滌生昔日堂姐夫和大舅、一代宗師薛覺先在廣州市人民劇場演出他與上海妹和愛妻、亡妻唐雪卿早在1937年合作開山的薛派名劇《花染狀元紅》；當演至近結局時，薛氏突然中風，不能站立，卻堅守演員「衣食」，手腳並用，勉力演畢全劇。之後他雖即

時送院搶救，唯延至翌日下午不治，享年五十二歲（賴 1993:220-222）。

1956 年，香港出版《覺先悼念集》，當中唐滌生以〈永誌不忘〉一文哀悼這位曾與他有「密切之關係」的「良師、益友」；文中亦大量引述 [10] 唐氏昔日老師麥嘯霞在《廣東戲劇史略》表達的粵劇和戲曲觀點（唐滌生 1957f；參閱本書第六章及附錄一）。

1957 年：《蝶影》、《帝女》與《紫釵》

1957 年是唐氏創作生涯後期中產量較少的一年，但七個戲中多個不只成為後世的常演劇目，更被公認為省、港、澳粵劇經典作品，故此在「質」上是豐收的一年，也令人驚歎唐滌生創造的奇跡。

先是 1 月初為吳君麗、麥炳榮開的《雙珠鳳》，接着是為「仙鳳鳴」第三屆寫的喜劇《花田八喜》和「悲喜劇」《蝶影紅梨記》（1959 年拍成電影，任、白主演）、為第四屆寫的悲劇《帝女花》（1959、1976 年兩度拍戲，分別由任、白和龍劍笙、梅雪詩主演）和第五屆的「悲喜劇」《紫釵記》（1959、1977 年兩度拍戲，分別由任、白和龍、梅

10　嚴格而言，唐滌生是抄襲麥嘯霞的文字。

主演）。

　　《花田八喜》特色之一是「正印花旦」須運用「貼旦」角色扮演侍婢春蘭，小姐則由「二幫花旦」扮演。由於春蘭是侍婢身份，唐滌生沒有為她安排大量唱段，卻精心為她撰寫了四段妙語如珠的白欖，包括第二場的「好艱難，至搵得到」、第三場的「讀書人，見識少」、第五場的「乜嘢叫做女兒羞，幾乎有規定」及「摸吓前，摸吓後」。

　　劇情敘述花田勝會之日，汴梁城花神廟旁有落拓書生卞磯（任劍輝）擺檔賣字畫及紙扇，期盼早日籌得上京赴試的盤川。劉員外（靚次伯）的千金劉月英（任冰兒）與侍婢春蘭（白雪仙）遇見卞磯，傾慕卞磯的俊秀及才學，芳心暗許。春蘭決定撮合二人，回府求老爺同意婚事。

　　卞磯前去李府寫壽屏，容貌醜陋的小霸王周通（梁醒波）來買扇，坐下等候卞磯，劉府僕人「懞六」（朱少坡）誤把右面有紅痣的周通當作是左面有紅痣的卞磯，把周通拉返劉府與月英配婚。劉家各人被周通容貌幾乎嚇死，春蘭向周通道歉，唯周通聲言誓不罷休，翌日便要強娶月英。

　　春蘭偷偷帶改扮女裝的卞磯入劉府見月英，希望他有妙計解困。周通帶同爪牙和花轎到來奪取月英，卻誤把女裝卞磯和春蘭搶走。月英弟嘉齡（蘇少棠）一向鍾愛春蘭，聞訊往周府理論，乘周通被捕，誤把周通的妹妹玉樓（英麗梨）搶走。卞磯取得周通母親贈送的首飾，乘亂離開，上京應試。

一年後，卞磯高中返回劉府，周通獲釋後也到劉府擬奪回媳婦及妹妹。這時玉樓已嫁嘉齡，且身懷六甲。周通大鬧，要劉老爺歸還媳婦，卞磯扮作女子把周通戲弄和懲戒，最後與月英結合。

唐滌生創作《蝶影紅梨記》，自言是受到白雪仙才華的驅動，說：「改編了《琵琶記》與《牡丹亭驚夢》之後……我興奮地在《元曲選》內翻了又翻，希望能翻着一位美人的倩影，再作雪仙的化身……」（唐滌生 1957b）

《蝶影紅梨記》敘述一對互相傾慕，但一直緣慳一面的才子、佳人如何努力克服巧合、強權、封建、信諾、背叛與命運，最後在疑幻疑真裏團圓。劇中寫得最感人的段落包括第一場趙汝州（任劍輝）和謝素秋（白雪仙）彷彿被命運作弄，連番墮入「捉迷藏」的緣分遊戲；同一場裏二人隔着相府大門，藉戲曲特有的抽象時空表達二人經歷近在咫尺但無緣見面的生離死別的痛苦；及第四場〈亭會〉時，當汝州藉「反線中板」與眼前的陌生女子分享夢中人的詩篇時，陌生女子不能自已，竟如通靈般一字不漏地接唱下去；這是二人的首度會面，素秋卻因恪守諾言而不能表明身份。故事發展至素秋被好友出賣、被奸相擄走，適值新帝登位及汝州被欽點狀元，奸相為求脫罪，把素秋獻給汝州，有情人終於相聚和相認。

白雪仙不負滌生所望，演活了癡情花魁謝素秋，令千萬觀眾為她傾倒。她在同年分別在 6 月和 8 月開山的《帝

女花》、《紫釵記》裏更上層樓,把長平公主和霍家小玉的癡情與勇敢形象永烙觀眾心坎。

《帝女花》刻劃明末長平公主與駙馬周世顯至死不渝的愛情和對故國的忠義,在克服了命運及強權的一再考驗後,二人在訂情舊地服毒殉國、殉情。

第一場敘述明朝末年,崇禎皇帝寵愛的女兒、時年十五歲的長平公主(白雪仙)一晚在御花園設鳳台選駙馬。周世顯(任劍輝)以真誠、才學和瀟灑的儀容贏得長平的芳心,兩人在含樟樹下共訂白頭之約,矢誓生則同衾、死則同穴。

第二場說李自成率領的賊兵攻克皇城之際,崇禎皇帝(靚次伯)為免長平被賊兵污辱,揮劍置她於死地。長平命不該絕,被大臣周鍾(梁醒波)救出。崇禎自殺殉國,明亡。

第三場敘述長平被救回周府,受到周鍾女兒周瑞蘭(任冰兒)的細心照料,傷勢漸癒。周鍾與兒子周寶倫(林家聲)擬把長平獻給清帝以換取高官厚祿,奸計被長平和瑞蘭知悉,瑞蘭安排長平假扮道姑、隱居於維摩庵,向周鍾和寶倫訛稱長平已毀容投江。周世顯到周府尋找長平的下落,以為長平已死。

第四場說一年後,一天周世顯在維摩庵外巧遇道姑打扮的長平公主,懇切要求長平相認。但長平已心如止水,直至世顯企圖自盡才回心轉意。這時周鍾尋至維摩庵,長

平迴避，離開前與世顯相約二更在「紫玉山房」把舊盟再認。世顯心生一計，假意答應周鍾帶同長平投靠清廷，叫周鍾穿針引線。

| 任劍輝、白雪仙在《帝女花》之〈庵遇〉

　　第五場敘述世顯帶同周鍾、周寶倫、十二宮娥、寶馬香車到紫玉山房，假意要迎接長平重返宮廷，與世顯在宮裏拜堂成婚，以彰顯清帝的仁政。長平悲痛，以為世顯真的出賣了她。眾人退下後，世顯坦告長平，他的假意降

清，是為使明太子得到釋放、崇禎的遺骸得在皇陵下葬。長平遂寫表，要求清帝先答應這兩個條件，才肯入朝與駙馬成婚。二人並相約在事成之後，雙雙殉情、殉國。

第六場說世顯在清廷朗讀長平的表章，清帝欲收買明朝遺臣的人心，假意答應長平開出的條件。長平上朝後，清帝卻反口。長平在廷上痛哭，動搖了明朝遺臣對清帝的忠誠。清帝投鼠忌器，唯有釋放太子和下令厚葬崇禎。最後，長平與世顯在御花園拜堂後，雙雙服毒身亡。這時天上傳來歌聲，清帝和眾人才知長平與世顯本是天庭的金童和玉女，今已重返天庭。

《帝女花》在 1957 年 6 月公演後不足三個月，《紫釵記》在 8 月 30 日假座利舞臺戲院首演。唐滌生在 7 月 30 日寫出自己心聲，文章其後發表在演出特刊。他說：「我動手編《紫釵記》已經一個多月了，到現在仍沒有完成分幕的工作。今日香港劇壇的需要，一個劇本的完成亦不容許作者有認為[11]足夠的準備時間，在種種困難之下，我唯有毅然決定了。為了《紫釵記》不是一部普通的戲劇，為了改編《紫釵記》的工作與責任太繁重，所以，我不厭其詳，有幾點要在此劇上演時向觀眾解釋一下的……」（唐滌生 1957e）

11　原文作「認識」，相信是筆誤或印刷錯誤。

「仙鳳鳴劇團」《帝女花》尾場〈香夭〉曲譜

　　1958 年，唐滌生又提出把之前從古典戲曲改編過來的幾部戲修改，說：「假如有可能的話，我願意把仙鳳鳴以前幾個元曲改編過來的戲，再加以一番整理和修改，白雪仙小姐也同意我這提議，只是等候一個充分的時間和機會。」（唐滌生 1958a），可惜始終沒有機會。

　　《紫釵記》敘述本是霍王女，今家道中落、淪為歌姬的小玉（白雪仙）邂逅才子李益（任劍輝），即夜成婚。李益高中狀元，宰相盧太尉（靚次伯）的女兒（英麗梨）對他傾慕，盧太尉決意拆散小玉和李益，先遣送他到塞外

參軍，再把他召回及逼他入贅，又訛稱小玉已賣釵改嫁；李益誓不變心，欲吞釵殉情；太尉以誣告李益叛國要脅他就範。絕望中，小玉得到黃衫客（梁醒波）的幫助，與李益重聚，知他並未變心；李益再度被擄去後，小玉戴上珠冠、披紫綬袍到宰相太尉府據理爭夫；盧太尉罪行被四王爺（梁醒波）揭發後，小玉和李益再續前緣。

張群顯、何冠環和陳守仁合編的《紫釵記讀本》（2021）指出，唐滌生編寫《紫釵記》時，主要是取材於湯顯祖（1550-1616）的《紫釵記》，並參考蔣防（792-835）的唐人小說《霍小玉傳》。蔣防的原作，是基於小玉淪落為歌妓、唐代良民與賤民不可通婚的現實，譏諷李益薄倖、始亂終棄，小玉斥罵和詛咒他後悲憤而亡，反映了唐代女子的癡情，也譴責唐代士人貪色、狎妓、負心等浮習。湯顯祖的改編則把小玉淨化為閨女，規避了「良賤不婚」的律令，並以李益並非薄倖寡情、拒絕太尉脅逼，最後在黃衫豪士的幫忙下與小玉團圓，成功為李益翻案。[12]

唐滌生筆下的《紫釵記》基本上承襲湯顯祖的主要情節，只稍作改動，包括把小玉還原成《霍小玉傳》中的歌妓，用自由戀愛包裝小玉與李益在元宵夜的邂逅，[13] 把「黃

---

12 見《紫釵記讀本》（2021:4）。

13 有如《帝女花》中長平公主設鳳台選偶，突顯當時香港人崇尚新世代的自由戀愛價值觀。

衫豪士」改為力壓盧太尉的關鍵人物四皇爺，和把李益化身成一個從一而終的情聖等。尾場〈論理爭夫〉則是唐滌生的原創。

湯顯祖撰寫《紫釵記》時，由於不諳唐朝史事、官制及長安和邊關地理，故筆下許多情節均有欠清晰和合理之處。又或許湯氏是採用了夢幻式筆法來創作《紫釵記》，一邊暗中為自己因不畏權貴而被打壓作出申訴，一邊隨意地演繹人物和歷史背景。

大概因為時間倉促，唐滌生只能接受湯顯祖的原文，因此《紫釵記》原文需要釐清的地方涉及人名、地名、官職名稱和制度，也涉及情節和唱腔音樂的安排。尤其第八場〈論理爭夫〉，小玉自稱「洛陽郡主霍王女、一品夫人狀元妻、霍小玉」或「七品孺人狀元妻」[14] 均有違情理；她應該簡潔、有力、堅定地自稱「霍王女、狀元妻、李小玉」，便足以震懾恃權謀私的宰相盧太尉。

1957 年底，陳錦棠夥拍羅艷卿的「錦添花」開山《斬狐遇妖記》和《紅菱巧破無頭案》（1959 年拍戲，羅劍郎、鳳凰女主演）。前者今天甚少演出，後者則是位列常演劇目之首。

《紅菱巧破無頭案》很有「偵探案」的「奇情」味道，

14　明、清兩朝，「孺人」是七品官的母親或配偶的封號，但不適用於唐、宋。

敘述蘇家寡婦楊柳嬌（鳳凰女）不甘寂寞，與衙吏秦三峰（半日安）發生私情，為小姑蘇玉桂（羅艷卿）不容。三峰是有婦之夫，在調職臨安之前殺死妻子，把人頭埋在衙門宿舍旁邊的白楊樹下，把屍首放在橋邊，佈局嫁禍玉桂殺害了柳嬌，之後帶柳嬌往臨安，當作是自己的妻子。豈料天網恢恢，柳嬌匆忙間掉下了一隻繡花鞋。

糊塗的縣令史孟松認定玉桂與愛人柳子卿（蘇少棠）合謀殺人，判他們問斬。臨安知府左維明（陳錦棠）是子卿的恩師，以自己的官位為擔保，請求都堂大人（少新權）允許翻案。

一晚，鬼魂引領維明到樹下起出人頭，玉桂憑口中的金牙認出人頭不屬她的嫂嫂。維明把三峰、柳嬌調回蘇州，假意鍾情柳嬌，引出柳嬌出示她的另一隻花鞋。在公堂上，維明使玉桂指證柳嬌的真正身份，並以花鞋和人頭作為證據，把三峰、柳嬌繩之於法。

在香港的舞台上，儘管公義連番戰勝強權，在廣州的現實世界裏，公義卻不容易伸張。這年夏天，唐滌生昔日開山師傅，譽滿省、港、澳的編劇家馮志芬在廣州「反右」運動中被打成「極右派」，被判勞改。約四年後，他悄悄地死在石礦場裏，享年約五十五歲（何 1993:245-246）。同年 9 月 22 日，「金嗓子」周璇（1920-1957）死在上海某醫院裏，享年三十七歲，死因與唐雪卿同樣是「急性腦炎」（周、常 2002:315-317）。

1958 年：麗聲、仙鳳

1958 年唐滌生再次為七個不同戲班開戲，共寫了 13 部粵劇。年初是吳君麗、何非凡領軍的「麗聲」公演據古典名劇改編的《雙仙拜月亭》，由於空前賣座，迅即拍成電影，在年底首映，仍由二人主演。

《雙仙拜月亭》取材自宋、元南戲《拜月亭》，敘述戰亂中書生蔣世隆（何非凡）與妹妹瑞蓮（鳳凰女）失散，兵部尚書王鎮（梁醒波）的夫人（白龍珠反串）亦與女兒瑞蘭（吳君麗）失散；這邊廂世隆與瑞蘭巧遇、互相傾慕和私訂白頭，那邊廂王夫人亦遇上瑞蓮，二人互相照應，認作母女。

世隆與瑞蘭抵達蘭園，世隆好友、瑞蓮愛人秦興福（麥炳榮）自薦為媒，使二人拜堂成親，居於西樓。兵部尚書王鎮亦到蘭園借宿，巧遇瑞蘭，怒責她無媒苟合和委身於窮酸書生，強拉她回府。一雙愛侶被拆散，二人均悲痛欲絕。

眾人去後，世隆投水自盡，被王夫人的胞姐卞夫人（陳皮梅；1908-1993）救起，認作兒子。一年後，王鎮已升宰相，擬招新科狀元及榜眼為瑞蘭、瑞蓮的夫婿，二女不知二人正是自己失散的愛人，乃堅決反對。有情人終於在拜月亭相會，世隆先把王鎮作弄一番，後與瑞蘭再訂白頭；秦興福亦得與瑞蓮再續情緣。

　　據已故編劇家葉紹德說，1958 年開山的唐劇《醋娥傳》原名《醋娥怨》，其後有戲班改稱《碧玉錢》，由陳錦棠和吳君麗領導的「錦添花劇團」主演，其他主要演員有半日安、蘇少棠及胡笳等。葉紹德亦指出，名伶白雪仙雖非開山演員，但對此劇甚感興趣，並於 1959 年購得版權拍成電影《獅吼記》，由她及任劍輝擔任主角；然而任、白始終沒有在粵劇舞台演出《獅吼記》。當年唐滌生編寫《醋娥傳》時，相信是參考明代與湯顯祖同時期的戲曲家汪廷訥（1573-1619）編撰的傳奇《獅吼記》。

　　《醋娥傳》敘述宋帝設宴慶賀新年，皇后、衡陽郡主桂老夫人、黃州太守陳季常（蘇少棠）與妻子柳玉娥（吳君麗）、大學士蘇東坡（陳錦棠）到席。宋帝命人猜燈謎，獨玉娥猜中。宋帝將隨身佩戴的碧玉錢賞賜玉娥；玉娥把碧玉錢轉贈季常，又露出傲態，東坡妒忌玉娥，要把堂妹琴操（胡笳）介紹給季常為妾，作為對玉娥的報復。

　　陳府僕人柳襄（半日安）受東坡打賞，奉上請帖請季常到蘭亭賞春，玉娥准許季常赴約，但警告若席上有女子相伴，必施閨訓。

　　季常到蘭亭應約，琴操願委身為妾，着季常贈她碧玉錢作訂情信物。季常回府，佯說丟失碧玉錢，被玉娥用青藜杖責打，並罰跪於柳池邊思過。東坡鼓動季常向玉娥坦言要納琴操為妾，玉娥先是裝傻，繼而大怒，並要求季常寫下休書。

　　玉娥到刑部擊鼓，告發陳季常和蘇東坡，尚書袒護季常和蘇東坡，被衡陽郡主桂老夫人喝止；尚書及季常被罰跪下思過。東坡帶各人上殿求宋帝作主，玉娥揚言寧死也不願見夫納妾。宋帝傳諭遞上砒霜，玉娥搶去並一飲而盡。皇后告知眾人她早前已把砒霜換作白醋，故玉娥剛才只是「呷醋」。季常感動認錯，與玉娥和好如初，東坡亦娶得琴操。

　　1958年，「仙鳳鳴」先後於3月和9月起第六屆及第七屆班，分別開山《九天玄女》（翌年拍成電影，任、白主演）和《西樓錯夢》。3月，「新艷陽」起班，芳艷芬夥拍新馬師曾公演《白蛇傳》。6月至10月，吳君麗、何非凡領導「麗聲」的兩齣名劇是《白兔會》（1959年拍戲，吳君麗、任劍輝、鳳凰女、馮峰〔1916-2000〕主演）和《百花亭贈劍》。此外，吳君麗、麥炳榮、鳳凰女公演了《香囊記》，何非凡、羅麗娟又開山了改編自明代傳奇《飛丸記》的《花月東牆記》。

　　《九天玄女》是在福建流行的民間故事《荔枝換絳桃》之上加入美麗的九天玄女神話傳奇（唐滌生1958a），但神話色彩很淡，不似《白蛇傳》般，而更重視人情。全劇以權貴逼婚、踐踏民間自由戀愛、一雙戀人勇敢對抗為主題，而這主題反覆在《琵琶記》、《蝶影紅梨記》、《紫釵記》以至《再世紅梅記》等劇再現，可以解讀為唐滌生對當時國內嚴苛的審查和踐踏創作自由的沉默抗議。而《西

施》一劇所揭露的醜惡政治鬥爭（岳清 2008:80），也許亦是唐氏對當時國內進行的「反右運動」的無言批判。

《西樓錯夢》敘述藝苑「花魁」穆素徽（白雪仙）因聽御史公子于叔夜（任劍輝）所作〈楚江情〉，暗慕他的才華，叔夜也傾慕素徽的文才，而曲家趙將伯（白龍珠）與相國公子池同（蘇少棠）同樣鍾情素徽。

叔夜到藝苑見素徽，將伯帶叔夜父親于雪賓（靚次伯）到來，怪責叔夜貪戀青樓妓女。叔夜答應潔身自愛，乘老父先行離去，與素徽訂下白頭之約。素徽避居錢塘在即，擬請僕人張千帶信叫叔夜在渡頭會面，忙亂中錯把白紙放進信封。叔夜拆信，只見白紙一張，懷疑素徽與他斷絕盟約。叔夜靈魂出竅抵達西樓，卻見素徽否認與自己曾訂婚盟。

鴇母六娘帶素徽往錢塘相府，池同逼素徽拜堂，素徽寧死不就。有人虛報叔夜死訊，素徽藉詞到混真寺拜佛。叔夜起死回生，前來混真寺答謝神恩，遠望西殿女子，知道是設壇超度亡夫的青樓女子，不知女子正是素徽。

突然傳訊叔夜高中狀元，叔夜趕忙前去遊街。豪俠胥長公（梁醒波）乘機挾走素徽，他的愛妾輕鴻（任冰兒）閃出扮作素徽，被池同擄走。

叔夜與素徽重逢，初不辨是夢是真，其後二人冰釋前嫌。池相國、池同到來責備叔夜奪愛；長公反責池同擄走輕鴻。相國被迫息事寧人，素徽、叔夜有情人終成眷屬。

　　《百花亭贈劍》在故事脈絡上有點像《帝女花》，兩者均開展於傲慢公主、郡主和懷才駙馬的訂情，但前者巧妙地使公主情不自禁地吐露傾慕才郎的心聲，卻被才郎暗地聽在耳裏，其浪漫氣氛比《帝女花》有過之而無不及；其後故事交織着間諜、反間、猜疑、背叛、信諾、試探、夫妻愛情和父女親情，曲折有餘，可惜結局不及《帝女花》般悲壯，甚至令觀眾有草草收場的印象，是全劇美中不足之處。

何非凡與吳君麗在《百花亭贈劍》的扮相

　　《白兔會》取材自宋、元南戲《白兔記》（又名《劉智遠》），敘述沙陀村李家三娘（吳君麗）不嫌馬伕劉智遠（何非凡）身無長物，但慕他胸懷大志，遂委以終身；但長兄李洪一夫婦（梁醒波、鳳凰女）擬霸佔家產，先把智遠逼走，再虐待三娘，甚至逼她自己接生嬰孩，因而取名「咬臍郎」；三娘的二哥李洪信（麥炳榮）把咬臍郎帶給智遠撫養。

　　十五年後咬臍郎巧遇三娘，不知是生母，告知父親；時智遠已累功封王，最後回到沙陀村，先懲戒了李洪一夫婦，再接愛妻回府團聚。一直以來，《白兔會》的通俗文詞使它成為「親民」之作，在芸芸唐劇中獨樹一幟。

　　1958 年 11 月 13 日香港《文匯報》刊載了專文，標題是「唐滌生向藝術界呼籲共同搞好香港粵劇使它邁向健康繁榮」，並引述了唐滌生接受記者訪問時的發言。（1958h）

　　唐滌生指出，由於一些藝術界和新聞界人士對粵劇採取「不理」、「任它自生自滅」的態度，粵劇藝術工作是相當孤獨的，但這卻不是這個大家熟悉、喜愛的地方劇種應得的待遇。他呼籲說：「同其他的舞台藝術一樣，粵劇也是一種綜合藝術，要和各個類別的藝術結合起來，才能達到其藝術的完整境地。所以，香港有條件為粵劇藝術出力的人，都應該貢獻他們的力量，使粵劇獲得健康的發展……這是一個需要集中廣泛的藝術家的力量才能做得好的工作，不是一、二個劇團可以做好的，也不是一個或

兩個唐滌生可以做得好的。」

在同一天《文匯報》同一版裏，也同時有另外三則新聞報道粵劇工作者面對的困境。「任冰兒心事重重談〔丈夫〕石燕子〔1920-1986〕入獄前後」和「伶人籌款說已夠數石燕子即出獄」談及粵劇藝人被收入不足和納稅等問題困擾；「梨園冷落班事稀疏伶人多半難溫飽」報道指粵劇在 1953 年開始「衰落」，而由於演出機會不斷減少，不少藝人已被迫轉行，以當售貨員、模特兒，甚至擔瓜賣菜、做小販維生；更甚者，一些伶人身後蕭條、無以為殮。

可見，在唐滌生銳意振興粵劇、推陳出新地創作名劇及粵劇界新人輩出的 1950 年代，除十數位大老倌外，並不是每個粵劇從業員都能分享粵劇事業的經濟成果。事實上，捲入欠稅風波的還有據說喜愛賭博的名編劇家李少

報章報道唐滌生因欠稅被捕，1958 年 12 月 20 日《香港工商日報》。

芸。即連唐滌生本人亦曾因欠稅六千四百多元而被警察拘留於旺角警署，最後只能由妻子鄭孟霞籌集得足夠數目，唐氏始在清晨五時被釋放（見 1958 年 12 月 20 日《工商日報》）。可以推想，這對早已患上高血壓的唐氏，在身、心均造成很大困擾。

1959 年：《再世紅梅記》

儘管飽受困擾，在 1959 年的首八個半月裏，唐氏仍完成了三齣戲，分別是《雪蝶懷香記》（吳君麗、何非凡）、改編自明傳奇《白羅衫》的《血羅衫》（吳君麗、何非凡）和給「仙鳳鳴」第八屆班的《再世紅梅記》（任劍輝、白雪仙；1968 年拍戲，由陳寶珠、南紅主演）。

1959 年 9 月 14 日晚上，「仙鳳鳴」在利舞臺戲院開台首演《再世紅梅記》。據葉紹德憶述，由於《再世紅梅記》篇幅較長，戲班決定刪去開台例戲《六國大封相》。

《再世紅梅記》是唐滌生根據明代周朝俊（萬曆人士，生卒年待考）的劇作《紅梅記》改編，並參考元代鄭光祖（1260- 約 1320）的雜劇《迷青瑣倩女離魂》。

第一場敘述太師賈似道（梁醒波）攜同三十六名姬妾乘畫舫遊覽西湖，太學生裴禹（任劍輝）愛慕姬妾李慧娘（白雪仙先飾），乘小舟追蹤，懇求一見。慧娘上岸，婉拒愛意；裴禹失意萬分，碎琴離去。似道妒忌，棒殺慧

娘，乘機警惕和威嚇其他姬妾。

第二場說裴禹思念慧娘，行至繡谷，欲折紅梅，不小心跌進盧家，遇上退隱總兵盧桐（靚次伯）的女兒盧昭容（白雪仙後飾）。盧桐見兩人互生情愫，乃允許婚事。賈瑩中（林家聲）攜同金銀珠寶到來，謂賈太師要納昭容為妾，不理盧桐、昭容反對，放下聘物便離去。

第三場敘述裴禹到太師府拜門作客。昭容乘花轎到府，假裝瘋癲，大鬧太師府。昭容言詞更指桑罵槐，斥責似道不忠不義。似道察看昭容是否裝瘋，昭容憑機警避過測試。盧桐帶女離開賈府，唯恐會被識破裝瘋，速帶昭容直往揚州。

第四場說慧娘的魂魄到來見裴禹，裴禹得知慧娘已死，解釋因愛慧娘容貌而情託昭容。三更時分，瑩中手持利劍到書齋欲殺裴禹，但為慧娘所阻。

第五場述說慧娘鬼魂現身，命似道進半閒堂面壁思過，不許抬頭，趁機帶裴禹離府遠去。賈似道驚魂稍定，色心又起，決定親到揚州奪取昭容作妾。裴禹到達揚州右丞相江萬里的相府之時，正值昭容逝世，慧娘借屍還魂重返陽世，認盧桐為義父，答應侍奉餘生。

第六場敘述賈似道率眾趕到揚州江府欲強奪昭容，江丞相宣讀新帝聖旨，責似道擁姬妾旦夕荒淫，通敵國存心叛亂。賈似道及一眾爪牙終於伏法，裴禹及慧娘有情人終成眷屬。

　　利舞臺戲院戲台上有佳人起死回生，台下卻有才子魂歸離恨天。時至十一時半，當演至第四場李慧娘鬼魂出場往見裴禹時，在台下大堂中座看戲的「唐哥」突然昏厥，送法國醫院搶救無效，延至翌日早上三時三十五分逝世，終年四十二歲。[15] 一代編劇奇才霎眼間隕落，是粵劇界、戲曲界以至世界劇壇無可估量的損失。

　　步同是盡瘁舞台、同是猝死的麥嘯霞、唐雪卿、薛覺先、馮志芬的後塵，唐滌生充滿傳奇色彩的創作生涯在傳奇式的悲劇中畫上句號。

15　見《新生晚報》1959 年 9 月 16 日題為「唐滌生盡瘁舞台前」的報道；文中還提及他「身體很發胖，雖然常常工作到通宵，但他的精神至足敬佩，有時不睡幾個通宵，據說在前一兩年，他已常常暈倒 …… 近週來，因仙鳳鳴開鑼，他曾好幾個通宵沒睡 ……」此外，何建青也指出當年唐滌生經常藉喝「拔蘭地酒撞咖啡」來「提神」，以幫助通宵寫作（1993:163）。

第六章

唐滌生
論粵劇創作

　　唐滌生從事粵劇創作的二十一年間並沒有發表論述粵劇的專著，但從現存唐滌生的書信，發表於演出特刊、報紙及其他刊物的二十多篇短文，唐氏接受記者訪問的發言，和唐氏在報紙廣告上對新作的介紹、劇本中對劇情和場口的說明，我們得以了解他對粵劇以至中國戲曲的看法；更珍貴的是，這些文字包含了他對自己的創作過程、靈感、個人生活和態度的敘述，以至對與他合作的劇團和演員的觀感。

　　本章輯錄了唐氏的論述，並按內容的重點分類為「香港粵劇」（20 條）、「中國戲曲」（6 條）、「創作過程和靈感」（40 條）、「優秀劇團」（10 條）、「優秀演員」（19 條）、「個人生活和態度」（12 條）、「粵劇電影」（7 條）及「對同業的勉勵」（3 條）；八個主題共 117 條，其中包括一些同時論及多個主題的個別條目。為便利讀者理解，論述中部分標點及文句經筆者略加修訂。[1]

　　從唐氏說話的字裏行間，不難發現當年他即使備受香

1　原文中〔　〕內的文字是本書著者所加，以補足不完整的詞句或意思。

港粵劇圈和各界人士敬重，但仍然自命為「孤獨」的「粵劇工作者」。他身處的是 1950 年代香港粵劇的艱難歲月，時刻被「趕工」、「賺錢」的陰影籠罩，但卻始終堅守崗位，用心鑽研古典戲曲，努力閱覽各種題材，誠心觀察和欣賞演員的藝術成長，小心地策劃，嚴謹地創作，積極地為後世創造一批文獻式的粵劇和電影作品，並把香港粵劇從娛樂媒體推上藝術事業的軌道。

唐滌生對香港粵劇的前景並非「無憂無慮」，我們不難理解，他深深體會到「因人寫戲」的濫用漸次為他形成壓力，而絕境將是走回頭路、重返「提綱戲」的胡同，使編劇者被迫寫些無謂的、給冗員「大顯身手」的冗段、冗場、冗戲。

香港粵劇

1　〔做了〕廿九屆的經驗告訴我，做一個劇團的劇務，等如是一隻藝船的把舵人，替劇團賺幾個錢、博取一兩面慶功金牌並不是難事，只要一點功夫和夾上了天時、地利、人和便可以。可是做劇務能保持劇團各台柱的藝術水準，使不致變質或退步，便是一種挺難的責任，因為一部上好橋段的戲容易構思，吻合各人的身份卻不容易；一部生意眼賣錢的戲材不難找尋，一部能使觀眾滿意〔的〕劇本〔卻〕不易編寫，所

以我依然是抱着戰戰兢兢、如履薄冰的小心做⋯⋯
劇務。（1952）

2　粵劇壇在目前〔1956年〕表現似乎沉寂，但內裏呢，
我敢說打破了歷年的成例，用最積極的精神爭取進
步。（1956c）

3　各地方戲劇與今日香港粵劇有多少不同，香港粵劇
常常是訂了名角才訂戲的，所以在故事的情節發展
上，都不能任作者自由發展而有了範圍，這一點是很
難的工作，除了最近的《紅樓夢》、《六月雪》、《牡
丹亭驚夢》、《白蛇傳》及「麗聲劇團」將在利舞臺
演出的《香羅塚》是因戲訂人外，這種困難是很難解
決的。（1956f）

4　新春⋯⋯是我每一年最忙碌而又最耿耿於心的時
日。因為每一年新春，我必須替一個至兩個劇團擔任
編導新劇的工作，麗聲劇團的主事人也不例外的邀請
我編寫兩部新戲，為了《香羅塚》曾給我一點提得起
勇氣的安慰，於是我答應了，明知在又不充分的時間
裏寫幾部新戲，難免⋯⋯有更多的缺點，這是我耿
耿於心的理由，但我在觀眾們對我抱着很寬厚的原諒
心，我了解一個從事粵劇工作者多產的困難，所以我

勉為其難，我亦傾盡我所有的精神以求不負觀眾的期望。……我着實經過一個多月的期間，才挑出兩部適合於吳小姐和適合我寫的戲……（1957a）

5　我熱愛着「仙鳳鳴」有着渾雄的魄力，不撓的勁力……我怎能不竭盡其力的替一個有分量的劇團服務……香港的粵劇並不是趨向末路，而是從艱苦的環境中向前邁進。（1957d）

6　我動手編《紫釵記》已經一個多月了，到現在仍沒有完成分幕的工作。今日香港劇壇的需要，一個劇本的完成亦不容許作者有認為[2]足夠的準備時間，在種種困難之下，我唯有毅然決定了。（1957e）

7　粵劇雖是地方性戲劇，由於〔廣東、香港〕地勢瀕海，交通便利，最先吸收西方文明之風氣，故其戲劇亦具輕快流麗之特質，與新穎善變之風格，備有中國「寫意派」之一切優點，及其一貫精神 ── 運用美妙之姿態符號，以表出深奧細微之心情，用經濟簡練之方法，以達到戲劇之效果。繼崑曲、亂彈之傳統，

2　原文作「認識」，相信是筆誤或印刷錯誤。

集南北戲曲之大成，以平劇為老兄，而以電影為諍友，發揮民族之趣味，與地方性之靈敏，其感應力之偉大，與娛樂成分之濃郁，而更具有可寶貴之時代精神。[3]（1957f）

8　在戲劇上，新的開始，舊的並沒有過去，反而，很需要溫舊而談新。（1958a）

9　我從事粵劇工作二十年，[4] 梨園裏我也曾經歷過一個小小的滄桑史，直至 1955 年開始，我纔獲得一個無上的鼓勵和安慰，便是「仙鳳鳴劇團」能在今日踏上一條正確的路途，很嚴肅地對粵劇傳統藝術有所理想及發揚，並爭取了很多新的觀眾……接受了各界很多對粵劇推進的寶貴意見，使粵劇不單只是供人娛樂的消遣品，而是負有一巨大責任的藝術品，這的確值得〔我這個〕站在前哨崗的士兵興奮和努力的。（1958a）

3　唐氏在〈永誌不忘〉所說的話，幾乎是一字不漏地引述自麥嘯霞的《廣東戲劇史略》（1940:1-2），足見他受麥氏影響之深；其中，「以平劇為老兄，而以電影為諍友」是麥嘯霞多次被人引述的箴言。「諍友」是能夠直言的好友；「諍」音「爭」。

4　原文作「已十年」，相信是筆誤。唐氏在〈改編湯顯祖《紫釵記》的經過〉一文中也說「自從事曲藝以來，瞬廿年矣」（1957d）。

10　芳〔艷芬〕小姐……希望能以人力補其〔粵劇〕不
　　逮之處，近日粵劇壇，亦改良舊習，每逢一劇之演
　　出，皆有排演，作者雄心頓起，抱一次不能排好即
　　〔排演〕十次，十次不能〔排好〕即〔排演〕百次之
　　心，況得芳小姐之勉勵，敢以戰戰兢兢之態度，盡一
　　切力量去培養粵劇《白蛇傳》之面世。（1958b）

11　吾固知近三年來，觀眾對於每一劇之詞曲，俱有嚴格
　　之評別尺度……前蒙顧曲者過譽，謂拙改編之《牡
　　丹亭驚夢》如一首詩，《紫釵記》如一首詞，余嘗自
　　許此《西樓錯夢》如一首賦……（1958d）

12　粵劇，今日在香港是應該被重視的，它包括了文學與
　　傳統藝術，濃厚的地方獨特色彩，成為二百萬以上粵
　　人的主要精神食糧，由五歲起至七十歲[5]的童叟都能
　　哼出幾句著名的粵曲，各階層都普遍的歡喜粵劇，最
　　近，各社團競相排演粵劇，婦女會也繼續排演粵劇替
　　各慈善機關籌募善款，可見，當前的粵劇是如何被重
　　視，它簡直是具有高度文化推進力的工具。（1958e）

5　原文作「十七歲」，相信是筆誤。

13 由《香羅塚》起，繼而《雙仙拜月亭》，和上一屆的《白兔會》，這都是從極有價值的古典戲曲改編而成，最低限度，已影響了香港粵劇的新風氣，雖然不敢說把文化帶到粵劇裏，但這風氣是如何的皎潔、高尚，沒有些微的綽頭作用，沒有半點欺瞞觀眾，嚴肅而認真地：把文學與傳統藝術依照着每一劇的情節發展，貢獻於每一位觀眾之前，負起並完成了粵劇工作者所應有的責任。（1958e）

14 僕從事戲曲工作已經二十載，近五年來頗致力於改編宋元名家之作品，對「元曲」尤為愛重，曾為「仙鳳鳴劇團」編寫《牡丹亭驚夢》一劇，自許為近五年來心賞作品；直至今日，還未有比《牡丹亭驚夢》更進一步之曲作。更得「娛樂公司」以優良技術灌成唱片，……使《牡丹亭驚夢》一劇之曲藝永垂曲苑。（1958g）

15 在香港，粵劇藝術工作是相當孤獨的，這不是它應得的待遇。……粵劇是我國許多優良劇種之一，在嶺南地區、香港，粵劇是受歡迎的，它有廣大的觀眾，粵劇歷史悠久，大家對它又很熟悉。……但是……香港許多的音樂家、美術家、文藝作家，他們對粵劇的關心是不夠的。他們為甚麼不對粵劇藝術多做些積極扶持和推動的工作呢？（1958h）

16　香港報紙上極度缺乏對香港粵劇藝術的批評和鼓勵文章，這是使粵劇藝術工作者特別感到孤獨之處。……同其他的舞台藝術一樣，粵劇也是一種綜合藝術，要和各個類別的藝術結合起來，才能達到其藝術的完整境地。所以，香港有條件為粵劇藝術出力的人，都應該貢獻他們的力量，使粵劇獲得健康的發展，不應該對這個有大家熟悉、喜愛的地方劇種，採取不理它、任它自生自滅的態度。……這是一個需要集中廣泛的藝術家的力量才能做得好的工作，不是一、二個劇團可以做好的，也不是一個或兩個唐滌生可以做得好的。（1958h）

17　在現在這個時代，粵劇圈中那些落伍的已經成為陋習的東西，是應該揚棄的，正因為如此，香港的粵劇改進工作，就不僅是粵劇圈自己的事，而是整個香港文化界人士要共同努力的事。（1958h）

18　保護粵劇的優良傳統，並使之發揚，是粵劇工作者的責任……不滿意將粵劇庸俗化的一切做法……粵劇為廣大人士尤其廣東同胞所愛好，它是一個很好的移風易俗、作社會教育的藝術形式……把迷信、淫邪、亂七八糟的拉些歐美的低級音樂出來放在粵劇中去的那些做法……是非常不對的……這種做法並不受觀眾歡迎，現在已經不大有人這樣搞了。（1958h）

19　粵劇是有前途的 …… 如果不是粵劇產自民間的藝術，不是有悠久的歷史，和有廣大人士愛好，粵劇也許給人斷送了，但是，可以肯定，粵劇是有前途的，是不會被斷送的，現在的問題只是如何集中力量把粵劇推上傳統的優良的道路上來。（1958h）

20　我除了對孫養農夫人深致謝意之外，我還有一種感覺，要是藝壇內有多幾位孫夫人，粵劇的前途還是挺有希望的。（1959）

中國戲曲

21　《牡丹亭》的原詞，有柳永〔987-1053〕的俊逸，有李清照〔1084-1155〕的真實感情，有納蘭性德〔1655-1685〕的瀟灑，有李後主〔937-978〕的神采，不只是詞學裏的奇葩異彩，簡直是中國值得拿去驕傲任何一國的藝術品。[6]（1956g）

6　同樣的觀點見麥嘯霞的《廣東戲劇史略》（麥 1940:2）。

22　湯顯祖所表現的文學思想極適合於今日，從極不自由
　　的帝制時代裏，他的作品能毫無忌諱而豪放的表現他
　　的正確思想是值得後人崇拜的。[7]（1957d）

23　藝術是民族精神之表現，與社會生活之反映。世界各
　　國民族之風俗習慣、文化生活，各不相同，復因其歷
　　史與地理之關係，而各有其顯著之風格與旨趣。戲劇
　　是一切藝術綜合之結晶，故更能表現其民族性之特
　　質。世界各國戲劇，種類雖然繁雜，然大別亦只是
　　「寫實」和「寫意」兩大派別。「寫實派」之特質在實
　　驗人生。「寫意派」之特質在象徵人生。「寫實派」如
　　科學，款然若有新意。「寫實派」欲以「物質文明」、
　　「科學實驗」求解決人類痛苦，「寫意派」卻以「內
　　心建設」、「精神勝利」來獲致靈魂自由。泰西文明
　　諸邦，堪稱寫實派之總匯；而我國〔戲曲〕則無愧是
　　寫意派之代表。中、西民族觀點既殊，故其表現之方
　　式亦異。……唯物、唯心，高下自別。蓋戲劇之本
　　質，是藝術而不是科學，捨本逐末，便淪於下乘。
　　（1957f）

7　有當代學者推斷這句話有諷刺 1950 年代國內嚴苛審查戲曲作品的弦外
　　之音。

24　有人問我⋯⋯繼續還有幾部元曲[8]可以改編？雖然，
　　元曲及宋元雜劇是中國戲劇的寶藏，假如能夠有充分
　　的時間去研究和學習，正是採之不完，用之不竭的。
　　（1958a）

___

25　每一部宋元雜劇都有它的獨特內容，非經咀嚼一兩年
　　不易得其神髓⋯⋯（1958a）

___

26　我改編了好些元曲[9]作品，使我不能不對元曲裏的幾位
　　名作家筆下的詞藻加以細心的鑽研，其中使我最折服
　　而認為神品的，有高則誠〔1305-1370〕的《琵琶記》
　　和湯顯祖的《還魂記》（即拙改編後的《牡丹亭驚夢》）
　　和《紫釵記》。先進們每落一句的貼切和每嵌一字的
　　奧妙，確是我窮一生之力致於詞曲而終不能望其項
　　背的。尤其是他們治學的淵博和每對一事一節的搜索
　　和引證工夫，確能使今日學者慚愧得汗流浹背。古人
　　治曲是表現其一生胸懷磊落，今人治曲總多少帶有點
　　為營役而驅策的成分，媚世隨俗，哪能有較好的成功
　　作品⋯⋯（1958d）

___

8　這裏的「元曲」相信是泛指宋元雜劇和明清傳奇的「古典戲曲」。
9　唐滌生所指的「元曲」相信是泛指宋元雜劇和明清傳奇的「古典戲曲」。

創作過程和靈感

27　……文姬之性格，比昭君更為難演。蓋昭君嫁漢皇前並未載有心上情人，而文姬在晉宮前已有情郎董祀，而昭君投崖後即死別吞聲，文姬歸漢時仍含血淚。……編者以文姬故事，一者新鮮刺激，二者不常公演，更以坤伶祭酒芳艷芬小姐南征，[10] 故謹以此劇為貢獻。其實，借古美人之軀殼靈魂，而表演今美人之歌喉、演藝耳……（1949）

28　何非凡和紅線女初度合作，固然每個人都認為是藝壇空前最高度的新刺激……我對兩位的合作發生興趣，因為……有幾個性格不同的人物在一氣才能有矛盾、有劇力……以一個哀感和一個輕鬆的人物在一同演出，你試想：演出是如何的生動！藝壇到今日應該有這樣的一個組合，[11] 正如，人生總會有個時期會有悲哀的感覺，但應該要用輕鬆去調劑；戲劇也是一樣，笑聲當中有淚影，淚影當中有笑聲！我對於凡、紅合作是興奮的……（1951a）

10　指當年芳艷芬從廣州到香港演出。
11　原文作「組織」。

29 《夜夜念奴嬌》是何非凡、鄧碧雲雙反串的俏皮輕鬆，當然它含有豐富的人情味；我所編的喜劇笑料都愛從人情矛盾中產生，如最近的《風流夜合花》〔1951年10月〕、《紅淚袈裟》〔1951年9月〕、《蠻女催妝嫁玉郎》〔1951年12月〕等，每一部都不致是無質素而胡鬧。（1952a）

30 《紅樓夢》的工作我開始了。……請亞祥將製好的佈景在舞台上佈一次，等我好明瞭每場的角度而易於落筆。（1956a）

31 在休息期內，我為雪仙九妹預備了幾部從元曲史找尋出來的古典派新劇，以古典派的表現方法演出，而加以近時代的批判，我認為可比《琵琶記》有更進一步的技術。（1956a）

32 〔《西施》〕是歷史上利用女人達到政治上目的的沉痛戲劇！是中國古代最偉大女間諜的血淚史詩！……歸納而言，寫西施有三種不同觀點……第三種寫法是比較沉痛[12]的，是寫西施成功之後，給勾踐沉於

12 原文是「第三種寫法是比沉沉庸的」，相信是筆誤。

五湖……中國一般的帝王霸主作風，這倒是很可能
的。而且這樣寫法使西施加倍堪憐，而暴露了古來霸
主們對美人的糟蹋，讓後人憑弔姑蘇台時候，微聞西
施的餘哀，我決定以這種觀點去寫西施，並重複聲
明，此劇中心只是短短的兩句話，那便是「吳無赦
汝，越與吳何異」。（1956b）

33　一部《紅樓夢》，從構思劇本一直到演出止，[13] 費時
　　歷整整六個月，態度的認真是以前絕對沒有的。
　　（1956c）

34　作者將《紅樓夢》僅有的三個高潮 ──〈焚稿〉、〈歸
　　天〉、〈逃禪〉── 一氣貫成，但如非排練到爛熟、
　　每一個介口都能演至緊湊啣接，恐難收獲良好效果。
　　「戲，是靠人力、體會力去做的」，請各位三味這一
　　句莎翁的名句。[14]（1956d）

35　拙編《六月雪》亦本《金鎖記》團圓結局，而對於竇
　　氏女入蔡家一折，與昌宗被害均與前人所編略有出

13　《紅樓夢》於 1956 年 6 月 18 日首演，正是唐滌生的生日。

14　加上唐氏在劇本中常用說明詳盡的介口，唐氏除擔當編劇外，亦扮演「藝
　　術指導」的角色（賴、賴 2007:115）。

入……粵劇之場口不如雜劇，切忌太長，而風格亦
不如平劇之古樸，切忌沉悶單調，終使畫虎不成。
（1956e）

36　除編排之外，〔《六月雪》〕對於佈景、音響、服
　　裝亦有很大的改革，佈景全部採用最古樸之漢畫形
　　式，……色澤與構圖與時下粵劇佈景有顯著區別，使
　　觀眾有真實而雅緻的感覺，音樂曲譜全部採用嶺南舊
　　調，不插入時代曲譜，〔以免〕有傷原劇的質素，對
　　於竇娥所穿各場服飾，雖一釵之微，亦經重新設計，
　　使與情節配合。（1956e）

37　近一年來，我沒有編寫空中樓閣的戲，也許在十年的
　　悠長日子間，我寫了不下百部空中樓閣的戲，寫得膩
　　了，所以近來所寫都是有多少根據的。（1956f）

38　各地方戲劇與今日香港粵劇有多少不同，香港粵劇常
　　常是訂了名角才訂戲的，所以在故事的情節發展上，
　　都不能任作者自由發展而有了範圍，這一點是很難的
　　工作……（1956f）

39　《香羅塚》……有幾個顯著而突出的特點……開場便
　　能有一個用很巧妙手法的高潮，而且，每一個台柱

都是產生這高潮的份子，這是粵劇所不常見的……
我敢保證你從沒有看過這一場奇異微妙的大審，在
公堂裏全是善良之人，而竟產生兩死一離的悲劇。
（1956f）

40 我坦白的告訴顧曲者，我為了欲譯一句原詞或化一句
原詞，每每盡一日夜不能撰成新曲一兩句，如〔《牡
丹亭》〕第三場〈幽媾〉裏麗娘與夢梅對唱的小曲〈雙
星恨〉，我是費了三個整夜的時間才能強差人意的完
成了。（1956g）

41 假如不是從她〔白雪仙〕手裏交給我一部「玉茗堂」
的《牡丹亭》，我會怯於杜麗娘的難演而減低了改編
《牡丹亭驚夢》的興趣的。（1956g）

42 《琵琶記》與《牡丹亭驚夢》……白雪仙小姐把趙五
娘與杜麗娘演得很生動，使我興奮地在《元曲選》內
翻了又翻，希望能翻着一位美人的倩影，再作雪仙的
化身……（1957b）

43 聖誕假期，我在寒夜……無意中檢視了一張吳友如
作的芙蓉花神謝素秋圖，所描畫的謝素秋，灑脫動
人……心儀其飄逸的神采，與花神的艷號。……睡

前，花神的倩影尚在腦際，順手拈起枕旁的《元曲選》，漫無目的的翻閱一下，翻至《紅梨記》時忽然有謝素秋之名，下意識使我心波震動，如此偶合，莫非有神奇的推使，於是我推衾而起，把《紅梨記》細意的看，從〈豪宴〉、〈賞燈〉起一直讀至〈宦遊三錯〉止，其中讀至〈窺醉〉、〈亭會〉、〈詠梨〉、〈計賺〉四折，書裏的謝素秋似乎漸漸地活了，對我苦笑、對我嚶然欲哭、對我橫波含淚，似乎有着無限的辛酸，於是我決意改編《紅梨記》……（1957b）

44　為着舞台的種種條件所限，……改編的《琵琶記》與《牡丹亭驚夢》與原著都有很大的出入，除了刪繁就簡之外，參入了很多個人的意見，我心裏想，只要美人面目不致被我蒙上塵污，我大膽地在劇作上不受原著所限，幸然兩劇公演之後，識者頗能體諒，也實在平添了我不少的勇氣……（1957b）

45　〔《蝶影紅梨記》電影應該〕統一了唱詞的風格，用調不能超過十種，使人易於記憶，易於上口，在舞台上的曲詞雖美，不夠深度，銀幕上不宜採用的。因舞台上換調太多，使人混亂。（1957c）

46　我費了整整三個月的時間，在已經公佈的七個劇目中

（七個劇目是《斷橋》、《孟姜女》、《白兔記》、《紫
釵記》、《帝女花》、《秋江夜雨時》、《可憐女》）選
出了《帝女花》和《紫釵記》放在〔「仙鳳鳴」〕第四、
五屆[15] 裏上演。（1957d）

47　我有一個感覺，便是「仙鳳鳴」歷屆演出成功的劇
作，都是極文藝和抒情的作品，例如《牡丹亭驚
夢》、《蝶影紅梨記》等。我很想找一部有着良好主
題的宮闈劇本來調劑一下；而且，在書史裏記載的長
平公主，[16] 她的年齡、造型、線條、容貌、嬌弱、敏
感，都與白雪仙有極吻合之處……（1957d）

48　霍小玉是代表唐人小說所描寫的典型佳人，從白雪仙
所表現出的趙五娘、林黛玉、李桂枝、杜麗娘、謝素
秋幾個人物的成就看來，她自有把握賦予霍小玉以新
的靈魂、新的生命的。（1957d）

49　〔湯顯祖〕對於這部〔有五十三齣的〕《紫釵記》是
描寫得相當細緻的。但〔今天粵劇〕舞台上決不容許

15　原文作「第四屆」。
16　原文作「長平宮主」。

有這麼多幕數，[17] 前編《牡丹亭驚夢》，我曾大膽地將原著五十五幕削為六幕九場，當時我為着分幕問題曾竭盡我的思索和費了整整一個月的時間，亂揮刀斧……今次對於《紫釵記》的分幕問題，使我覺得比《牡丹亭驚夢》還更棘手，因為《牡丹亭》有若干原著的回目刪去是並無傷害於劇旨與戲劇本身的。但《紫釵記》就有點不同了。它每一個回目都有着伏線與連繫性。……劇情分兩地發展，自然所分的幕數甚多，假如大刀闊斧地把它刪去，則有很多地方難於交代，假如把它的情節竄改則又恐怕面目全非。（1957e）

50　名人筆下所刻劃的古代名女人，自有其可愛的獨特性格，適合摹揣於紅氍之上……（1957e）

51　我不敢改變〔《紫釵記》〕原著所寫的情節，可是幕是始終要經過大大的斧削的，暗場太多了，又失諸明顯交代，場口太多了，又複雜凌亂，我動手編《紫釵記》已經一個多月了，到現在仍沒有完成分幕的工作……（1957e）

17　原文作「這數多幕數」，相信是筆誤。

52 我把《紫釵記》原著曲白反覆唸讀數十次，雖是胃納不良，總算是消化了。我覺得整齣五十三幕之中，描寫有突出之處，僅得十三幕而已⋯⋯（1957e）

53 有人問我⋯⋯繼續還有幾部元曲[18]可以改編？雖然，元曲及宋元雜劇是中國戲劇的寶藏，假如能夠有充分的時間去研究和學習，正是採之不完、用之不竭的。可惜學識膚淺的我僅能從幾部熟悉的名著裏用蠻幹敢為的精神去體驗和改編，還有很多很多寶貴豐富的素材和題材是未曾採用的。（1958a）

54 去年年底，有一位戲劇界先進提示我，他說：每一部宋元雜劇都有它的獨特內容，非經咀嚼一兩年不易得其神髓，縱然可以改編成一個使人動容而賣座的新戲，保持原來面貌與輪廓，但⋯⋯非有很長時期的隨演隨改，是很難獲取真確的成功。（1958a）

55 有可能的話，我願意把「仙鳳鳴」以前幾個元曲改編過來的戲，再加以一番整理和修改，白雪仙小姐也同意我這提議，只是等候一個充分的時間和機會⋯⋯（1958a）

---

18 這裏及下面的「元曲」相信是泛指宋元雜劇和明清傳奇的「古典戲曲」。

56　半年前，我開始搜購或搜讀各地方民間故事不下
　　四五百個⋯⋯有很多故事美麗得難以形容，真實動
　　人而有充分的說服力。像神話的綺麗而曲折，像史詩
　　般有淚和有血，其中有一個是福建很流行的民間故
　　事，也可以說是很流行的福建戲劇，便是《荔枝換絳
　　桃》⋯⋯〔它〕先寫人間，後寫天上，像是事實，像
　　是神話，但主題是非常新鮮而明朗的。（1958a）

57　中國很多美麗的民間故事都加上美麗的神話⋯⋯主題
　　並沒有絲毫損害，反如畫龍點睛永垂不朽。⋯⋯描寫
　　人神的接觸而增強故事本身的美麗，所以我把九天玄女
　　寫入〔《荔枝換絳桃》〕這動人的福建民間故事。⋯⋯
　　我認為在舞台技藝的表現上，這可愛的民間故事很適
　　合加上神話的渲染，對於主題是可增強的。（1958a）

58　《白兔記》又名《劉智遠白兔記》⋯⋯因橋段頗巧妙，
　　關目雖有不自然之處，但野趣盎然，富於情味，頗多
　　惻然迫人之處，在曲詞方面，極為樸素，味亦恬然，
　　古色可挹，然極多鄙俚之句，無好語連珠之妙⋯⋯
　　兩代上演不輟，以其事奇意深⋯⋯拙編定名為《白
　　兔會》，綜納各地方傳說，根據無名氏之《白兔記》，
　　加上自己之意見和表現方法而成此劇，縱使改編後面
　　目全非，但求保留光彩⋯⋯（1958c）

59　我把《西樓記》熟看了不下三五十次，使我感覺得意外的，並不是故事的感人，而是袁于令對於詞曲道白的精警與清新，若論深入淺出，決不在高、湯之下，讀來使我愛不釋手，幾乎使我忘記了改編的責任，而在西樓詞曲裏沉湎了一個時候，鎮日微醉熏熏，覺清代月榭花亭、章台金粉，如在几案之間，而叔夜之多情，穆姬之貞愛，輕鴻之俠義，胥公之豪邁，如在目前，詞曲觸目，感人之深，前所未見。（1958d）

60　粵劇是完整的，不是演片段的，我曾費了近三個月的時光把《百花亭贈劍》的故事編成完整，除了保持了固有優美的傳統藝術以外，還加重了劇中的矛盾力，和誇耀了這戲的主題力量。……《百花亭贈劍》的作風是嶄新的。（1958e）

61　細觀《百花亭》之〈設計〉與〈贈劍〉兩折，詞曲雖不綺麗，但古趣盎然，而韻協調順，畢竟是當行之作，〈設計〉一折，寫宦臣之奸，面目躍於紙上，唸白尤十足宦家口吻，而〈贈劍〉一折，寫兒女之情，絲絲入扣，細味再三，心為嚮往，遂生改編之念。（1958f）

62　滌生從事戲曲學習，對古典戲曲，愛逾珍璧，偶得斷簡零篇，亦謹密收藏，一年前偶過荷里活道書肆之

中，得見《百花亭》手抄二本……〈設計〉、〈贈劍〉兩折，但已毀於蟲鼠，失卻本來面目，〔我〕費一月之時間，補句填字，強能完整，並用以為改編《百花亭贈劍》之藍本，雖橋段與佈局不同，此孤本實為啟發我改編是劇之主要素材……（1958f）

63　周朝俊的《紅梅記》……原故事的曲折玄妙，使經驗尚屬膚淺的我遲遲不敢動手改編……白雪仙小姐的不撓精神，給予我不少鼓勵，於是我便決定在這一屆裏，將周朝俊的《紅梅記》改為《再世紅梅記》。（1959）

64　完美的前人戲曲，並不可能便是完美的今日粵劇，為了人才上和演出環境種種限制，和今日觀眾的興趣感和接受力，每一部改編前人作品都是經過很大刪改的，這部《再世紅梅記》當然不能例外……（1959）

65　《紅梅記》能有〈鬼辯〉一折，作者的抱負是很明顯的，在萬曆年間，當然還是君主〔專制〕統治時代，文人的筆端是受着極端限制的，李慧娘雖然是作者筆下創造的人物，而時代背景……卻是真實的，當時權臣的氣燄和淫威，卻不能以筆墨正面暴露，雖然把暴露的事跡譜入絲竹管弦，也要通過很巧妙的手法，《紅梅記》的作者巧妙的借李慧娘的鬼魂把賈似道罵

了一頓，而且諷刺一番……在當時環境中，這已經
是很露骨和很有膽力的描寫……《紅梅記》的李慧娘
人物雖然是作者一種天真的幻想，《紅梅記》的情節
根本是作者一種浪漫主義的藝術表現方法，但作者的
意志在一定歷史條件下卻產生出很大的力量，這便是
《紅梅記》的明朗主題，也便是拙編《再世紅梅記》
的唯一根據點。（1959）

66　最後我還〔在《再世紅梅記》〕大膽加了〈魂合〉一
折來結束這美麗的故事……在故事裏李慧娘與盧昭
容都是正面人物，慧娘是鬼，她畢生不能兌現的自由
和戀愛觀……最後卻兌現於昭容身上……當然是有
點神話色彩，但由於原著《紅梅記》筆下的李慧娘和
盧昭容都是天真的幻想，而《紅梅記》的故事情節也
是用浪漫主義的藝術表現方法……諒不致為識者所
非吧！（1959）

優秀劇團

67　「大中華」這個班牌在港地是初次發現的……台柱們
都是觀眾們最偶像的人物……都是藝壇上的著名將
士，這一次渠們同心協力的組合在一齊，更進一步替

粵劇發揚其藝術，這組織是有相當抱負的，我和這班牌雖然是第一次合作，但我和各台柱都是舊交，我相信在「大中華」工作下的人員都有了默契，將來的表現，一定對藝壇有一點嶄新的貢獻。（1951a）

68　在《琵琶記》〔1956 年 1 月 19 日〕公演後、《販馬記》未上演前，白雪仙小姐已經決定將《紅樓夢》搬上舞台。但白小姐知道《紅樓夢》是一部不易處理的戲，而且以前已有不少藝壇前輩都演過《紅樓夢》，這一次如何能使《紅樓夢》有突出的表現呢？這個責任她卻付我的身上。雖然是個難題，但她也着實給我一點鼓勵。她說，只要將來在藝術表現上有成就的話，她不惜打破任何困難而給予我助力。（後來她為實踐這一句說話損失四萬以上的收入，為了抽出排練與體驗的時間，她推了四部電影是人盡皆知的。）（1956c）

69　《香羅塚》……經過……不充分的時間排演……於利舞臺公演了……在賣座上、在輿論上僥倖地成功了，這無疑是吳君麗小姐和一班藝友們的努力和收穫，劇本裏的缺點也着實很多的給演出者純熟的演技 [19] 和無畏的精神，把劇裏的小缺點都彌補了。於是

19　原文是「技演」，相信是筆誤。

我有一種感覺，一個富有朝氣的劇團，和一位富有朝氣的領導者，每每能把一部不很突出的戲演得〔突出，把〕一部好戲演得更活⋯⋯（1957a）

70　自《蝶影紅梨記》演完之後，我又和觀眾小別了一個時期。在這時期裏⋯⋯我在屬於我的時間裏，並沒有偷閒，反為很着意的、很忙碌的替第四屆「仙鳳鳴」搜羅有關新劇本的題材和素材，因為我熱愛着「仙鳳鳴」有着渾雄的魄力、不撓的勁力，它推動粵劇走上一條正確的大路，它決不是打鑼打鼓妄事宣傳叫囂吶喊的所謂王者之師、不倒勁旅，它每一屆都有充分鮮明的表現力⋯⋯（1957d）

71　「仙鳳鳴」歷屆演出成功的劇作，都是極文藝和抒情的作品，例如《牡丹亭驚夢》、《蝶影紅梨記》等⋯⋯（1957d）

72　白雪仙近年來的演技是甚麼性格都可以把握的⋯⋯我極信任她能把〔《帝女花》〕這一位末朝的公主復活過來⋯⋯任劍輝的演技⋯⋯已表現出爐火純青的境界，以她飾演歷朝最多情的駙馬周世顯，外型和內在都是極吻合的。我有了絕大的信心，我很順利的編成《帝女花》。（1957d）

73　仙鳳鳴的領導者白雪仙小姐近來很歡喜把古典文學的
　　名著改編上舞台，用意絕不是拿着古典文學的招牌誆
　　世耀時……她的願望是假如……主題寫得突出改編
　　得好，固然可以起點益世的作用，假如改編得不好，
　　也使人對一部著名的文學稍為有點認識，也可以稍盡
　　點自己從事粵劇的責任，何況名人筆下所刻劃的古
　　代名女人，自有其可愛的獨特性格，適合摹揣於紅氍
　　之上……（1957e）

74　我從事粵劇工作二十年，[20] 梨園裏我也曾經歷過一個
　　小小的滄桑史，直至 1955 年開始，我纔獲得一個無
　　上的鼓勵和安慰，便是「仙鳳鳴劇團」能在今日踏上
　　一條正確的路途，很嚴肅地對粵劇傳統藝術有所理想
　　及發揚，並爭取了很多新的觀眾……接受了各界很
　　多對粵劇推進的寶貴意見，使粵劇不單只是供人娛樂
　　的消遣品，而是負有一巨大責任的藝術品，這的確
　　值得〔我這個〕站在前哨崗的士兵興奮和努力的。
　　（1958a）

75　「麗聲」是應合這需要〔各階層普遍歡喜粵劇、需要

20　原文作「已十年」，相信是筆誤；唐滌生曾說「自從事曲藝以來，瞬廿年
　　矣」（唐滌生 1957e）。

粵劇〕的劇團，我是應合「麗聲」需要的劇務……
「麗聲」擁有最完善的陣容，和挾有最渾雄的魄力，
它是很輕易便發生絕大的影響力，而這影響力是絕對
良善和可歌頌的。(1958e)

76　我自從改編了《西樓錯夢》之後，[21] 病了一個時期，雖
然很快便痊癒了……但仍未敢執筆為「仙鳳鳴」編
寫新劇，我知道仙班的新劇有獨特的風格……雖然
素材早就有了，落筆一再遷延，以致擱誤了仙班的演
期，這是我引為至歉的。(1959)

優秀演員

77　……何非凡的作風是瀟灑裏而帶點哀感，如《情僧
偷到瀟湘館》、《白楊塚下一凡僧》、《夜弔》、《泣萍
姬》，[22] 都是一種有血有淚的詩篇，由他的歌音容範蘊
發出最高度的靈性，而紅線女的作風是惹火中帶點挑
撥性的，她好比藝壇裏一隻喜鵲，如《我為卿狂》、

21　《西樓錯夢》於 1958 年 9 月 24 日首演，唐氏在翌年 9 月 15 日逝世，相距
　　不足一年。

22　《夜弔》應是指《夜弔白芙蓉》，而《泣萍姬》則應是指《風雨泣萍姬》。

《風流貴婦》、《血海蜂》……她都是以最雀躍的姿態去刻劃出劇中人的個性，使能栩栩如生……以凡、紅兩位在藝壇居最高地位的紅伶，他們甚麼戲都能演，顯淺地說，何非凡不一定演哀感戲，而紅線女不一定演輕鬆戲，何嘗《黑獄斷腸歌》，何非凡演輕鬆戲不成功，而《紅白牡丹花》何嘗不是紅線女演哀感戲而使這劇本得成名劇！（1951a）

---

78 寫劇本就是有幾個性格不同的人物在一氣才能有矛盾、有劇力，例如芳艷芬是柔的、陳錦棠是剛的，所以他們每一場對手戲都能掀震觀眾們的心靈……（1951a）

---

79 ……鄭碧影〔1931-2011〕，也許香港觀眾對於這位小姐還沒有十分認識，但省澳的觀眾已經有不少給她瘋魔了，她是當年「新聲劇團」的「鑽石膽」……也可以說是「新聲」的「還魂大使」，她年紀還是青青的，但她的演技純熟得有點驚人……她能毫不費力的把握觀眾的情緒，很易使你笑，也很易使你哭……她天真，她的一顰一笑，都是真實的靈性，沒有造作、沒有矯揉……（1951a）

---

80 《紅樓夢》……演出後的成功失敗我們沒法估計，但

站在從事粵劇工作崗位中的白雪仙小姐，總算是盡了最大責任而站立在前哨。（1956c）

81　芳艷芬小姐為粵劇梨園之後，以演才女與孝女戲稱絕一時，桂太史公曾詩贈芳小姐，有「孝女與才女，並集於一身」之句，可見她儀容之端麗、內心之皎潔，可稱近三十年來粵劇坤伶之規範人物。《六月雪》之女主角竇娥，極適合芳小姐之儀容、做表，而《六月雪》之劇情，尤為廣大顧曲者之愛好。（1956e）

82　《香羅塚》的女主角林茹香是頂適合吳君麗小姐的造型，其餘天衣無縫有一對精深演技的文武生〔陳錦棠、麥炳榮〕和一對在狀態的丑生，雙生分飾劇中的趙仕珍和陸世科，雙邊分飾趙勤和茹三娘，還有以在搶前中[23]的任冰兒分先、後飾柳春與秦麗娥，我敢說：《香羅塚》的人選是極完美的。（1956f）

83　每個觀眾都知道陳錦棠與麥炳榮是同一戲路的，請你在第四場看作者的手法，去介紹二人同戲路的巔峰演技。（1956f）

23　相信意思是「正在力爭上游」。

84　在我的感覺裏，香港粵劇壇在最近〔1956 年〕有了新
　　的氣象，這是不容否認的，新的氣象需要新的藝員去
　　支撐，舊的藝員去扶掖，在一連串演出中，吳君麗小
　　姐充分對人表現了新的朝氣，作者把一個新的責任付
　　在吳君麗小姐的肩膊上，我相信吳小姐是負得起的，
　　並且是樂於負起的。（1956f）

85　白雪仙小姐不能撰一部完美的曲，但她一時感悟想出
　　三幾句是貼切得使你難於想像、難於捉摸的，她的聰
　　明處，誰都承認是壓絕今日梨園的。（1956g）

86　在舞台上所見的已經不是白雪仙而是杜麗娘小姐了，
　　白雪仙已把她原有的靈性溶化在杜麗娘的身上，她的
　　高度成就演技，能使前世紀的杜麗娘鬼魂借她的玉身
　　復活於觀眾之前，讓你能欣賞《牡丹亭》裏的古代美
　　人一生遭遇……（1956g）

87　白雪仙在今日粵劇界裏是最能體驗劇中人性格的一
　　位……她善能創立性格，不要說在粵劇界裏難求，
　　求之各地方戲劇界裏，也是鳳毛麟角，其實她並不是
　　以聲色藝炫耀一時的紅花旦，而是一位最有前途的中
　　國女演藝家。（1956g）

88　在《香羅塚》後我更加深一層認識，吳君麗小姐，
　　她雖然在梨園並沒有很悠長的歷史，然而她抱負之
　　心和進取的勁力，也是梨苑中不容易發現的一位。
　　（1957a）

89　關於〔拍攝《蝶影紅梨記》〕採用歌唱片形式還是採
　　用舞台紀錄片形式，我尚未能決定⋯⋯不用舞台紀
　　錄片形式，即〈鬧府〉一場無從表現，我認為這部戲
　　裏〔假若〕忽略了任劍輝的舞台示範演技是可惜的。
　　同時，《紅梨記》白雪仙亦有若干極美麗的身段，
　　〔假若採用歌唱片形式，〕最後扇舞也減色。但假如
　　用舞台紀錄片形式，即〈窺醉〉起〈詠梨〉止，「美」
　　和「靜」會被鑼鼓破壞了。假如半舞台紀錄半歌唱，
　　即風格不能統一。（1957c）

90　白雪仙近年來的演技是甚麼性格都可以把握的，她的
　　藝術修養是每一個稍為熟悉粵劇的觀眾都有認識，
　　我極信任她能把〔《帝女花》裏〕這一位末朝的公
　　主復活過來，她並不隨便的扮演一個人物，據我所
　　知，她為了要演長平公主，曾閱讀一切有關於明末的
　　書籍和有關於長平公主的史實，甚至她還苦苦的請求
　　何洛川大醫師供給她以長平公主的墓誌原文，希望從
　　後人的筆底加深一層去認識劇中人的一切，她近年對

於演技態度的認真，是值得與任何成功的演技家相媲美的……（1957d）

91　任劍輝的演技從《梁祝恨史》、[24]《琵琶記》、《牡丹亭驚夢》、《蝶影紅梨記》已表現出爐火純青的境界，以她飾演歷朝最多情的駙馬周世顯，外型和內在都是極吻合的。我有了絕大的信心，我很順利的編成《帝女花》。（1957d）

92　李益一角，在今日藝壇裏我相信只有一個任劍輝可能勝任，因為李益受盧太尉誘惑與欺騙的一折戲中，性格最難刻劃的。至於霍小玉，是代表唐人小說所描寫的典型佳人，從白雪仙所表現出的趙五娘、林黛玉、李桂枝、杜麗娘、謝素秋幾個人物的成就看來，她自有把握賦予霍小玉以新的靈魂、新的生命的。（1957d）

93　《紫釵記》〕原著寫得最生動的人物，當然是霍小玉和李益，以白雪仙任劍輝今日演技之高水準去分飾二人

24　一般相信潘一帆（1922-1985）是芳艷芬、任劍輝《梁祝恨史》的編者；已故編劇家葉紹德和當代名伶阮兆輝則相信唐滌生才是該劇的真正編者。本書編者相信此劇由潘一帆與唐滌生合編。

當然是綽然有餘的。以任冰兒飾浣紗，靚次伯〔1905-1992〕飾盧太尉，蘇少棠〔1929-2012〕飾韋夏卿，[25] 英麗梨飾盧燕貞，[26] 歐偉泉〔生卒年待考〕飾老玉工侯景先，朱少坡〔1921-1998〕飾王哨兒，都挺適合的人物……湯顯祖在《紫釵記》除了李益和霍小玉寫得極度成功之外，還有兩個人物是寫得浮在紙上而絕對見筆力的便是黃衫客與崔允明。[27] 黃衫客……幾成為說部中天下間第一個情場豪俠，而崔允明一介寒儒受小玉之恩遇而拒絕替太尉做媒，[28] 其「冷眼看炎涼，寸心為花惜」的良善性格不易表現，我為了這人物的重要，故由梁醒波先生分飾……（1957e）

94　我感覺吳君麗的演技已迫近成熟的階段，她的演技是多方面的。《香羅塚》、《拜月亭》、《白兔會》都是演文戲，對於她積年苦練的武工是拋荒了，這是可惜的，在《百花亭贈劍》裏，觀眾可以很明顯從她舉手抬足間，欣賞她對於武工的造詣，我認為《百花亭贈劍》的作風是嶄新的。（1958e）

25　原文作「蘇少棠飾崔允明」，相信是筆誤。

26　原文作「盧莫愁」。

27　原文作「黃衫客與韋夏卿」，相信是筆誤。

28　原文作「韋夏卿一介儒受小玉之恩遇而復替太尉為媒」，相信是筆誤。

95 《再世紅梅記》的女主角李慧娘和盧昭容……是極端
難演的人物，幸而在今日香港藝壇裏卻發現了一位演
技評價極高而且有深度修養的女演員，那便是仙鳳鳴
的領導人白雪仙小姐，於是作者有充分的信心使白小
姐飾演《再世紅梅記》中的李慧娘和盧昭容兩人物，
由兩個人物極細緻的嬉笑怒罵去刻劃原著人〔周朝
俊〕當年哽咽在喉不能一吐的胸中塊磊。（1959）

個人生活和態度

96 〔電影〕《董小宛》的……每一寸、每一格都已代表
了我想講的說話，我不願再執筆寫甚麼開場文章，因
為我不擅寫，我只蠻幹！……我不敢期望過奢，我
只求無負一切、一切對我的期望。（1950a）

97 我因為經年累月的從事編撰工作，迫不得已和觀眾們
暌別了一個月，因為：個人的精力有限，如果不休息
的話，作品便會漸趨向於「循循相因」而令觀眾們
失望。（1951a）

98 我曾休息了一個短時期，因為我不能不休息，一連續
做了廿九屆粵劇團的劇務，使我真有點食不消，我的

記憶已減到使我無從記憶起我編了若干部戲，雖然編劇屬於遊戲文章，但只能遊戲，不能「兒戲」去瞞騙觀眾，所以我不能不放下筆兒，暝別觀眾。（1952a）

99 你的回信……很能針砭我的短處，我徹夜將每個字都加以咀嚼，希望從低能的人生觀裏得到高度的啟示……（1956a）

100 《莊周蝴蝶夢》（我希望能成為我 1956 年的代表作品，並傾力使它成為粵語片的文獻作品，因為題材太好了……雖然我的願望太奢，但我將把上半年度的精力付託在這個戲上）……[29]（1956a）

101 雖然我編撰了一輩子粵劇，但我不能不坦白的承認，我對於舊文學根底並沒有弄好基礎，我給「玉茗堂」的《牡丹亭》難倒了……（1956g）

102 新春……是我每一年最忙碌而又最耿耿於心的時日。因為每一年新春，我必須替一個至兩個劇團擔任編導新劇的工作，麗聲劇團的主事人，也不例外的邀

---

29 《莊周蝴蝶夢》始終沒有面世；理由待考。

請我編寫兩部新戲，為了《香羅塚》曾給我一點提得起勇氣的安慰，於是我答應了，明知在又不充分的時間裏寫幾部新戲，難免……有更多的缺點，這是我耿耿於心的理由，但我在觀眾們對我抱着很寬厚的原諒心，我了解一個從事粵劇工作者多產的困難，所以我勉為其難，我亦傾盡我所有的精神以求不負觀眾的期望。……我着實經過一個多月的期間，才挑出兩部適合於吳小姐和適合我寫的戲……（1957a）

103 我從事粵劇工作二十年，[30] 梨園裏我也曾經歷過一個小小的滄桑史，直至 1955 年開始，我纔獲得一個無上的鼓勵和安慰，便是「仙鳳鳴劇團」能在今日踏上一條正確的路途，很嚴肅地對粵劇傳統藝術有所理想及發揚，並爭取了很多新的觀眾……接受了各界很多對粵劇推進的寶貴意見，使粵劇不單只是供人娛樂的消遣品，而是負有一巨大責任的藝術品，這的確值得〔我這個〕站在前哨崗的士兵興奮和努力的。（1958a）

---

30 原文作「已十年」，相信是筆誤；唐滌生曾說「自從事曲藝以來，瞬廿年矣」（唐滌生 1957e）。

104 元曲及宋元雜劇是中國戲劇的寶藏，假如能夠有充分
的時間去研究和學習，正是採之不完、用之不竭的。
可惜學識膚淺的我僅能從幾部熟悉的名著裏用蠻幹敢
為的精神去體驗和改編，還有很多很多寶貴豐富的素
材和題材是未曾採用的。（1958a）

105 古人治曲是表現其一生胸懷磊落，今人治曲總多少帶
有點為營役而驅策的成分，媚世隨俗，哪能有較好
的成功作品，雖然我曾傾盡其力，改編了一連串的
元曲[31]作品，在詞曲方面上，我也時時感覺到表現力
的單薄和低能，縱能倖邀時譽，內心仍是自咎的。
（1958d）

106 前蒙顧曲者過譽，謂拙改編之《牡丹亭驚夢》如一首
詩，《紫釵記》如一首詞，余嘗自許此《西樓錯夢》
如一首賦……（1958d）

107 我自從改編了《西樓錯夢》之後，[32]病了一個時期，
雖然很快便痊癒了，可是體力恢復得很慢，我一樣上

31　意指「古典戲曲」。
32　《西樓錯夢》於 1958 年 9 月 24 日首演，唐氏在翌年 9 月 15 日逝世，相距
不足一年。

麗的呼聲，一樣撰寫一些電影曲，[33] 但仍未敢執筆為
「仙鳳鳴」編寫新劇，我知道仙班的新劇有獨特的風
格……雖然素材早就有了，落筆一再遷延，以致擱
誤了仙班的演期，這是我引為至歉的。（1959）

粵劇電影

108　每逢拍攝一部具有文學戲曲的電影，對於年代、地
　　　點、當時社會背景應有充分的考據和暗示，否則便是
　　　木魚書式電影而已，木魚書也有良好的故事可以吸引
　　　人，不能和文藝作品共垂不朽者，只是為了一切背景
　　　的模糊，和沒有明朗的主題而已。（1957c）

109　對於地點的考據……是值得嚴重商討的。據地方
　　　志所載，汴京是今日河南洛陽，雍丘今改雍陽縣，
　　　離汴京七百餘里，趙汝州是山東人，無疑這《紅梨
　　　記》的地點是在萬花如錦的北方，汴京是京官齊集之

33　「仙鳳鳴」的《西樓錯夢》與《再世紅梅記》首演相距不足一年，這期間，
　　唐氏為其他戲班共編了五部戲，分別是《百花亭贈劍》（1958 年 10 月，
　　吳君麗、何非凡）、《美人計》（1958 年 12 月，秦小梨、麥炳榮）、《鐵弓
　　奇緣》（1958 年 12 月，陳寶珠、梁寶珠）、《雪蝶懷香記》（1959 年 2 月，
　　吳君麗、何非凡）和《血羅衫》（1959 年 8 月，吳君麗、何非凡）。

處……問題是，我們拍的是粵語片，對電影上的期望便是使成嶺南文獻，應該是有着濃厚的嶺南地方色彩才易使嶺南人發生親切之感，所以對於地方性背景問題是值得審慎考慮的。（1957c）

110　〔《蝶影紅梨記》電影的人物方面，〕錢濟之在電影上不能是翩翩美少年而應該是有鬚的，而且有妻，照徐復祚的《紅梨記》〈盤秋〉一折是錢夫人詰問素秋而不是濟之，在當時社會上是比較合理的……謝素秋……受官宦之家玩弄和摧殘，應加強刻劃，如宮中上值與禮部、吏部拜賞時的疊印鏡頭是不可少的。假如缺少的話，即素秋在片的開端時賣笑迎人〔的〕假情感倘[34]不夠，不能反映出她對趙生用真情感時的內在美。……謝素秋在造型上尚有研究的必要，因為嬌嫵有餘，高潔不足，或者在銀幕上從煙霧淡雲中出現於疏落之梨林，用色澤與比較有飄忽性的服裝可能補助她達上最高潔的型格的。……沈永新的性格應有培養，最低限度給觀眾先培養好她的性格，以免突如其來的出賣，她與素秋及王黼的關係從對話中傳出是不清晰的，沈永新的年齡不能像舞台上胡亂的

34　原文作「尚」，相信是「倘」之筆誤或印刷錯誤。

確定，應該是三十二歲以上的徐娘，造型應是長舌的刁棘婦。……舞台上欠缺的是過程，素秋流浪到雍丘，……應有若干流亡圖，使人物受了風霜的欺壓，……給拒絕，可以增加素秋的動憐感。（1957c）

111 關於〔拍攝《蝶影紅梨記》〕採用歌唱片形式還是採用舞台紀錄片形式，我尚未能決定……不用舞台紀錄片形式，即〈闖府〉一場無從表現，我認為這部戲裏〔假若〕忽略了任劍輝的舞台示範演技是可惜的。同時，《紅梨記》白雪仙亦有若干極美麗的身段，〔假若採用歌唱片形式，〕最後扇舞也減色。但假如用舞台紀錄片形式，即〈窺醉〉起〈詠梨〉止，「美」和「靜」會被鑼鼓破壞了。假如半舞台紀錄半歌唱，即風格不能統一。……由〈窺醉〉起〈詠梨〉〔止〕，扇舞拍攝局部彩色，[35] 為保持原劇的美感，這可以說是我的意見，也可以說是我的條件。（1957c）

112 赴澳拍攝梨花外景，梨花高五尺以上，並不如舞台上的不知所謂花……花五瓣白色，間亦有紅，雄蕊甚

---

35 原文作「部局彩色」。

多，雌蕊即五瓣而已，沒有梨花，即此片的風格是不
會高雅的。（1957c）

113　〔《蝶影紅梨記》電影應該〕統一了唱詞的風格，用
　　　調不能超過十種，使人易於記憶，易於上口，在舞台
　　　上的曲詞雖美，不夠深度，銀幕上不宜採用的。因舞
　　　台上換調太多，使人混亂。（1957c）

114　在佈景上也應該預先劃一了風格，不求過於奢侈，利
　　　用焦點式半抽象化的漢畫佈景……應該盡量利用古
　　　樸的道具如薰櫳、各式的簾、銀釭、銀屏、碧紗櫥、
　　　燭鼎等等，因為道具雖小，觀眾在銀幕上的吸收，與
　　　托出人物的活力，收穫是無可估計的。（1957c）

對同業的勉勵

115　我們應該致力創作一些能流傳後世的作品。（勉勵已
　　　故作曲家王粵生，約 1950 年；陳 2007:6）

116　年青朋友不須急於創作，應該先多睇戲、多讀
　　　書。（勉勵已故編劇家葉紹德，1950 年代；陳守仁
　　　2016a:25）

117 當花旦的，一定要有個「憐」字，惹人憐愛的「憐」，
　　沒有觀眾的憐愛是不行的。（勉勵紅伶白雪仙，1950
　　年代；見白雪仙口述、林燕妮筆錄《白雪仙自傳》
　　〔年份、頁碼不詳〕，賴、賴 2007:16）

第七章

結論

唐氏傳記中的謎團

　　從近年發現處於長沙灣天主教墳場唐滌生為女兒唐淑珊立的墓碑，[1] 可見淑珊生於 1934 年 8 月 30 日，卒於 1951 年 4 月 19 日，享年十七歲。這條資料令我們提出以下問題：（一）唐氏在 1937 年 9 月 23 日與薛覺先幼妹薛倩儂（又名覺清）結合前，[2] 是否已有婚配並誕下唐淑珊？（二）若唐氏生於 1917 年 6 月 18 日，則淑珊出生時他年僅十七歲；究竟唐氏是否生於 1917 年？（三）唐哥遺孀鄭孟霞從來沒有提及這個唐氏女兒，箇中原因大概可以理解，但何以從來沒有文獻提及唐哥這個女兒？

　　從太平戲院捐贈給香港電影資料館的大批文物中，發現一張 1933 年唐滌生向太平戲院商借戲服的字條，[3] 上面確有唐滌生的簽名，若日期真確，則可推斷唐滌生早在

1　本書著者謹此向提供資料的潘惠蓮女士和岳清先生致謝。墓碑上字語沉痛，有湯顯祖《牡丹亭還魂記》杜母哀悼愛女早逝的影子（唐滌生 1956g）。

2　結婚啟事剪報見本書頁 34。

3　本書著者謹此向提供資料的香港電影資料館致謝。

唐滌生女兒唐淑珊（1934-1951）的
墓碑（岳清先生提供，謹此致謝。）

1933 年已經在香港從事粵劇工作。

　　把「淑珊墓碑」與「太平字條」結合來看，可以推斷：
（一）唐氏在 1933 年或之前已從廣州或上海移居香港，並
加入了粵劇圈；（二）同年他與配偶結合，開始生平第一
段婚姻關係，翌年誕下他第一個女兒，取名淑珊；（三）
唐氏第一次婚配大約發生在 1933 年底，當時年僅十六
歲，至淑珊出生時，他才十七歲；大概他並非如唐賓南[4]
和唐滌生遺孀鄭孟霞所說出生於 1917 年；（四）1937 年 9
月 23 日唐氏與薛覺清結婚，是他生平第二段婚配；（五）

4　見唐賓南：〈唐滌生先生事略〉（1959）；唐賓南與唐滌生大概是叔侄關係。

在淪陷初期他與覺清離異，另配鄭孟霞，是他生平第三段及最後一段婚配。

根據 1960 及 1970 年代香港著名愛情小說作家依達（原名葉敏爾[5]）的一篇報刊文章，[6] 鄭孟霞曾自述與唐哥共養「一子和四女」；長子寶堯是薛覺清所生，其餘有兩個女兒透過領養得來，另一個本是「棄嬰」，只有一個女兒是出自鄭氏。然而，「霞姨」始終從來沒有向人透露究竟哪個女兒才是親生。三個領養的女兒中，又究竟有沒有出自唐哥與「霞姨」之外的婚姻關係？

從唐哥去世後刊登在報刊的「訃聞」可見，霞姨率領「泣告」的兒女只有四人：兒子寶堯，女兒淑儀、淑珠和淑嫻。究竟訃聞上略去了哪個女兒？因何理由略去？

又據粵劇學者林英傑說，寶堯（1939-　）和淑嫻（1941-　）都是薛覺先的妹妹覺清（即「倩儂」；見本書第一章）所生，則依達轉述鄭孟霞所說的「棄嬰」會否就是指當年倩儂交給唐滌生撫養的淑嫻？

上述的種種疑問，令本書著者推斷當年唐滌生死後，唐滌生的遺孀鄭孟霞為了隱沒唐滌生早年的婚姻和女兒，刻意拒絕如實透露唐滌生的早年生活，而即連認識唐滌生

5　見網上資料。

6　本書著者謹此向提供資料的潘惠蓮女士致謝。

的人如唐賓南，也不願意透露他們所知，以避免引起鄭孟霞的不快。

但願將來會發掘更多資料，令上述謎團得到解答。

多產的完美主義者

唐滌生一生參與了 432 個粵劇新劇的創作，詳見本書附錄三由阮紫瑩根據歷年香港報紙廣告編訂、本書著者校訂的「唐滌生創作及參與粵劇年表」。

本書「唐滌生創作及參與粵劇年表」載錄 1938 至 1959 年唐滌生獨力創作（「傑作」、「劇務」）、獨力改編（「劇務」、「審訂」、「參訂」、「修訂」）既有劇本、與人合作編寫劇本（「參訂」、「合編」、「劇務」、「劇務策劃」）和擔任「撰曲」（或「作詞」）的粵劇劇目，是根據 1999 年余慕雲、阮紫瑩和周荔嬈編訂的〈唐滌生粵劇作品年表〉和載錄於《唐滌生創作傳奇》初版（2016）附錄三的「唐滌生粵劇作品年表」，並根據歷年報紙廣告加以校訂。[7] 不論唐滌生的參與程度，本書把以上四類劇目統稱「唐劇」。

校訂重點之一，是把「1999 年表」和「2016 年表」

7　本書著者蒙阮紫瑩小姐提供剪報，謹此鳴謝。

中根據口述資料而欠缺報紙廣告作為演出實證的劇目完全刪去；其二是把報紙廣告中未有提及「唐滌生」的劇目列為「待考」，並剔除「唐劇」之外，但仍然保留在年表中作為參考。盼望未來發現的資料可以解決存疑。

從 1941 年 7 月 15 日《華僑日報》「高陞戲園」為宣傳「勝利年劇團」刊出的一則廣告可見，當時剛剛冒起的唐滌生與幾位著名的編劇麥嘯霞、馮志芬、雷公（即「張

高陞戲園「勝利年劇團」報紙廣告，
1941 年 7 月 15 日《華僑日報》。

始鳴」)、盧山、陳甘棠等並列在「大量新劇隆重獻演」（即「預告劇目」）的 14 齣戲，而唐滌生將會或已經編寫的劇目有《趙飛燕》、《浪子燕青》、《忍折訟庭花》、《瑤池仙子》、《雙蝶戀茶花》共 5 齣，可見他已備受重視。

廣告刊出五天後，《趙飛燕》在 7 月 20 日假座「高陞」首演，由「勝利年」的台柱新馬師曾、衛少芳、廖俠懷、靚次伯、黃千歲等主演（見「唐滌生創作及參與粵劇年表」）；然而「預告」唐氏的其他 4 齣戲《浪子燕青》、《忍折訟庭花》、《瑤池仙子》和《雙蝶戀茶花》的演出資料則不見於任何報章廣告，相信與當時政局的急轉直下有關。廣告刊出時，香港人仍然可以欣賞「蘇聯出品粉碎納粹閃電進攻戰爭鉅片」的《德蘇大戰》，不足五個月後，香港便處於抵抗日軍進攻的保衛戰中。

故此，由於欠缺《浪子燕青》、《忍折訟庭花》、《瑤池仙子》和《雙蝶戀茶花》4 齣戲的演出資料，本書「唐滌生創作及參與粵劇年表」沒有載錄這四個劇目。

本書「唐滌生創作及參與粵劇年表」也載錄新發現的兩齣唐劇，包括唐滌生為紅伶紫羅蘭編寫的《羽扇行》[8]（1942 年 9 月 4 日首演）及莫志勤編劇、唐滌生參訂，陳錦棠和芳艷芬主演的《馬玉龍三打連環寨》[9]（1951 年 3 月

8　本書著者蒙潘惠蓮女士提供 1942 年 9 月 3 日《香島日報》剪報，特此鳴謝。

9　本書著者蒙岳清先生提供 1951 年 3 月 2 日《華僑日報》剪報，特此鳴謝。

2 日首演）。

由於欠缺唐滌生參與資料，本書「唐滌生創作及參與粵劇年表」把 2016 年表中 4 齣劇目刪去，包括《齊宣王》、[10]《紅線盜盒》、[11]《花木蘭》[12] 和《傾國名花》。[13]

本書「年表」也在欠缺唐滌生參與資料下，從 2016 年表中剔除 11 齣劇目，包括 1942 年的《俏丫頭上卷》、《俏丫頭下卷》、《花開蝶滿枝上卷》和《花開蝶滿枝下卷》；1944 年的《紅孩兒大鬧水竹村》、1946 年的《桃園抱月歸》、1947 年的《生死緣碰碑》、1954 年的《紫氣東來花滿樓》、1955 年的《一盞春燈照玉郎》、1955 年的《李香君》和 1959 年的《義膽忠魂節烈花》。

下面表 2 載錄唐滌生由 1938 至 1959 年整個創作生涯裏歷年產量，當中屬於獨力創作的有 400 齣，與其他劇作家合作的有 28 齣，只擔當策劃而沒有參與編劇或參訂的有 2 齣，負責作詞（或稱「撰曲」、「作曲」，即創作唱段的曲詞而非音樂）的有 2 齣。

10　據岳清先生提供的報紙廣告，當年「齊宣王和鍾無艷」粵劇系列是李少芸的作品。

11　據岳清先生提供的 1951 年 4 月 2 日《工商日報》廣告，此劇由莫志勤編劇，而並無唐滌生的參與。

12　據岳清先生提供的剪報，此劇屬於話劇而且並無唐滌生的參與。

13　據岳清先生指出，此劇即 1955 年的《傾國名花盛世才》。

表 2：唐滌生歷年粵劇創作、參與合作、策劃、作詞產量

年份	作品總數	獨力編劇	合編	策劃	作詞
1938	1	1	0	0	0
1939	2	1	1	0	0
1941	5	3	1	0	1
1942	1	1	0	0	0
1943	44	38	6	0	0
1944	56	52	4	0	0
1945	24	22	2	0	0
1946	18	16	2	0	0
1947	16	16	0	0	0
1948	25	24	1	0	0
1949	26	25	1	0	0
1950	49	47	2	0	0
1951	42	38	4	0	0
1952	23	20	1	2	0
1953	21	19	2	0	0
1954	19	18	0	0	1
1955	24	23	1	0	0
1956	13	13	0	0	0
1957	7	7	0	0	0
1958	13	13	0	0	0
1959	3	3	0	0	0
總數	432	400	28	2	2

報紙廣告預告唐滌生《羽扇行》，1942 年 9 月 3 日《香島日報》。（蒙潘惠蓮女士提供，謹此致謝。）

在創作過程中，唐滌生廣納不同來源和性質的題材，嚴謹地鋪排劇情主線和細節，因應演員的氣質和功力營造劇中人物，匠心獨運地挑選板腔曲式、曲牌和遣詞造句，徹夜不眠地推敲修訂，故稱他為多產的完美主義者，一點不為過。

香港淪陷期間的 1943 和 1944 年是唐滌生產量的第一個高潮，平均約每星期完成一個劇本，相信得力於愛妻鄭孟霞，也歸功他在「覺先聲」當「抄曲」時所學習的不少劇目。這兩年間，相信至少有二十多個劇本的題材取自古老、傳統劇目或 1930 年代的劇目。

其後，由 1945 至 1949 年，他大概每兩星期完成一個戲；從今天的角度來看，速度和效率都是驚人的。

1950 至 1951 年，如前所述，因多位資深編劇家相繼回到廣州發展，「唐劇」一時洛陽紙貴，回復約「每周一劇」的進度。1952 至 1955 年是唐劇「質」的逐步提升，流傳後世的名作有《一枝紅艷露凝香》、《紅了櫻桃碎了心》、《程大嫂》、《胭脂巷口故人來》等，卻仍維持約

每兩星期完成一戲，相信一半是因唐劇已成「信心的保證」，並且難卻班主和紅伶「邀約」的盛情，一半恐怕是為維持一家幾口的生活。[14]

由 1955 至 1959 年，他的劇作數量逐漸下降。1957 年只推出七部戲，當中卻有多部成為後世名劇，包括《花田八喜》、《蝶影紅梨記》、《帝女花》、《紫釵記》。可以說，1957 年是唐滌生創作生涯裏成就最輝煌的一年。

1958 是吳君麗「晚來的」豐收年，[15] 十三個唐劇中，有六個由她開山，且均屬唐滌生力作。這些劇目包括今天仍然經常上演的《雙仙拜月亭》和《白兔會》。

1959 年是唐滌生戰後創作最少的一年，至 9 月中旬只完成了三本戲，相信大概與他健康欠佳有點關連。9 月 15 日「唐哥」辭世，結束了這位多產的完美主義者的傳奇式創作生涯。

據當代名伶阮兆輝指出，唐氏為求提高創作效率，在 1950 年代使用了「團隊式創作」，扮演「劇務策劃」的角色，把一些劇目的「閒場戲」交給助手起草，最後由他定稿。這些助手包括好幾位後來相繼成名的編劇家，如潘一帆、潘焯（1921-2003）、梁山人（1920- 約 1991）、李願

14　如本章前文所說，唐滌生子女數目待考。

15　1958 年吳君麗乘芳艷芬退出劇壇的機遇開展了她延續至 1980 年代的粵劇事業，成就卓著。

聞（1912-1997）等，以至他的妻子鄭孟霞。從現存照片所見，在 1959 年 10 月 16 日唐滌生大殮當日，梁山人是唯一執弟子禮的編劇家。

唐劇新作和新編小曲

1930 年代及之前的粵劇偏重說白，極少唱段，間中會有一句或兩句梆子滾花，而每每只有到劇情高潮時候才有較長篇幅的唱段，也以板腔曲式主導。板腔演唱屬於「依字行腔」，由唱詞聲調衍生旋律，在千變萬化的同時卻有「旋律性」不強、令觀眾難以記憶的弊點，是以減低了粵劇的「可聽性」。

1940 年代末期，唐滌生刻意提升粵劇「可聽性」的努力，見於在作品裏運用大量小曲來配合板腔。他初時使用的小曲，大部分來自既有的傳統曲調、廣東音樂或電影插曲。從 1950 年開始，他也「委約」當時的音樂家特別為新作的「主題曲」創作新小曲。唐滌生與音樂家合作的方式也是新穎的，每每要求音樂家根據他先寫的曲詞創作旋律，令這些旋律既有「依字行腔」的基礎，也突破傳統曲調和廣東音樂慣用旋律的束縛。自 1950 至 1957 年，與唐哥合作無間的是當時著名的演奏家和作曲家王粵生（1919-1989）；1958 至 1959 年，朱毅剛（1922-1981）差不多取代了王粵生的角色。

　　目前在有限資料的情況下，整理了唐滌生自 1949 至 1959 年間創作的部分劇目（及電影版）所使用的既有小曲和新作小曲，載錄於下面表 3。當中，新作小曲共有 50 首，作曲者包括王粵生（25 首）、林兆鎏（1917-1979；8 首）、朱毅剛（7 首）、羅寶生（2 首）和潘一帆（1 首）。此外，有 7 首曲的作者待考，相信當中有至少 3 首是王粵生的作品。

表 3：1949 至 1959 年唐劇使用的既有和新作小曲

年份	劇名	新作小曲及作曲者	新編小曲及編曲者
1949 9 月	《生死緣》		〈流水行雲〉（邵鐵鴻原作）
1950 3 月	《董小宛》	〈瀛台怨〉（作曲者待考）[16]	
1950 6 月	《董小宛》電影版	〈新台怨〉（王粵生）[17]	
1950 6 月	《漢武帝夢會衛夫人》	1.〈靈台怨〉（待考） 2.〈蓬萊仙詠〉（待考）[18]	

16　見李少恩：《唐滌生粵劇選論 —— 芳艷芬首本（1949-1954）》，2017:31；從分析這首小曲的曲詞結構，相信是用了先詞後曲的創作方法，本書著者推斷當年可能是王粵生按唐滌生的詞創作曲調。

17　見林麗芳、蔡碧蓮、阮少卿編：《王粵生作品選 —— 創作小曲集》，2019:A37。

18　見李少恩《唐滌生粵劇選論 —— 芳艷芬首本（1949-1954）》，2017:54-56；兩曲作曲者待考。

（續上表）

年份	劇名	新作小曲及作曲者	新編小曲及編曲者
1950 9月	《隋宮十載菱花夢》	1.〈晚荷曲〉（王粵生）[19] 2.〈破鏡重圓〉（待考）[20]	
1950 10月	《魂化瑤台夜合花》	〈瑤台仙子〉（王粵生）	
1950 10月	《火網梵宮十四年》		〈四季歌〉
1951 5月	《艷陽丹鳳》	〈渺渺仙蹤〉（王粵生）	1.〈蘇武牧羊〉 2.〈和尚思妻〉
1951 6月	《一彎眉月伴寒衾》	〈梨花慘淡經風雨〉[21]（王粵生）	〈天涯歌女〉
1951 6月	《艷曲梵經》		1.〈漁光曲〉 2.〈何日君再來〉
1951 9月	《三十年梵宮琴戀》		1.〈送君〉 2.〈小紅燈〉
1951 10月	《紅菱血》（上集），電影版	〈銀塘吐艷〉[22]（王粵生）	

19　見李少恩《唐滌生粵劇選論 —— 芳艷芬首本（1949-1954）》，2017:73-91；本書著者推斷作曲者是王粵生。

20　見李少恩：《唐滌生粵劇選論 —— 芳艷芬首本（1949-1954）》，2017:72-73。

21　李少恩認為王粵生的〈梨花慘淡經風雨〉是為粵劇《一彎眉月伴寒衾》而作（2017:134）；待考。

22　本書著者推斷〈銀塘吐艷〉是王粵生根據自己早前為《隋宮十載菱花夢》創作的〈晚荷曲〉作第二次創作；兩曲的不同之處見李少恩：《唐滌生粵劇選論 —— 芳艷芬首本（1949-1954）》，2017:78。

（續上表）

年份	劇名	新作小曲及作曲者	新編小曲及編曲者
1951 10 月	《紅菱血》（下集），電影版		〈梨花慘淡經風雨〉（王粵生原作）
1951 12 月	《搖紅燭化佛前燈》	1.〈孽債〉（王粵生） 2.〈紅燭淚〉（王粵生）	
1952 2 月	《一彎眉月伴寒衾》，電影版	〈眉月寒衾〉（王粵生）	
1952 11 月	《一點靈犀化彩虹》	〈巫山雲〉（待考）	1.〈迷離〉[23]（陳文達原作） 2.〈上雲梯〉 3.〈錦城春〉 4.〈想郎〉
1953 3 月	《一年一度燕歸來》	〈罪婦吟〉[24]（待考）	1.〈連環扣〉 2.〈漁歌唱晚〉 3.〈雄雞〉
1954 2 月	《程大嫂》		〈絲絲淚〉[25]（王粵生原作）
1954 9 月	《春燈羽扇恨》	〈驚鴻令〉（王粵生）	

23　此曲特點是使用三拍子。

24　見李少恩《唐滌生粵劇選論 —— 芳艷芬首本（1949-1954）》，2017:202-203。

25　據林麗芳、蔡碧蓮、阮少卿編：《王粵生作品選 —— 創作小曲集》說，小曲〈絲絲淚〉是王粵生於 1951 年為粵劇《龍鳳花燭夜》而創作；待考。

（續上表）

年份	劇名	新作小曲及作曲者	新編小曲及編曲者
1954 9 月	《一代名花花濺淚》	〈蝶怨〉（待考）[26]	1.〈平湖秋月〉 2.〈雨打芭蕉〉 3.〈旱天雷〉 4.〈秋的懷念〉 5.〈禪院鐘聲〉
1954 12 月	《程大嫂》 電影版	1.〈賣身的人〉（王粵生） 2.〈憶亡兒〉（王粵生） 3.〈懷念〉（王粵生）	
1955 12 月	《西廂記》	〈別鶴怨〉（林兆鎏）	
1956 1 月	《琵琶記》	1.〈雪裏哀鴻〉（朱毅剛） 2.〈千里琵琶〉（林兆鎏）	〈四季相思〉（連序唱）
1956 4 月	《西施》	1.〈越女吟〉（王粵生） 2.〈西施怨〉（王粵生）	
1956 4 月	《洛神》	〈凌波令〉（王粵生）	

26　從分析這首小曲的曲詞結構，相信是用先詞後曲的創作方法；作曲者有可能是王粵生。見岳清《新艷陽傳奇》，2008:71-75。

（續上表）

年份	劇名	新作小曲及作曲者	新編小曲及編曲者
1956 6月	《紅樓夢》	1.〈卻扇令〉（王粵生） 2.〈紅樓夢斷〉（林兆鎏） 3.〈撲仙令〉（林兆鎏） 4.〈葬花詞〉（羅寶生） 5.〈焚稿詞〉（林兆鎏） 6.〈歸天〉（羅寶生） 7.〈絳仙詞〉（林兆鎏）	〈絲絲淚〉（王粵生原作；王粵生編曲）
1956 9月	《六月雪》	1.〈六月初三寶誕香〉（王粵生） 2.〈飛霜令〉（王粵生）	
1956 11月	《牡丹亭驚夢》	1.〈遊園曲〉（王粵生） 2.〈楊妃步步嬌〉（王粵生） 3.〈倩女魂〉（林兆鎏） 4.〈人鬼戀〉（林兆鎏）	〈雙星恨〉
1956 12月	《穿金寶扇》		〈京調〉
1957 2月	《花田八喜》	〈花田遊〉（王粵生）	
1957 2月	《蝶影紅梨記》		〈小桃紅〉
1957 6月	《帝女花》	1.〈雪中燕〉（王粵生） 2.〈相思詞〉（王粵生）	1.〈秋江別〉（王粵生編曲） 2.〈妝台秋思〉（王粵生編曲）
1957 8月	《紫釵記》		1.〈寡婦彈情〉 2.〈潯陽夜月〉（王粵生編曲）

（續上表）

年份	劇名	新作小曲及作曲者	新編小曲及編曲者
1958 3月	《九天玄女》		1.「潮曲〈昭君怨〉」（朱毅剛編曲） 2.「海南古譜〈萬花燈〉」（朱毅剛編曲） 3.「古譜〈連環檀〉」（朱毅剛編曲） 4.「古調〈迎仙曲〉」（朱毅剛編曲） 5.「古調〈尼姑下山〉」（朱毅剛編曲） 6.「古調〈長恨歌〉第六段〈山在虛無縹緲間〉」（朱毅剛編曲） 7.「古佛譜〈萬象巍巍〉」（朱毅剛編曲）
1958 3月	《白蛇傳》	1.〈天仙召〉（王粵生） 2.〈寒閨怨〉（潘一帆）	
1958 9月	《西樓錯夢》	1.〈鬼夜哭〉（朱毅剛） 2.〈巫山一段雲〉（朱毅剛）	〈寒鴉戲水〉（朱毅剛編曲）
1959 9月	《再世紅梅記》	1.〈未生怨〉（朱毅剛） 2.〈霓裳羽衣十八拍〉（朱毅剛） 3.〈墓門鬼泣〉（朱毅剛） 4.〈蕉林鬼別〉（朱毅剛）	〈蕉窗夜雨〉（朱毅剛編曲）
		總數：50	

九位繆思

　　雖然目前學者對為數四百多個唐劇的題材、靈感來源尚未有全面的掌握，但據綜合文獻資料和初步分析顯示，這些來源共有九個。巧合地，古希臘神話中也有「九位繆思」（Nine Muses）掌管九種藝術之說；「九位繆思」可以比喻唐氏創作靈感的九個來源。當中，同一劇的靈感可有多個來源。

一、傳統、當代粵劇劇目

　　如前文指出，麥嘯霞於 1940 年出版的《廣東戲劇史略》是了解 1930 年代粵劇面貌的重要文獻。《史略》不只介紹了粵劇在二十世紀初的「當代發展」，還載錄了 73 位當代粵劇劇作家的姓名，以及 815 齣當代粵劇劇目，同樣是珍貴的史料。把這八百多個劇目與現存唐劇目錄對照，發現在 432 個唐劇裏，相信超過 55 個是改編或取材自這批劇目。[27] 詳細參閱下面表 4。

27　見陳守仁編注《早期粵劇史 ——〈廣東戲劇史略〉校注》，香港：中華書局，2021:131-166。

表 4：《廣東戲劇史略》中 1930 年代劇目與
唐滌生劇目對照

《史略》劇目及編號	唐滌生劇目及年份	補充資料
814《方世玉打擂台》	《方世玉打擂台》，1943	
	《方世玉打擂台》二集，1943	
	《方世玉打擂台》三集，1943	
	《方世玉打死雷老虎》，1945	
308《梁天來》	《梁天來》上集，1943	
	《梁天來》大結局，1943	
784《長生殿》	《馬嵬坡》，1943	
512《穆桂英》	《穆桂英》，1943	《穆桂英》由麥嘯霞原著
《十三歲童子封王》[28]	《十三歲封王》，1943	《十三歲童子封王》是「江湖十八本」之一
368《銀燈照玉人》	《花好月圓》（《銀燈照玉人》）上集，1944	
	《花好月圓》下集，1944	
742《呂布窺粧》		
430《鳳儀亭》	《呂布與貂蟬》，1944	
666《貂蟬》		

28　麥嘯霞在《廣東戲劇史略》中提及《十三歲童子封王》及下面《金葉菊》，但並無列於劇目表中。

（續上表）

《史略》劇目及編號	唐滌生劇目及年份	補充資料
265《霸王別姬》	《霸王別虞姬》，1944	
413《花田錯》	《花田錯》，1944	
	《花田錯》下集，1944	
	《花田八喜》，1957	
433《華容道》	《關公守華容》，1944	
536《佳偶兵戎》	《佳偶兵戎》，1944	《佳偶兵戎》由駱錦卿編劇，唐滌生審訂
659《胭脂將》	《胭脂將》，1944	《胭脂將》是「薛覺先秘本」
	《胭脂將》下集，1944	
《金葉菊》	《金葉菊》，1944	編劇待考，唐滌生審訂
300《飛將軍》	《危城飛將》，1944	
272《趙子龍》	《趙子龍》，1944	
225《大俠甘鳳池》	《大俠甘鳳池》上卷，1944	
	《大俠甘鳳池》下卷，1944	
220《傾國桃花》	《傾國傾城》，1944	
	《傾國名花盛世才》，1955	
741《班超》	《班超》，1944	
296《蕩寇》	《蕩寇誌》，1945	
467《蔡文姬》	《蔡文姬》，1945	
275《仕林祭塔》	《仕林祭塔》，1946	

（續上表）

《史略》劇目及編號	唐滌生劇目及年份	補充資料
22《生死緣》	《生死緣碰碑》，1947	《生死緣》由駱錦卿編劇，是千里駒古本
276《癲婆尋仔》	《癲婆尋仔》，1948	
155《嫦娥奔月》	《嫦娥奔月》，1948	陳卓瑩編，唐滌生參訂
344《胭脂虎》	《胭脂虎》，1949	
621《地獄金龜》	《地獄金龜》，1949	
15《琵琶行》	《琵琶行》，1949	
738《文姬歸漢》	《文姬歸漢》，1949	
22《生死緣》	《生死緣》，1949	
517《寶玉怨婚》	《寶玉失通靈》，1949	
160《海盜名流》	《新海盜名流》，1949	
365《粉面十三郎》	《新粉面十三郎》，1949	
296《蕩寇》	《蕩寇三雄》，1950	莫志勤編，唐滌生參訂
259《吳越春秋》	《吳宮鄭旦鬥西施》，1950	
248《萬劫紅蓮》	《血掌紅蓮》，1950	
23《香妃恨》	《蒙古香妃》，1951	
128《花木蘭》	《花木蘭》，1952	
444《玉梨魂》	《漢苑玉梨魂》，1952	
605《千里攜嬋》	《千里攜嬋》，1952	
600《半生脂粉奴》	《願作長安脂粉奴》，1953	

（續上表）

《史略》劇目及編號	唐滌生劇目及年份	補充資料
《李仙刺目》[29]	《李仙傳》，1955	
642《愛妻劍化吳宮去》	《還卿一把吳鈎劍》，1955	
74《攬碎西廂月》	《西廂記》，1955	《攬碎西廂月》由容寶鈿、麥嘯霞合編
78《珍珠塔》	《珍珠塔》，1955	
17《桂枝寫狀》	《桂枝告狀》（《販馬記》），1956	
665《西施》	《西施》，1956	
16《牡丹亭》	《牡丹亭驚夢》，1956	
499《霍小玉》	《紫釵記》，1957	
664《王昭君》	《王昭君》，1958	由業餘票友義演籌款
	總數：59	

二、京劇及其他地方劇種

這類作品有取材自京劇的《水淹泗州城》（1943）、《王伯黨》（1943）、《王伯黨大戰虹霓關》（1943）、《霸王別姬》（1944）、《孫悟空大鬧天宮》（共兩集；1948）、《嫦娥奔月》（1948）、《販馬記》（1956）、《穿金寶扇》（1956）、《花田八喜》（1957），以及以越劇《祥林嫂》為藍本的《程大嫂》（1954），取材自京劇、越劇的《香羅塚》（越劇原

29　麥嘯霞在《廣東戲劇史略》中提及此劇，但並無列於劇目表中。

名《香羅帶》；1956），和據閩劇《荔枝換絳桃》改編的《九天玄女》（1958）等。

三、古典戲曲

唐劇改編自元、明、清雜劇、傳奇、崑劇的，均為唐劇中的傑作。它們有《琵琶記》（1956）、《六月雪》（1956）、《香羅塚》（1956）、《牡丹亭驚夢》（1956）、《蝶影紅梨記》（1957）、《帝女花》（1957）、《紫釵記》（1957）、《雙仙拜月亭》（1958）、《白兔會》（1958）、《香囊記》（1958）、《花月東牆記》（1958）、《西樓錯夢》（1958）、《百花亭贈劍》（1958）、《血羅衫》（1959）和《再世紅梅記》（1959）。

據已故編劇家葉紹德說，唐滌生從古典戲曲中找尋材料，是始於他參訂簡又文的《萬世流芳張玉喬》（1954），從中得到啟發（葉 1993:89）；然而內地學者何建青、賴伯疆、賴宇翔則認為唐氏之發掘古典戲曲的寶藏，是受了內地自 1950 年展開的「戲曲改革」的影響（何 1993:268；賴、賴 2007:88-90）。

四、說唱、曲藝

這類唐劇有取材自木魚書、南音的《梁天來》（1943）、《金葉菊》（1944）、《新客途秋恨》（1949），取材自粵曲的《斷腸碑》（1949），和取材自彈詞的《雙珠鳳》（1957）等。

五、民間故事

《南俠展昭》（1943）、《火燒紅蓮寺》（1943）、《方世玉打擂台》（共三集；1943）、《黃飛鴻正傳》（共三集；1944）、《胡惠乾打機房》（1944）、《方世玉打死雷老虎》（1945）等劇相信是受流行於省、港、澳民間英雄故事的啟發。

六、小說

唐劇中取材自 1930 年代張恨水長篇通俗章回小說的有《落霞孤鶩》（1943）、《似水流年》（1944）和《啼笑姻緣》[30]（共三集；1944）。《程人嫂》（1954）是取材自魯迅（1881-1936）短篇小說〈祥林嫂〉，而以越劇《祥林嫂》為藍本；《七俠五義》（一、二本；1948）取材自電台播音小說；《金瓶梅》（1949）改編自古典小說；《梟巢孤鶩》（1950）據說是由日本小說《黑炭與明珠》改編而成，敘述一個良家少女如何受社會環境壓迫而淪為娼妓及她其後坎坷的一生（賴、賴 2007:71）。

此外，《壯士魂銷帳下歌》（1954）也是改編自《金瓶梅》；[31]《董小宛》（1950）、《西施》（1956）、《洛神》（1956）

30　張恨水小說原名《啼笑因緣》，唐氏把「因緣」改為「姻緣」。

31　見余慕雲、阮紫瑩、周荔嬈：〈唐滌生粵劇作品年表〉（1999b:41-45）；詳情待考。

均可能是取材於港、台作家南宮搏（1924-1983）的同名通俗小說；《麗春花》（1947）是改編自香港作家傑克（原名黃鍾傑，又名黃天石；1898-1983）的小說。[32]

七、中外戲劇

《雷雨》（1944）據說是改編自被譽為「中國的莎士比亞」的曹禺 1933 年的同名話劇（余、阮、周 1999b:39）；《紅了櫻桃碎了心》（1953）取材自英國劇作家蕭伯納（George Bernard Shaw, 1856-1950）的 *Pygmalion*（1913 年首演）及由它改編而成的同名西片（1938）裏的一些橋段（陳守仁 2015:1）。

八、中外電影

唐滌生一生熱愛看電影，並每每從中找尋靈感。據說《蝴蝶夫人》（1943）、《生死鴛鴦》（1943）、《粉城騷俠》（1950）、《情花浴血向斜陽》（1951）、《富士山之戀》（1953）、《賴婚》（1953）、《花都綺夢》（1955）等唐劇均改編自西片，但進一步資料待考。

32　見余慕雲、阮紫瑩、周荔嬈：〈唐滌生粵劇作品年表〉（1999b:41）；詳情待考。

　　取材自國產電影的唐劇有《梁山伯與祝英台》（1944、1947）和後來與潘一帆合編的《梁祝恨史》（1955）、《唐伯虎點秋香》（1944、1956）和《閻瑞生》（1947；詳見本書第三章）等。

　　改編自港產電影的唐劇有《生死鴛鴦》（1943）、《花好月圓》和《花好月圓下集》（1944）、《傾國傾城》（1944）、《癲婆尋仔》（1948）、《南宋鴛花台》（1949）和《胭脂虎》（1949），還有《新客途秋恨》（1949），相信取材於黎北海編劇及導演、麥嘯霞參與演出的電影《客途秋恨》（1932）。

九、翻炒自己舊作

　　根據初步的分析，下面表 5 整理了 16 個「翻炒劇」的資料。可見除少數例外，絕大部分「翻炒劇」的劇名比舊作的較長和更富吸引力。

表 5：16 個「翻炒劇」

年份	劇名	唐劇舊作
1944	《紅孩兒大鬧水竹村》	《紅孩兒》（1943）
1944	《雙錘虎將》	《雙錘記》（1943）
1944	《關公守華容》	《漢壽亭侯》（1944）
1945	《方世玉打死雷老虎》	《方世玉打擂台》（共三集；1943）
1946	《仕林祭塔》	《白蛇傳》（1945）

（續上表）

年份	劇名	唐劇舊作
1947	《兩個煙精掃長堤》	《煙精掃長堤》（1945）
1947	《梁山伯與祝英台》	《梁山伯與祝英台》（共兩集；1944）
1948	《孟姜女哭崩長城》	《孟姜女》（1945）
1949	《文姬歸漢》	《蔡文姬》（1945）
1949	《生死緣》	《生死緣碰碑》（1947）
1951	《唐伯虎點秋香》	《唐伯虎點秋香》（1944）
1954	《一代名花花濺淚》	《一代名花》（1945）
1955	《梁祝恨史》	《梁山伯與祝英台》（1944、1947）
1956	《唐伯虎點秋香》	《唐伯虎點秋香》（1944、1951）
1957	《花田八喜》	《花田錯》（共兩集；1944）
1958	《白蛇傳》	《白蛇傳》（1945）、《仕林祭塔》（1946）

唐劇電影和唱片

　　本書附錄二「唐滌生參與及唐劇改編電影年表」載錄102 部電影，當中 84 部電影由唐劇改編，佔超過百分之八十；18 部電影與唐劇無關，但由唐滌生參與電影的創作或製作工作。

　　84 部「唐劇片」涉及 70 齣唐劇，當中「一劇拍一片」的有 57 齣；「一劇兩拍」的有 12 齣，「一劇三拍」的有 1 齣，拍出合共 27 部電影。下面表 6 列出「一劇兩拍」及「一劇三拍」的共 13 齣唐劇，都是當年極受粵劇觀眾歡迎

的劇目；除了《紅菱血》（1950）被拍成 3 部電影外，其餘各劇均屬「一劇兩拍」。

表 6：「一劇三拍」及「一劇兩拍」的唐劇

劇名	電影公映年份
《紅菱血》（1950）	1951（上集）、1951（下集）、1964
《一彎眉月伴寒衾》（1951）	1952、1964
《火網梵宮十四年》（1950）	1953、1958
《一年一度燕歸來》（1953）	1953、1958
《香銷十二美人樓》（1953）	1954、1958
《漢武帝夢會衛夫人》（1950）	1954、1959
《一枝紅艷露凝香》（1952）	1955、1959
《春燈羽扇恨》（1954）	1956、1959
《販馬記》（1956）	1956、1959
《唐伯虎點秋香》（1956）	1957、1959
《一樓風雪夜歸人》（1952）	1957、1962
《帝女花》（1957）	1959、1976
《紫釵記》（1957）	1959、1977

　　18 部與唐劇無關的電影中，唐滌生參與了 17 部的創作，包括編劇、撰曲及作詞；他亦參與了 6 部的製作，包括出任監製（1 部）、導演（3 部）或主要演員（3 部）。當中，唐滌生往往扮演多重角色，足見他的多才多藝。

表 7：唐劇片外唐滌生參與創作或製作的 18 部電影

片名	參與創作	參與製作
1.《大地晨鐘》（1940）	編劇	主演
2.《大地回春》（1940）	撰曲	
3.《春閨三鳳》（1941）	編劇	
4.《花花世界》（1942）	作詞	
5.《香草美人》（1947）	作詞	
9.《四代同堂》（1948）	撰曲	
10.《妙想天開》（1948）	聯合編劇	監製
12.《齊宣王與鍾無艷》上集（1949）	編劇	導演
13.《齊宣王與鍾無艷》下集（1949）	編劇	導演
47.《抬轎佬養新娘》（1955）	編劇	導演、主演
50.《假鳳虛鸞》（1956）		主演
53.《王老虎搶親》（1957）	編劇、撰曲	
54.《畫裏天仙》（1957）	編劇、撰曲	
63.《三審狀元妻》（1958）	撰曲	
73.《可憐女》（1959）	撰曲	
85.《芙蓉傳》（1959）	撰曲	
93.《妻嬌郎更嬌》（1960）	編劇、撰曲	
94.《芸娘》（1960）	撰曲	
總數	17 部	6 部

　　把「唐劇片」也計算在內，唐滌生共參與了 14 部電影的製作，分別擔任監製（1 部）、導演（10 部）和演員（4 部）。

　　唐滌生在 102 部「唐片」中擔任導演的 10 部，分別是《打破玉籠飛彩鳳》（1948）、《齊宣王與鍾無艷》（上集；1949）、《齊宣王與鍾無艷》（下集；1949）、《董小宛》（1950）、《紅菱血》（上集；1951）、《紅菱血》（下集；1951）、《漢武帝夢會衛夫人》（1954）、《蠻女催妝嫁玉郎》（1954）、《花都綺夢》（1955）和《抬轎佬養新娘》（1955）。

　　唐滌生一生編寫了 28 部電影劇本，其中根據自己劇作改編的有 19 個，其餘 9 部與唐劇無關。

　　其他對後世有較大影響的唐劇電影尚有《洛神》（1957）、《蝶影紅梨記》（1959）、《枇杷巷口故人來》（1959）、《六月雪》（1959）、《雙仙拜月亭》（1958）、《梁祝恨史》（1958）、《艷陽丹鳳》（1958）和《再世紅梅記》（1968）等。

　　1957 年 2 月，唐滌生在寫給名導演李鐵的〈作者對於拍攝《蝶影紅梨記》之初步意見書〉裏，指出了處理戲曲電影的唱段有別於舞台版本：「〔必須〕統一了唱詞的風格，用調不能超過十種，使人易於記憶，易於上口，在舞台上的曲詞雖美，不夠深度，銀幕上不宜採用的。因舞台上換調太多，使人混亂。」唐哥的觀點，反映他深深體會到觀眾對粵劇的舞台版和電影版往往有不同的要求。

　　李鐵在 1987 年接受電影研究員李焯桃訪問時也表達了同一觀點，並憶述說：「〔戲曲電影必須〕增加畫面的動作……而非只要演員站在那裏等……盡量改用小曲，

唱詞方面力求一點就到題，省去虛字……在這方面，唐滌生的詞就非常實用，因為不單得個唱字，而是字字句句皆有內容。這跟他多用小曲有關，再加上採用一些少用的曲……。」

曾與唐哥共事多年的李鐵並稱讚唐哥，說：「唐滌生經常減曲詞，很少讓一個人站在那裏唱到死，而是一定有動作、做手、身段等配合……唐滌生有一個好處就是他不只懂得寫詞，他更懂得戲劇；不只懂舞台的分幕，更懂電影的分場！由他編劇對導演很有幫助。」（李、李1987:69）

李鐵並指出唐滌生了解到電影具有推動粵劇的無限潛力：「〔他明白〕當時粵劇雖然流行，但有些普羅大眾〔因票價太高〕可能一生未曾看過大戲，如把粵劇好好的拍成電影，將可替粵劇吸引更多觀眾，因為一部電影的觀眾會有三十萬。」（李、李 1987:69）

唐劇灌錄唱片無數，當中《帝女花》（1960）、《再世紅梅記》（1962）和《紫釵記》（1966）藉「仙鳳鳴」原班紅伶演唱、葉紹德聯同陳襄陵（生卒年待考）和高福永（生卒年待考）改編和優化、娛樂唱片公司傾盡資源製作的主題曲節錄和全劇套裝而膾炙人口，三劇並成為粵劇史上名劇中的名劇。

唐劇彰顯的新價值觀

在 1950 年代的香港，經歷了英國殖民統治超過一百年，男女平等、自由戀愛、一夫一妻、取人以才、不論出身家勢、從一而終、至死不渝、法治、公義已成為民間普遍認同的道德價值。

事實上，早在 1930 年代，這些來自西方的新價值觀已經普遍見於當時新編的粵劇劇本，例如駱錦卿編、馬師曾主演的《苦鳳鶯憐》（1924）歌頌風塵女子的勇敢、明辨是非和俠義精神；南海十三郎編、薛覺先主演的《心聲淚影》（1930）宣揚自由戀愛和愛國；容寶鈿和麥嘯霞合編、薛覺先和唐雪卿主演的《念奴嬌》（1937）鼓勵女性主動追求愛慕的對象。至 1951 年，陳冠卿編、何非凡主演的《碧海狂僧》更唾罵童養媳制度的禍害。[33]

縱觀唐滌生劇作彰顯的這些新價值觀，《紫釵記》不愧作為典範。唐滌生既把湯顯祖筆下的閨女小玉還原為蔣防筆下的歌妓，卻以當時香港人尊重、恪守的自由戀愛、一夫一妻制、職業無分貴賤等價值觀，凌駕唐代「良賤不婚」的律令，以突顯小玉與強權和命運的對抗及李益的至情至聖，雖然或許偏離史實，卻贏得了幾代身處香港和飄

33　見陳守仁編著《香港粵劇劇目初探 1750-2022 —— 創意與局限》，香港：商務印書館，2024:107-157。

泊世界各地的香港人歷久不衰的掌聲。李益〈劍合釵圓〉裏一句「大丈夫處世做人，應知愛妻須盡忠」，贏盡了無數香港婦女的歡心。

| 任劍輝、白雪仙在《紫釵記》電影（1959 年）特刊封面的造型

這些新價值觀已成為唐劇不可或缺的題材，最鮮明的是爭取「自由戀愛」以反對封建傳統的指腹為婚、盲婚啞嫁、父母之命、媒妁之言、買賣婚姻，既見於《帝女花》

公主設鳳台選駙馬、《蝶影紅梨記》謝素秋與趙汝州為情不惜捨命，也見於《再世紅梅記》、《花田八喜》、《唐伯虎點秋香》、《西樓錯夢》、《九天玄女》、《雙仙拜月亭》、《白兔會》、《百花亭贈劍》、《艷陽長照牡丹紅》、《艷陽丹鳳》和無數其他唐劇。

比自由戀愛更大膽、更進取的是珠胎暗結、未婚產子，這並非麥炳榮和鳳凰女《鳳閣恩仇未了情》（1962）和《榮歸衣錦鳳求凰》（1964）的專利，而早見於唐劇《落霞孤鶩》（1930）、《生死緣》（1949）、《火網梵宮十四年》（1950）、《三十年梵宮琴戀》（1951）、《一彎眉月伴寒衾》（1951）和《程大嫂》（1954），或許反映了新時代香港人較開放的男女愛情和婚姻觀念。[34]《程大嫂》的女主角在結局選擇不靠男人、自我放逐，也象徵 1950 年代香港新女性的追求自主。

第十位繆思

如前文提及，1958 年 12 月 20 日香港《工商日報》用「唐滌生欠稅被拘即晚已獲保釋昨日審訊法官判決欠額在保款內扣除」標題，報道唐滌生因兩年前被控告欠繳個人

34　唐滌生批評過去封建社會過於保守的貞節觀念見於他的〈編寫《牡丹亭驚夢》的動機與主題〉（1956g）。

所得稅和營業溢利稅共六千餘元，警察在 12 月 18 日晚一度把他拘留於旺角警署。這個報道反映即使是炙手可熱、叱吒粵劇圈的一代名編劇家，也未必能逃避經濟困難。

據余慕雲、賴伯疆、賴宇翔推斷，唐滌生於 1956 年初加入「麗的呼聲」電台，是為了解決因當時粵劇不景氣帶來的經濟壓力（余 1999:11），以及維持一家幾口合理的生活水平（賴、賴 2007:97）。同年，唐滌生與普慶戲院司理何澤蒼（1905-1971）合資創辦於 1950 年、共製作了六部戲的澤生影業公司也宣告結業（賴、賴 2007:157），不知是否與虧蝕有關。[35]

已故「武生王」靚次伯曾對筆者憶述，名伶新馬師曾在 1950 年代某場合抱怨「唐哥」寫的一句「口古」冗長、咬文嚼字和難以背誦，憤而當着「唐哥」面前把一頁劇本撕下來和丟到地上，自此「唐哥」便沒有再為新馬師曾開戲。又據已故編劇家葉紹德憶述，過去不少編劇參與演員「講戲」時，曾被一些大老倌指罵，個別編劇甚至被人掌摑，以致「唐哥」一向拒絕出席「講戲」。可見，傳統以來在大老倌和班主主導的戲班裏，編劇家的地位亦未有提升。

35　據香港史學者鄭寶鴻的《百年香港華人娛樂》，唐氏又曾在 1947 年於北角經營麗池遊樂場（2013:133）。此外，不少粵劇圈中人士亦曾聽聞一些關於當時唐氏一擲千金、不時向娛樂唱片公司要求預支薪酬等傳言。

　　究竟一代名編劇家如唐滌生在 1950 年代為戲班開戲時收取多少酬金，過去一直在缺乏資料下無法解答。[36] 1954 年 6 月 29 日的《商報》有一則標題為「唐滌生編花都綺夢準備迎擊新馬由波嫂帶往越南演出」的報道，當中提到「越南班商蔡炳臣前午在『十一咪』〔唐氏別館〕，與唐滌生密斟，着唐速將三部新戲編妥，帶往越南應用，聞每部代價為一千五百元，三部戲共成四千五百元，經已預先過款了」。相信這個數字並非誇張；事實上，何建青在《紅船舊話》中提及早在 1945 年，名伶馬師曾便曾付一千元給「唐哥」作為他開戲的訂金（何 1993:160）。

　　無疑，在二十一世紀的香港粵劇舞台上最受歡迎的仍是「唐劇」。不同時代帶來不同挑戰，後之視今，猶今之視昔。[37] 活在「唐哥」鋒芒下，當代開戲師爺要尋找突破、寫出一些帶給觀眾驚喜和令他們樂意一看再看的戲，自然需要多用些心思。

　　但粵劇的改革、劇本的改良、新題材的開發、劇情的曲折與合理性並重、唱腔和拍和音樂的優化、演員教育水平、觀眾欣賞水平和文明行為的提升，以至「完美主義」

36　酬金金額保密和唐氏慣用筆名或託他人姓名編劇，相信與稅務不無關係。

37　這出自王羲之（303-361）〈蘭亭序〉的句子是麥嘯霞的箴言，見《廣東戲劇史略》，頁 45。《梨園生輝：任劍輝、唐滌生 —— 記憶與珍藏》，頁 119 載唐氏摹〈蘭亭序〉手跡亦見此句；當中，「由」是「猶」的筆誤。

本身都是永無止境的工作，新一代的編劇應該仍然享有遼闊的創作空間。

上文提及的「九位繆思」固然重要，對唐氏創作有更深啟發的第十位繆思，也許正是他既曾經歷戰亂、生離、死別以至喪女的傷痛和洗禮，而又在戰後的香港享受到高度的創作自由。

唐劇的空前成就是史無前例的，當中對粵劇史最大的貢獻之一，是在創作的同時藉思考、論述、研究把粵劇從娛樂蛻變成藝術。

其二是打造了香港粵劇以緊醒、曲折和合乎情理的劇情，輔以悅耳、露字的唱段及雅俗共賞的曲文作為基本風格。

其三是促成了一批具有香港特色的小曲的創作和普及。

其四是促成了粵劇與電影並行發展，互相借鑒，並肩進步。

其五是造就了任劍輝創立她的「任派」女文武生表演藝術，一直風靡無數觀眾，並一直被包括陳寶珠、龍劍笙、朱劍丹、蓋鳴暉、衛駿輝、劉惠鳴、張慕玲、關凱珊[38]等資深和新秀演員所承襲。

---

38 這些現役女演員的出生年份從略。

　　其六是塑造了任、白的「癡情戲」和芳艷芬的「婦人忍辱負重戲」，並使之成為香港粵劇獨有的鮮明主題。

　　其七是給何非凡的「凡腔」和芳艷芬的「芳腔」更大的發展和傳播空間。[39]

　　謹以此書向唐滌生及香港粵劇致敬。

39　在眾多擅演唐劇的紅伶中，本書著者特別懷念梁漢威（1944-2011）的深情演繹和傾情唱腔，尤以《雙仙拜月亭》、《胭脂巷口故人來》和《白兔會》感人至深。

附錄一：唐滌生文稿三十二篇 [1]

① 〈介紹海上 [2] 名編劇家劉豁公為程艷秋編撰《文姬歸漢》
之主題曲詞〉（1949）

見墳台，哭一聲，明妃細聽，我文姬，來奠酒，訴說衷情。
你本是，誤丹青，畢生飲恨，我也曾，被娥眉，苦累此生。
你輸我，及生前，得歸鄉井，我輸你，保骨肉，幸免飄零。
問蒼天，你使我，兩人同命，聽琵琶，馬上曲，悲切笳聲。
看狼山，聞隴水，夢魂猶警，可憐你，留青塚，對向黃昏。
這叫做，惺惺惺，相憐同病，他在那，九泉時，應解傷心。
我只得，含悲淚，兼程前進，還望你，向天南，月夜魂歸。

由以上一段曲詞看來，即蔡文姬之身世飄零與所遭遇
之悲痛不減明妃。（按：「明妃」即王昭君也。）但以昭君
之故事於南北舞台數見不鮮。自薛覺先當年反串昭君一角
飲譽後，《王昭君》即成為南中名劇。無他，昭君之血淚
史固有其戲劇史上之真實價值也。

而看〈文姬泣昭君〉一段曲中，可知文姬之悲懷，固
不減昭君，而其才調庶或過之。昭君出塞時有馬上琵琶，

1　文稿中部分標點符號經本書著者校訂；〔　〕內的文字是筆者所加，以補
　　充欠完整的詞句或意思。

2　「海上」，應指「上海」。

而文姬何嘗無瑤琴萬里怨？而劇壇不見有文姬之演出者，大概以文姬之史實太少，在《三國志》一百二十回合中僅一小段。而文姬之性格，比昭君更為難演。蓋昭君嫁漢皇前並未載有心上情人，而文姬在晉宮前已有情郎董祀，而昭君投崖後即死別吞聲，文姬歸漢時仍含血淚。

編者以文姬故事，一者新鮮刺激，二者不常公演，更以坤伶祭酒芳艷芬小姐南征，[3] 故謹以此劇為貢獻。其實，借古美人之軀殼靈魂，而表演今美人之歌喉、演藝耳，幸觀眾注意及之。

② 〈我把《董小宛》搬上銀幕〉（1950a）

《董小宛》的一萬〇八尺菲林，將來在銀幕上放映後每一寸、每一格都已代表了我想講的說話，我不願再執筆寫甚麼開場文章，因為我不擅寫，我只蠻幹！

我致謝監製者給我這一群演技精練的演員，我感激「大觀公司」給予超乎理想的技術，我不敢期望過奢，我只求無負一切、一切對我的期望。

3　指當年芳艷芬從廣州到香港演出。

③　唐滌生在《華僑日報》廣告介紹《隋宮十載菱花夢》
　　（1950b）

　　本劇之史材根據陳後主妹樂昌公主，[4] 嫁徐德言，陳政
方亂，德言謂婦，國亡卿必入豪家，乃破一鏡，各執一
半，約他年以正月望日，賣於都市。及隋代陳，[5] 公主歸楊
越，德言如期訪之，有蒼頭賣鏡於市，德言半鏡合之，題
詩付蒼頭，公主得詩悲泣，楊越遂召見德言，公主作詩，
曰：「近日何遷次，新歡對舊歡。笑啼俱不敢，方信作人
難。」楊越仗義，使〔公主〕隨德〔言〕歸江南，公主以
鏡破雖合，仍有裂痕，貞毀雖重聚，而仍有瑕疵，竟自藥
而死，誠千古之傷心人也。

　　　　　　　　　　　　　　　　　　　　　　滌生謹識

④　〈悼非煙（代題詞）〉（1951a）

　　半滅殘燈伴曉霜，獨眠人睡合歡床。

　　信是凡心迷玉女，小樓無處不滄桑。

　　憶昔當年雙燕棲，悔把新詞作唱酬。

4　原文作「宮主」，今校正。

5　原文「及隋代清」；見李少恩：《唐滌生粵劇選論：芳艷芬首本（1949-
　　1954）》，2017:68。

畫簷春燕今仍在，恨無餘地可埋愁。

信嬌不敢近妝台，淚臉難將粉絮開。

蝶去似憐幽夢斷，一點春心百恨來。

一朝花落水流紅，慘矣郎歸萬象空。

倘有未完冤孽債，莫向郎追畫向濃。

梅花香裏願長暝，常言死別已吞聲。

無常縱有勾魂手，一手難勾半夜情。

我對凡、紅合作感覺興趣

我因為經年累月的從事編撰工作，迫不得已和觀眾們睽別了一個月，因為：個人的精力有限，如果不休息的話，作品便會漸趨向於「循循相因」而令觀眾們失望。

「大中華」這個班牌在港地是初次發現的，但「大中華」的台柱們都是觀眾們最偶像的人物，如何非凡、紅線女、梁醒波、石燕子、鄭碧影、英麗梨、王辰南、白龍珠，都是藝壇上的著名將士，這一次渠們同心協力的組合在一齊，更進一步替粵劇發揚其藝術，這組織是有相當抱負的，我和這班牌雖然是第一次合作，但我和各台柱都是舊交，我相信在「大中華」工作下的人員都有了默契，將來的表現，一定對藝壇有一點嶄新的貢獻。

何非凡和紅線女初度合作，固然每個人都認為是藝壇空前最高度的新刺激，但少數的人們都有着一點懷疑性，認為何非凡的作風是瀟灑裏而帶點哀感，如《情僧偷到瀟

湘館》、《白楊塚下一凡僧》、《夜弔》、《泣萍姬》，[6] 都是一種有血有淚的詩篇，由他的歌音容範蘊發出最高度的靈性，而紅線女的作風是惹火中帶點挑撥性的，她好比藝壇裏一隻喜鵲，如《我為卿狂》、《風流貴婦》、《血海蜂》和馬師曾先生多量名劇裏，她都是以最雀躍的姿態去刻劃出劇中人的個性，使能栩栩如生，這樣，豈不是二人的作風不同，觀眾們也許會懷疑表演的效果？

作者憑着這許多年的寫作經驗答觀眾一個肯定的答案，便是：以凡、紅二人合作，他日表演的效果一定是良好的，也可以說會使藝壇在他們合作之後更生色、更有新的發現。

演技是這樣的，好演員都能體味劇中人的性格而把握，得真實演出，其實無所謂作風，無所謂派別，以凡、紅兩位在藝壇居最高地位的紅伶，他們甚麼戲都能演，顯淺地說，何非凡不一定演哀感戲，而紅線女不一定演輕鬆戲，何嘗《黑獄斷腸歌》，何非凡演輕鬆戲不成功，而《紅白牡丹花》何嘗不是紅線女演哀感戲而使這劇本得成名劇！

我對兩位的合作發生興趣，因為編劇〔把〕作風不同〔的演員〕而合在一氣會令我有更好的題材，寫劇本就是有幾個性格不同的人物在一氣才能有矛盾、有劇力，例如

6　《夜弔》應是指《夜弔白芙蓉》，而《泣萍姬》則應是指《風雨泣萍姬》。

芳艷芬是柔的、陳錦棠是剛的，所以他們每一場對手戲都能掀震觀眾們的心靈，這一次，以一個哀感和一個輕鬆的人物在一同演出，你試想：演出是如何的生動！藝壇到今日應該有這樣的一個組合，[7]正如人生總會有個時期會有悲哀的感覺，但應該要用輕鬆去調劑；戲劇也是一樣，笑聲當中有淚影，淚影當中有笑聲！我對於凡、紅合作是興奮的，相信觀眾們也有同樣的感覺吧！

在這裏，我順便介紹觀眾一位並不十分陌生的女藝員，便是鄭碧影，也許香港觀眾對於這位小姐還沒有十分認識，但省澳的觀眾已經有不少給她瘋魔了，她是當年「新聲劇團」的「鑽石膽」（因為「新聲」的宣傳，是「鑽石班霸」），也可以說是「新聲」的「還魂大使」，她年紀還是青青的，但她的演技純熟得有點驚人，最特長是她能毫不費力的把握觀眾的情緒，很易使你笑，也很易使你哭；因為她天真，她的一顰一笑，都是真實的靈性，沒有造作、沒有矯揉，我不是替她吹捧，我本來就不輕易推許任何一個人。

第一部戲是《玉女凡心》，[8]這是一部描劃人性愛情文

7　原文作「組織」。

8　特刊把《玉女凡心》宣傳為「唐滌生君第一部歷史文藝巨構」和「寫步非煙與趙綠郎一生情愛史」；此劇於 1951 年 4 月 30 日由何非凡、紅線女領導的「大中華劇團」於普慶戲院首演。

藝悲喜劇，我相信觀眾們看完這一部劇後，除對凡、紅合作刺激感到興奮外，對於這部《玉女凡心》的內容和主題都一定有所收穫的。

⑤ 〈關於妹芳合作之『大羅天』〉（1951b）

相信每一位戲迷都公認「妹姐」是粵劇的藝術旦后，聲藝俱佳，且自能創「妹腔」，任何人都愛聽愛唱，無異默認她為粵劇的「坤伶祭酒」。她不只是藝壇彗星，也是戲迷們的偶像。

今日之芳艷芬，已成為藝壇之典章人物，她的聲藝確是一日千里，不只是梨園中的紅角兒，不只擁有龐大觀眾，更是一個忠於藝術的工作者，給予每一位戲迷良好深刻的印象，並不是僥倖的！

有人希望「藝術旦后」和「美艷親王」能夠合作演出，以兩位劃時代的紅伶，共冶一爐，本來是一件很困難的事實了，更得藝壇新帝何非凡、名丑梁醒波、丑生「四大天王」之半日安加盟，組成一支雄視藝壇之勁旅，以妹芳合作之精神，必多貢獻，非主事者純為生意經設想，實為了整個〔香〕港、九〔龍〕百餘萬觀眾的誠摯要求！

這個喜訊傳出後，瘋魔了龐大的戲迷，正期待「大羅天」的誕生！惜乎妹姐為藝術積勞成疾，現在雖告痊癒，但今年的熱浪襲擊，至今未退，對於妹姐身體，上演實未適宜。因此，行內人士為保留這顆彗星恆久的光輝，和醫

囑休養，妹姐或不能如期上演了，但她與芳合作的精神依然存在，筆者為其精神感召，決任劇務巨艱，更加倍努力，與一群盡忠藝術的工作者合作，期待着妹、芳終有一日聯袂演出！

筆者經整月搜羅，得汪延訥之《廣陵月》故事，以其哀艷悲惻、扣人心弦，寫唐代女歌聖張紅紅之遭遇、藝海浮沉，編成《梵歌琴戀》[9]一劇。查紅紅獲知於驍騎將軍韋青、樂聖李龜年，上聞於玄宗，賜名永新，授宜春院執教，名重一時，及其退也，一葉扁舟，重泊廣陵，歌音慘咽，如泣如訴，水雲深處是儂家，出沒煙波深處，聰明天妒，古今皆然，良可慨也！筆者以一桿秀筆，寫成一段最淒惋、最感人之大悲劇，貢獻於親愛觀眾之前，能無同感耶！

⑥ **唐滌生在《華僑日報》廣告介紹《艷陽丹鳳》（1951c）**

描寫漢武帝與拳夫人戀愛事跡，反映漢宮內冷酷和殘忍。這一部《艷陽丹鳳》，你可以當作《漢武帝夢會衛夫人》的續集看，令人回味；這一部《艷陽丹鳳》，你可以當作《孤臣血浴孤星淚》[10]的前身看，令人生趣。

9　其後改名《三十年梵宮琴戀》，於 1951 年 9 月 17 日由何非凡、芳艷芬、麥炳榮和鳳凰女等領導的「大羅天劇團」於高陞戲園首演。

10　由唐滌生編劇，由芳艷芬、黃千歲等於 1951 年 3 月首演。

　　這部戲劇的幾場戲曲都是由紅伶的巔峰演技逼成最現實的氣氛。

　　一坏黃土碣雲陽，素捷翻飛灰紙揚。
　　但識茂陵拳女塚，誰憐帝苑慣埋香。
　　勾弋宮封堯母門，可知帝主今時歡。
　　聖寵易如春風渺，刀斧[11]加身恨萬般。
　　尊榮誰似衛夫人，慘澹收場慟古今。
　　鄂邑幸是夫人女，才憐薄命是釵裙。
　　艷陽山下草青青，底事山前馬暗鳴。[12]
　　相逢那知為骨肉，反將嫩柳掃殘英。
　　晨曦夙立霧山中，漢國霞煙正迷濛。
　　艷陽一見煙雲散，母子才得見重逢。[13]

⑦　〈寫在《漢宮蝴蝶夢》公演前〉（1952a）

　　我曾休息了一個短時期，因為我不能不休息，一連續做了廿九屆[14]粵劇團的劇務，使我真有點食不消，我的記

11　原文作「刁斧」。

12　原文作「暗明」。

13　標點由本書著者加入和校訂。

14　「廿九屆」不等於廿九年；1950年代有規模的戲班經常在一年內演出超過一屆。

憶已減到使我無從記憶起我編了若干部戲，雖然編劇屬於遊戲文章，但只能遊戲，不能「兒戲」去瞞騙觀眾，所以我不能不放下筆兒，睽別觀眾。在休息時期，我沒有半刻遺忘觀眾的愛戴和我在新粵劇所負的責任。

四十天霎眼便過渡了，我的頭腦算是清醒了一點，「喜臨門」乘時崛起，為了各位台柱都是我的老拍檔，我不能不再盡其所能，再膺劇務之職。在廿九屆的經驗告訴我，做一個劇團的劇務，等如是一隻藝船的把舵人，替劇團賺幾個錢、博取一兩面慶功金牌並不是難事，只要一點功夫和夾上了天時、地利、人和便可以。可是做劇務能保持劇團各台柱的藝術水準，使不致變質或退步，便是一種挺難的責任，因為一部上好橋段的戲容易構思，吻合各人的身份卻不容易；一部生意眼賣錢的戲材不難找尋，一部能使觀眾滿意〔的〕劇本〔卻〕不易編寫，所以我依然是抱着戰戰兢兢、如履薄冰的小心做一屆「喜臨門」的劇務。我預備策劃頭台兩部戲，第一部便是《漢宮蝴蝶夢》，是以漢史中文帝殺淮南王為背景，而以一段至性的情史作骨幹的文藝宮闈戲，它的風格是相當新穎的。第二部是一部喜劇，《夜夜念奴嬌》是何非凡、鄧碧雲雙反串的俏皮輕鬆，當然它含有豐富的人情味；我所編的喜劇笑料都愛從人情矛盾中產生，如最近的《風流夜合花》、《紅淚袈裟》、《蠻女催妝嫁玉郎》等，每一部都不致是無質素而胡鬧。我相信觀眾對於我的介紹是多少總有點信心的。

⑧ 唐滌生在《華僑日報》廣告介紹《一點靈犀化彩虹》（1952b）

漢朝宮闈哀艷悱惻巨型史劇。

敘述漢成帝一生哀艷事跡，世人只知有趙飛燕故事而不知姚婕妤化彩虹一事實，為漢成帝以血淚凝成的幻想，比《漢武帝夢會衛夫人》沉痛十倍、哀怨十倍。

粉堤柳色最朦朧，綠罩搖京接帝宮。
帝主多情憐弱柳，柳絮無心飄九重。
多少恨，昨夜夢魂中。
掖庭既是傷心地，休過寵。
燕啄可憐蟲，猛來一陣風。
驚破銀屏夢，白楊荒塚。
長伴杜鵑紅，夜迷濛。
怨無窮，恨無窮，一縷輕煙風送。
兩行珠淚溶溶，天邊誰把冰琴弄。
一點靈犀化彩虹，美人如玉更如虹。
巫山雲滯滄桑雨，好一朵芍藥湮籠。

偉大的彩虹仙景，藻麗的香詞艷曲，帝苑恨無憐香客，一點靈犀化彩虹。

梨園旦王、戲迷情人、聯合登場。

任〔劍輝〕、芳〔艷芬〕、黃〔千歲〕、白〔雪仙〕唱〔四首〕主題曲。

⑨ **唐滌生在《華僑日報》廣告介紹《一年一度燕歸來》**
（1953）

今晚獻演唐滌生第三部哀艷歷史巨型劇。

寫明末才女賀雙卿一生血淚事跡。

斜倚薰籠閉小庵，水心無皺似深潭。

泥遲枉怪饞時燕，繭薄誰憐劫後蠶。

今年膏雨斷秋雲，為補新裙典舊裙。

留得吳郎輕絮暖，到今只得護兒身。

編紉麻鞋線幾重，採樵明日上西風。

乍寒一度風雨急，莫向兒吹盡向儂。

任劍輝在此劇飾演明末孤臣紀淮良，話中有淚，曲中
有淚，假如你歡喜看母女戲的話，現代藝壇中捨卻芳艷芬
和白雪仙，能賺人血淚，撼人心肺腑的還有誰人！

⑩ **唐滌生在《華僑日報》廣告介紹《程大嫂》（1954）**

是婦女必讀之書，是戲迷必看之劇，刻劃在封建勢力
壓迫下的弱女性。程大嫂的眼淚是某一個時代性歷史的活
點，是命運註定程大嫂的一世慘史？還是幾種不同封建思
想的人物糟蹋之？《程大嫂》這部戲的特殊手法便是：在
程大嫂一哭一笑之間，你能很清楚看出永遠站在程大嫂背
後的陰影，用幾種不同的血掌去糟蹋這可愛弱婦人。

⑪ **唐滌生致利舞臺戲院司理袁耀鴻的信（1956a）**

袁伯：

您的回信雖然是短短幾個字，很能針砭我的短處，我徹夜將每個字都加以咀嚼，希望從低能的人生觀裏得到高度的啟示，並誠懇多謝並接受您的同情。

《紅樓夢》的工作我開始了。我希望能於最短期內能抽出舞台空暇，請亞祥將製好的佈景在舞台上佈一次，等我好明瞭每場的角度而易於落筆。關於《紅樓夢》的道具圖已繪好，明日便可修正奉上。

在休息期內，我為雪仙九妹預備了幾部從元曲史[15] 找尋出來的古典派新劇，以古典派的表現方法演出，而加以近時代的批判，我認為可比《琵琶記》有更進一步的技術。

這幾部戲便是《紅樓夢》、《梁紅玉》（這部是以場面和氣派見勝的，我曾參考了國內六大名家的話劇和越劇舊本）、《莊周蝴蝶夢》（我希望能成為我 1956 年的代表作品，並傾力使它成為粵語片的文獻作品，因為題材太好了。我曾與盧敦討論過幾次，雖然我的願望太奢，但我將把上半年度的精力付託在這個戲上）；其次，便是人所共

15　指「古典戲曲」。

知的《牡丹亭遊園驚夢》（最適合任劍輝的戲目）。太湊
巧了，也許有人會以為我寫了「三記」之後，跟着「三
夢」，其實這是無意的。《牡丹亭遊園驚夢》宣傳上只用
簡單四個字，那便是《遊園驚夢》。未知您對這幾個戲有
甚麼意見。

《紅樓夢》佈景在台上排度希望能儘快一點。

草此並頌
近祺

滌生

1956 年 3 月 7 日

於麗的寫字樓

⑫　**唐滌生寫在《西施》劇本的導言（1956b）**

是歷史上利用女人達到政治上目的的沉痛戲劇！是中
國古代最偉大女間諜的血淚史詩！

西施：

三薰三沐，教歌教舞。

功成身退，湮沒五湖。

前人關於西施的題詠：

半夜娃宮作戰場，血腥猶雜宴時香。[16]
西施不及燒殘蠟，猶為君王泣數行。
吳王恃霸逞雄才，貪向姑蘇醉綠醅。
不覺錢塘江上月，一朝西送越兵來。
……〔原文缺〕，夫椒一戰棲強越。
釜中魚鱉宰夫手，縱虎歸山還自嚙。
姑蘇台上西施笑，讒臣稱賀忠臣吊。
可憐兩世輔吳功，到頭翻被屬鏤報。

前人對西施的幾個不同觀點：

西施為我國歷史上了不起的美人兒，假如歷史上沒有西施，吳越之戰決無今日之膾炙人口，所以西施在我國每一種地方戲劇均有演出，而且各有其不同演法，對於西施之性格、美麗，雖然有一致讚揚，惟對於西施評定，各劇主題均有差別。我為編撰粵劇《西施》曾參考如下書籍。歸納而言，寫西施有三種不同觀點。我參考了《太和正音譜》、趙明道的《范蠡歸湖》、明人戲曲《浣紗記》及顧毓秀博士所編的《西施》。

第一種寫法是將西施與范蠡寫成有戀愛關係的，便是根據了唐陸廣徵的《吳地記》，記云：「嘉興縣，本號

16　筆者據互聯網載皮日休的〈館娃宮懷古五絕〉校正了原文幾個錯字。

長水縣……縣南一百里有語兒亭，勾踐令范蠡取西施以獻夫差。西施於路與范蠡潛通，三年始達於吳，逐生一子。至此亭，其子一歲能言，因名語兒亭。」[17]（見《學海類編》）我以為這也許是藝術家對於美人羅曼斯的加強渲染而已，因為從會稽到蘇州，安得走了三年？勾踐謀吳之心，急不及待，哪許范大夫處事這樣慢條斯理，這種寫法不過是美化了西施與范蠡的關係而已。

第二種寫法便是着重吳王與西施的關係，使成一種典型的「美人英雄」戲曲，宋董穎有〈西子詞〉，詞曰：「種陳謀，謂吳兵正熾，越勇難施。破吳策，唯妖姬。有傾城妙麗，名稱西子。〔歲〕方笄，[18]算夫差惑此……苧蘿不釣釣深閨，吞餌果殊姿……」這種寫法，是側重了苧蘿村浣紗一段，渲染西施像霧中的仙女一般，對於西施的性格，依舊是很模糊的。

第三種寫法是比較沉痛的，[19]是寫西施成功之後，給勾踐沉於五湖：根據墨子的「西施之沉其美也」之句，並且（《樂府雅詞》有載）：「哀誠屢吐，甬東分賜，垂暮日，置荒隅，心知愧，寶鍔紅委……榮歸故里。降令曰：吳無赦汝，越與吳何異？竟殞鮫綃，香骨委塵泥，渺渺姑蘇，

17　筆者據互聯網《吳地記》校正了原文幾個錯字。

18　原文缺「歲」字，今據「詩詞名句網」校正。

19　原文是「第三種寫法是比沉沉庸的」，相信是筆誤。

荒蕪鹿戲。」[20] 中國一般的帝王霸主作風，這倒是很可能
的。而且這樣寫法使西施加倍堪憐，而暴露了古來霸主們
對美人的糟蹋，讓後人憑弔姑蘇台時候，微聞西施的餘
哀，我決定以這種觀點去寫西施，並重複聲明，此劇中心
只是短短的兩句話，那便是「吳無赦汝，越與吳何異」。

《西施》本事：

周敬王二十六年（公元前四九八）吳王薨，其子夫差
繼位，報父仇，伐越，敗越兵於夫椒，越王勾踐卑辭厚
幣，夫婦為質於吳，牧馬嘗糞，討吳王歡，至周敬王三十
年，夫差始釋前隙，遣勾踐返國。勾踐返越，臥薪嘗膽，
與大夫范蠡、文種密謀報復，范蠡乃遍求國中，得苧蘿山
鬻薪之女西施、鄭旦獻與吳王，以阻伍子胥南進之策。

吳王寵西施，不復以越為患，伯嚭獻策北伐齊魯，以
遂統一之夢，與晉國爭為中國之盟主，固不悟螳螂在前、
黃雀在後之諺，復惑於西施之美色。伯嚭密語，伍子胥力
諫不聽，且伏屬鏤劍而死。

周敬王三十八年，夫差卒北伐，與晉爭霸於黃池，勾
踐乃乘虛而入，夫差聞變，引兵歸，中途遇伏，范蠡數吳
王六大罪，夫差聽至父仇不報時，狂哭自刎而死。

20　筆者據互聯網載董穎的〈薄媚〉校正了原文幾個錯字。

越既治吳，吳人視西施為禍水，而越人亦以西施失身事仇為恥，西施彷徨歧路，而勾踐降令曰：「吳無赦汝，越與吳何異。」此一代美人方知功成難容於國，范蠡憫其遇，並知勾踐猜忌功臣，恐有殺身之禍，乃偕西施出齊女門，涉三江，隱沒五湖中。

⑬ 〈寫在『仙鳳鳴』開幕前〉（1956c）

粵劇壇在目前表現似乎沉寂，但內裏呢，我敢說打破了歷年的成例，用最積極的精神爭取進步。

並不是宣傳作用，一部《紅樓夢》，從構思劇本一直到演出止，費時歷整整六個月，態度的認真是以前絕對沒有的。「仙鳳鳴」以這一部《紅樓夢》作頭炮獻禮，從這一點看來，用不着寫介紹文章，我相信每一個愛好粵劇的人，都會很清楚的認識「仙鳳鳴」的抱負。

我寫一點編排《紅樓夢》的經過，讓各位更進一步的認識「仙鳳鳴」的一切。

在《琵琶記》公演後，《販馬記》未上演前，白雪仙小姐已經決定將《紅樓夢》搬上舞台。但白小姐知道《紅樓夢》是一部不易處理的戲，而且以前有不少藝壇前輩都演過《紅樓夢》，這一次如何能使《紅樓夢》有突出的表現呢？這個責任她卻付我的身上。雖然是個難題，但她也着實給我一點鼓勵。她說，只要將來在藝術表現上有成就的話，她不惜打破任何困難而給予我助力。（後來她為實

踐這一句說話損失四萬以上的收入，為了抽出排練與體驗的時間，她推了四部電影是人盡皆知的。）

五個月以前，《紅樓夢》的大綱是集合了幾位顧問的意見決定了。困難多到超過預期所料，最顯著的便有以下四點：（一）為了佈景的統一，須全部設計新置，需費壹萬港元（並未包括道具）。（二）為了服裝的劃一，《紅樓夢》二十一個女演員需要重新裁置，需費超過壹萬元。（三）女角太多，鳳凰女演王鳳姐是適合的，但不易物色一位適合演寶釵的演員，和十位以上每一個都要曉做戲的美貌丫鬟，如襲人、晴雯、紫鵑、金釧等。（四）《紅樓夢》人物太多，而且側重舞蹈式的表演，如非有十次以上的綵排，無法演出，現在擬定之演員都是一流紅星紅伶，怎能抽出這如許時間。

白小姐對於第一、第二個問題毫不猶疑地答覆解決了，所以才有使利舞臺的二樓連續繪製佈景，兩個月來未曾一日停工，而香港三間最大的戲服店在最近一個月內無辦法再接外頭生意，這一切的緊張狀態，只解決了《紅樓夢》的小部分困難而已。

關於第三個問題，白小姐與我費四十天的思索而未得答案，也許上蒼對蠻幹的人們也有一點垂憐心，終於在一個無意中的晚上，在華達片場發現了一位典型的薛寶釵，那便是被譽為最佳演技的紅星——梅綺。這一個困難解決了。抱着一鼓作氣的心情逐個解決，我敢說只要你一看

《紅樓夢》的演員表，便可了解我們付出幾許心力。

對於第四個困難，是無法解決的。最後只能找出一個折衷的辦法。便是分段響排，分組響排，只能抽出四日夜全部集合綵排。筆者寫這一段稿時，〈葬花〉、〈歸天〉、〈焚稿〉、〈窺鎖〉等重要回目已經過十次以上的排演，得接近水準了。

《紅樓夢》是經過如此困難才孕育而成的，演出後的成功、失敗我們沒有估計，但站在從事粵劇工作崗位中的白雪仙小姐，總算是盡了最大責任而站立在前哨。

> 1956 年 5 月 27 日，寫於麗的呼聲。

⑭ **唐滌生寫在《紅樓夢》劇本第五場的提要（1956d）**

作者將《紅樓夢》僅有的三個高潮——〈焚稿〉、〈歸天〉、〈逃禪〉——一氣貫成，但如非排練到爛熟、每一個介口都能演至緊湊唧接，恐難收獲良好效果。「戲，是靠人力、體會力去做的」，請各位三味這一句莎翁的名句。

⑮ **〈關於《六月雪》〉（1956e）**

芳艷芬小姐為粵劇梨園之後，以演才女與孝女戲稱絕一時，桂太史公曾詩贈芳小姐，有「孝女與才女，並集於一身」之句，可見她儀容之端麗、內心之皎潔，可稱近三十年來粵劇坤伶之規範人物。《六月雪》之女主角竇娥，極適合芳小姐之儀容、做表，而《六月雪》之劇情，

尤為廣大顧曲者之愛好。故作者盡其心力，窮三月來之搜索、構思，決傾盡人力、物力以編排此劇，而得旋轉舞台之助，務使《六月雪》有突出之風格，而與各地方戲劇演出有不同之特點，固不敢謂改編得體，冀能使嶺南曲劇，能有更進一步接近時代水準而已。拙編《六月雪》亦本《金鎖記》團圓結局，而對於竇氏女入蔡家一折，與昌宗被害均與前人所編略有出入，由〔於〕粵劇之場口不如雜劇，切忌太長，而風格亦不如平劇之古樸，切忌沉悶單調，終使畫虎不成。而對於曲文之七個重要關目如〈送女〉（《綴白裘》初集卷一，又以竇娥質押於蔡婆）、〈私祭〉（《綴白裘》八集卷二，竇娥聞蔡婆子死訊，私祭其靈）、〈思飯〉（《綴白裘》十集卷三，張驢兒唱苦經）、〈羊肚〉（《綴白裘》十集卷三，竇娥以羊肚湯進蔡婆，張母取食之而死）、〈冤鞫〉（《醉怡情》卷三之〈竇娥蒙冤〉）、〈探監〉（《綴白裘》初集卷一，蔡婆訪竇娥於獄中）、〈法場〉（《綴白裘》初集卷一，「六也」、「集成」二曲譜題為〈斬娥〉），作者當慎重保留其原有之純粹。

除編排之外，對於佈景、音響、服裝亦有很大的改革，佈景全部採用最古樸之漢畫形式，對於色澤與構圖與時下粵劇佈景有顯著區別，使觀眾有真實而雅緻的感覺，音樂曲譜全部採用嶺南舊調，不插入時代曲譜，〔以免〕有傷原劇的質素，對於竇娥所穿各場服飾，雖一釵之微，亦經重新設計，使與情節配合。

《六月雪》、正史與梅蘭芳

《六月雪》各地方戲劇都有演出，有名之為《六月飛霜》或《竇娥冤》，或《斬竇娥》，或《金鎖記》，或《羊肚湯》，雖然主題都是描寫一個可憐的婦女，有着崇高的品德，含冤受屈，反映當時官場的黑暗、封建時代所謂淑婦所遭受到的悲慘命運，而演出的故事都是不很一致的。

《六月雪》的正確史載

漢東海孝婦竇氏，養姑甚謹，夫死不嫁，家貧甚，姑曰：「吾老累汝」，自縊死。姑女告婦殺母，婦誣服罪，獄吏于公念其冤，爭之不得，郡守殺之，郡遂大旱，三年不雨。後郡守至，于公白其冤，守曰：「咎在是矣」，守往致祭其墓，乃雨，幼學云「齊婦含冤，三年不雨」乃基於此。

梅蘭芳編演《斬竇娥》構成的故事

書生蔡昌宗以金鎖為聘禮，娶了竇天章的女兒竇娥為妻，蔡昌宗出門求官，由蔡家鄰人張驢兒伴送前往。驢兒素知竇娥美，心生歹意，在路上把蔡昌宗推下水去，獨自回家，謊報昌宗身死，圖佔竇娥。竇娥抵死不從，蔡母因兒死去，悲痛成病，病中思渴飲羊肚湯。張驢兒乘機下毒，以陷竇娥，誰料蔡母嫌腥，為張母所喝而死。驢兒自慚成怒，竟誣害於竇娥。縣官胡塗昏瞶，竟成死罪，獄吏憐

之，代向巡按申冤，恰巧巡按是竇天章，立捕驢兒並急至法場，娥已被斬。（梅本是根據關漢卿之《竇娥冤》編成。）

袁于令生平得意之《金鎖記》

于令〔1599-1674〕原名韞玉，字令昭，號籜庵，吳縣人，一字鳧公，又號幔亭，為明末諸生，生平所撰有八種流傳於世：《西樓記》、《金鎖記》、《玉符記》、《珍珠記》、《肅霜裘》、《長生樂》、《瑞玉記》、《雙鶯傳》，而以「西樓」、「金鎖」最著於時。《金鎖記》雖未見全本，然自《醉怡情》、《綴白裘》等書，見其七齣，此即為竇娥事，一本之關漢卿之雜劇《竇娥冤》敷演者。《竇娥冤》元曲中可稱第一傑作，其大略云：「竇娥父竇天章尚未中進士前，因貧困以女竇娥質押於寡婦名蔡婆者；奸徒張驢兒欲毒殺蔡婆，以圖強娶竇娥，誰知反誤毒其母，乃嫁禍竇娥，訴官，娥遂含冤服罪受刑。臨刑時，乃云：『今雖六月盛夏，天當降雪以記我冤。』果如是言；後其父為廉訪使至楚州，竇娥冤魂出訴，乃捉張驢兒及授以毒藥之醫生處刑。據《曲海提要》，《金鎖記》全襲元曲情節，但令竇娥不死，以便團圓。

⑯ 〈拉雜談《香羅塚》〉(1956f)

近一年來，我沒有編寫空中樓閣的戲，也許在十年的悠長日子間，我寫了不下百部空中樓閣的戲，寫得膩了，

所以近來所寫都是有多少根據的。

《香羅塚》也是有多少根據程艷秋的《香羅帶》脫胎而來，不過只是多少而已，各地方戲劇與今日香港粵劇有多少不同，香港粵劇常常是訂了名角才訂戲的，所以在故事的情節發展上，都不能任作者自由發展而有了範圍，這一點是很難的工作，除了最近的《紅樓夢》、《六月雪》、《牡丹亭驚夢》、《白蛇傳》及「麗聲劇團」將在利舞臺演出的《香羅塚》是因戲訂人外，這種困難是很難解決的。

當然，《香羅塚》的女主角林茹香是頂適合吳君麗小姐的造型，其餘天衣無縫有一對精深演技的文武生和一對在狀態的丑生，雙生分飾劇中的趙仕珍和陸世科，雙邊分飾趙勤和茹三娘，還有以在搶前中[21] 的任冰兒分先、後飾柳春與秦麗娥，我敢說：《香羅塚》的人選是極完美的。

《香羅塚》是一個非常完美的故事，以一件古時婦女常用束腰的香羅帶，發展出一個可歌可泣的橋段，趁上使人易於接受而富於人情味的詞曲，是賺人熱淚的！它的主題是古來以男性為中心社會，女性一般是可憐的，正如這香羅帶的女主角林茹香，她沒有做錯事，而受辱於丈夫，險些還被殺於知己，所以最後她便提出血和淚的控訴，雖然，為使香羅帶的高潮如波瀾起伏，小節上的缺點總是有

21　相信意思是「正在力爭上游」。

的，希望觀眾能認識清楚《香羅塚》的主題，我想：雖有小節上與地方戲劇不同，也是無傷大雅的。

《香羅塚》與普通粵劇有幾個顯著而突出的特點，便是開場便能有一個用很巧妙手法的高潮，而且每一個台柱都是產生這高潮的份子，這是粵劇所不常見的，你們在大戲裏審戲看得多，但我敢保證你從沒有看過這一場奇異微妙的大審，在公堂裏全是善良之人，而竟產生兩死一離的悲劇。最後再一提的，便是每個觀眾都知道陳錦棠與麥炳榮是同一戲路的，請你在第四場看作者的手法，去介紹二人同戲路的巔峰演技。

在我的感覺裏，香港粵劇壇在最近有了新的氣象，這是不容否認的，新的氣象需要新的藝員去支撐，舊的藝員去扶掖，在一連串演出中，吳君麗小姐充分對人表現了新的朝氣，作者把一個新的責任付在吳君麗小姐的肩膊上，我相信吳小姐是負得起的，並且是樂於負起的。

⑰ 〈編寫《牡丹亭驚夢》的動機與主題〉（1956g）

雖然我編撰了一輩子的粵劇，但我不能不坦白的承認，我對於舊文學根底並沒有弄好基礎，我給「玉茗堂」的《牡丹亭》難倒了，我竭盡能力與技術去把它搬上舞台，我希望能保持原著的精神和本來面目，但這只是希望而已。

《牡丹亭》的原詞，有柳永的俊逸，有李清照的真實

感情，有納蘭性德的瀟灑，有李後主的神采，不只是詞學裏的奇葩異彩，簡直是中國值得拿去驕傲任何一國的藝術品。我節錄一小段如後，這是他寫杜麗娘夢會書生柳夢梅，因落花驚閃而亡，杜母的悼殤詞。

　　從來雨打中秋月。更值風搖長命燈。拜月堂空，行雲徑擁，骨冷怕成秋夢。世間何物以情濃，一片斷魂心痛。

　　海天悠，問冰蟾何處湧。玉杵秋空。憑誰竊藥把嫦娥奉。甚西風吹夢無蹤。人去難逢。須不是神挑鬼弄。在眉峰，心坎裏，別是一般疼痛。

　　春歸無端廝和哄。霧和煙雨不玲瓏，算來人命關天重。會消詳直恁行匆。為着誰儂。俏樣子等閒拋送，日輪空。敢醮破爾一床幽夢。

　　中秋月兒誰受用。颭西風淚雨梧桐。楞生瘦骨加沉重，趲程期，天外哀鴻。草際寒蛩，撒刺刺紙條窗縫。冷鬆鬆，軟兀剌四梢難動，提防花園間夢統。不分明再不惺忪。臨侵不起頭梢重。恨不呵早早乘龍，夜夜孤鴻。話害殺翠娟雛鳳。一場空。這答裏娘兒命送。

　　鼓三鼕。愁萬種，冷雨幽窗燈不紅。侍兒傳說女病凶，捨的命終，拋的命窮，當初只望把爹娘送。恨匆匆。萍蹤浪影。鳳鸞了玉芙蓉，樹頭

樹底五更風。小墳邊立斷腸碑一統。月落重生再紅。

　　以這樣有血有淚的詞，縱使是鐵石心人，唸它二三十遍，一有感悟，便可淚凝於睫。不要說整部分，假定以小部分的原詞叫我化成或譯成粵曲，真是一種難得無以形容的工作；雖然以我的新曲與原詞對照，這對照簡直是不許我藏拙，好比拿一塊黯淡無光的綠瓦，和一塊完美無瑕的碧玉相比較，為增加一點觀眾的興趣，把我的短絀暴露了。

　　我也不怕人笑我幼稚，我坦白的告訴顧曲者，我為了欲譯一句原詞或化一句原詞，每每盡一日夜不能撰成新曲一兩句，如第三場〈幽媾〉裏麗娘與夢梅對唱的小曲〈雙星恨〉，我是費了三個整夜的時間才能強差人意的完成了。其中還有兩句是白雪仙聰明的感悟替我填上的；我知道，你們一定想知道是哪兩句，現在我告訴你，那兩句便是：「君心休怕。君心休怕。君不記揖拜仙觀下。風吹飛花有心報與君，在佛前為你灑。致令郎拾去我丹青畫。」你不要誤會，白雪仙小姐不能撰一部完美的曲，但她一時感悟想出三幾句是貼切得使你難於想像、難於捉摸的，她的聰明處，誰都承認是壓絕今日梨園的。

　　我寫了不少句數來說出《牡丹亭》原詞的美，與改編《牡丹亭驚夢》撰曲之難，我相信此劇公演之後，〔假

若〕詞曲有不逮之處，顧曲者會原諒我的。

《牡丹亭》顯然是一部反封建的作品，三年復活是人世間不可能的事，作者故意借此一節以完成此明朗的主題而已，細想麗娘從六歲起便不能見任何男子面，甚至請一個老師，也要請一個鬚眉斑白無能為力的儒生陳最良，似乎不許麗娘在父母之命、媒妁之言的出嫁前心坎裏有任何一個男子的印象，而想把麗娘驅逐於盲婚啞嫁的封建婚姻陷阱。他老人家根本不懂得少女懷春是生理與靈性的需求，只知道女兒臂上的一點宮砂是鎮家之寶。作者於是用奇妙的筆調，替麗娘幻出一個夢境來，夢的偏偏不是貴介王孫，而是一個秀才書生，這夢境是代替了麗娘的慕思而已，芍藥欄邊、湖山石畔是任何一個多情倩女所不能避免的微妙境界，麗娘醒後，她明知書生不能入贅於太守堂，假如夢境是實現了，也終是一個悲劇，於是只描寫她帶着一縷不了之情幽鬱而死，[22] 其實她的心是未曾死去的。作者把她不死之心關在虛無飄渺的陰間，一直關了三年，誰料麗娘的心依然未死，更一日比一日活躍，活躍到不能抑止的時候，因為人間數千年來有鬼魂之說，於是麗娘的鬼魂，又復回到人間，在梅花觀內，又復遇着她夢中的情郎，鬼魂擺脫了封建的鎖鍊，於是她能盡情的享受了一個

---

22 原文作「於是她只描寫她帶着一縷不了之情幽鬱而已」。

幽媾之夜，未死之心復活過來，既死之身也隨着復活過來，於是作者巧妙的寫了回生一節，把杜麗娘又復牽入封建的牢獄裏，使激變成一個動人可歌的悲劇，封建思想操縱了麗娘的父親杜寶，他並不是不相信杜麗娘能復生，但他不能饒恕麗娘復生後少了臂上的宮砂，使杜門失去了鎮家之寶，雖然書生得中了頭名狀元，他也不承認這蓋棺時是原璧之身復活後手持破甌之女，甚至封建時代最大威力的帝主在前，他也不肯屈服於自由戀愛的新觀念之下，這樣明朗的主題，能發現在亡清世紀的《牡丹亭》裏，這是我樂於接受改編《牡丹亭驚夢》的主要原因和主要動機。

說完《牡丹亭》，我附帶說一說白雪仙，因為在你手持這部特刊入座之時，在舞台上所見的已經不是白雪仙而是杜麗娘小姐了，白雪仙已把她原有的靈性溶化在杜麗娘的身上，她的高度成就演技，能使前世紀的杜麗娘鬼魂借她的玉身復活於觀眾之前，讓你能欣賞《牡丹亭》裏的古代美人一生遭遇，我是編劇人，不是宣傳家，我用不着寫半句帶點宣傳色彩的字句，我在我的經驗和體驗裏，白雪仙在今日粵劇界裏是最能體驗劇中人性格的一位，我不敢說她對戲劇理論有如何深度的認識，事實告訴觀眾，在《海棠淚》裏的白牡丹，在《小白菜》裏的傻三，在《火網梵宮十四年》裏的綠翹，在《紅樓夢》裏的林黛玉，在《西廂記》裏的紅娘，在《販馬記》裏的桂枝，在《琵琶記》裏的趙五娘，和今日《牡丹亭》裏的杜麗娘，你怎能料得

到是她一人的化身，她善能創立性格，不要說在粵劇界裏難求，求之各地方戲劇界裏，也是鳳毛麟角，其實她並不是以聲色藝炫耀一時的紅花旦，而是一位最有前途的中國女演藝家。

假如不是從她手裏交給我一部「玉茗堂」的《牡丹亭》，我會怯於杜麗娘的難演而減低了改編《牡丹亭驚夢》的興趣的。

最後，願白雪仙把《牡丹亭》的杜麗娘永遠復活過來。

滌生

1956 年 11 月 9 日於麗的呼聲寫字樓

⑱ **〈我編寫粵劇《雙珠鳳》的動機〉（1957a）**

我今年秋末，我曾抽出一個並不充分的時間，替吳君麗小姐寫了一個粵劇劇本，那便是《香羅塚》，也經過一個更不充分的時間排演，而卒於利舞臺公演了，結果在賣座上、在輿論上僥倖地成功了，這無疑是吳君麗小姐和一班藝友們的努力和收穫，劇本裏的缺點也着實很多的給演出者純熟的演技[23] 和無畏的精神，把劇裏的小缺點都彌補了。於是我有一種感覺，一個富有朝氣的劇團，和一位富

23　原文是「技演」，相信是筆誤。

有朝氣的領導者，每每能把一部不很突出的戲演得〔突出，把〕一部好戲演得更活，《香羅塚》在戲的質分上是很好的，於是遂能邀獲時譽，由舞台搬上七彩銀幕，也許由銀幕更推動至播音、灌碟、電視等，使成為一個粵劇的優良劇目，所以在《香羅塚》後我更加深一層認識，吳君麗小姐，她雖然在梨園並沒有很悠長的歷史，然而她抱負之心和進取的勁力，也是梨苑中不容易發現的一位。

應付新春的來臨，是我每一年最忙碌而又最耿耿於心的時日。因為每一年新春，我必須替一個至兩個劇團擔任編導新劇的工作，麗聲劇團的主事人，也不例外的邀請我編寫兩部新戲，為了《香羅塚》曾給我一點提得起勇氣的安慰，於是我答應了，明知在又不充分的時間裏寫幾部新戲，難免在每一部戲上有更多的缺點，這是我耿耿於心的理由，但我在觀眾們對我抱着很寬厚的原諒心，我了解一個從事粵劇工作者多產的困難，所以我勉為其難，我亦傾盡我所有的精神以求不負觀眾的期望。

第一步，便是替吳君麗小姐挑選新戲的題材，我着實經過一個多月的期間，才挑出兩部適合於吳小姐和適合我寫的戲，一個便是由彈詞改編的《雙珠鳳》和一部由文友們提供的明〔朝〕邵燦撰寫的《香囊記》。

《雙珠鳳》到底是一個甚麼戲呢？照彈詞上是一個很古樸、很動人、描寫得很活的冗長故事，它的內容着實動人的，記得香港某一個時間有名彈詞家，我忘了名字，在

荔園彈說全部《雙珠鳳》，每夕座無虛席，我也參加做聽客，聽了幾個漫長之夜，我覺得有很多是從香港或新界遠道而來的，一晚一晚的追着聽，可知它內容是如何地引人入勝，可惜我沒有很多時間由開始聽到結局，但我深深愛好民間藝術，於是我拜託與我有同好的電影界名人王鵬翼先生替我聽完，轉述給我，雖然故事長得可以編十二部粵劇，但我為了增加觀眾對粵劇《雙珠鳳》的興趣，我亦不厭煩地把全本《雙珠鳳》的整個民間傳〔奇〕寫了出來，當然這不能是一晚演完的粵劇《雙珠鳳》本事，而可作為粵劇《雙珠鳳》的根本和參考材料。

⑲ 〈我改編《紅梨記》的動機〉（1957b）

自從改編了《琵琶記》與《牡丹亭驚夢》之後，我對於元曲發生了無上的景仰和興趣，也許白雪仙小姐把趙五娘與杜麗娘演得很生動，使我興奮地在《元曲選》[24] 內翻了又翻，希望能翻着一位美人的倩影，再作雪仙的化身，可是書中雖有顏如玉，但適合於改編成戲劇的着實太少，如《元曲選》的《雙熊夢》（即《十五貫》）、《蝴蝶夢》（即《包待制三勘蝴蝶夢》）、《香祖樓》、《空谷香》、《雪中人》，和湯顯祖的《紫釵記》（《霍小玉傳》）都很好，但總覺

---

24 唐滌生所用的相信是明朝曲家臧懋循（字「晉叔」，1550-1620）編的《元曲選》，內載元代及明初雜劇選本共一百齣。

不甚適〔合〕這一屆人選的演出，於是我迫於放棄了採用《元曲選》改編的念頭。

聖誕假期，我在寒夜得有餘暇閱讀了一些書籍，無意中檢視了一張吳友如作的芙蓉花神謝素秋圖，所描畫的謝素秋，灑脫動人，當然，能使文人墨客封為花神的，生前的事跡必很動人，只是心儀其飄逸的神采，與花神的艷號。

睡前，花神的倩影尚在腦際，順手拈起枕旁的《元曲選》，漫無目的的翻閱一下，翻至《紅梨記》時忽然有謝素秋之名，下意識使我心波震動，如此偶合，莫非有神奇的推使，於是我推衾而起，把《紅梨記》細意的看，從〈豪宴〉、〈賞燈〉起一直讀至〈宦遊三錯〉止，其中讀至〈窺醉〉、〈亭會〉、〈詠梨〉、〈計賺〉四折，書裏的謝素秋似乎漸漸地活了，對我苦笑、對我嚶然欲哭、對我橫波含淚，似乎有着無限的辛酸，於是我決意改編《紅梨記》，並且為感謝吳友如的芙蓉花神謝素秋圖使我發現了《紅梨記》的良好題材，我特將花神圖誌在版首。

元曲是很高深的文學戲曲，不易為一般人所領略，《紅梨記》的名字也過於高雅，我不嫌才拙把它改為「蝶影紅梨」；假如你看過我改編後的《紅梨記》，我相信你會認為這名目是絕對恰當的。

為增加一點觀眾的興趣，我簡單地把《紅梨記》與《紅梨花》雜劇的來源介紹一下。《紅梨記》本是一代詞學名手徐復祚的作品，復祚字陽初，號暮竹，江蘇常熟人，

博學能文，尤工詞曲，同郡錢謙益題其小令比之高則誠云（《柳南隨筆（卷一）》），自云張鳳翼為其妻之世父，往往就之受曲學指導者，然則當為萬曆間人，生平所作有《紅梨記》、《宵光劍》、《梧桐雨》、《一文錢》四種，以《紅梨記》最為著名。

　　為着舞台的種種條件所限，以前改編的《琵琶記》與《牡丹亭驚夢》與原著都有很大的出入，除了刪繁就簡之外，參入了很多個人的意見，我心裏想，只要美人面目不致被我蒙上塵污，我大膽地在劇作上不受原著所限，幸然兩劇公演之後，識者頗能體諒，也實在平添了我不少的勇氣，改編《紅梨記》當然沒有例外，我覺得《紅梨記》最動人之處，並不是開端和結局，而是〈窺醉〉、〈亭會〉、〈詠梨〉、〈花婆〉、〈計賺〉各折，換句講，即是由素秋與趙生入錢府後，戲開始纏綿悱惻、扣人熱淚，我除了盡力量保持原著人在各折的精神與描劃，開端與結尾的情節上是稍有更改的。

⑳　〈作者對於拍攝《蝶影紅梨記》之初步意見書〉（1957c）[25]

　　（一）我認為每逢拍攝一部具有文學戲曲的電影，對於年代、地點、當時社會背景應有充分的考據和暗示，否

25　據電影研究員阮紫瑩説，這封意見書是唐滌生寫給 1950 年代著名導演李鐵的。

則便是木魚書式電影而已，木魚書也有良好的故事可以吸引人，不能和文藝作品共垂不朽者，只是為了一切背景的模糊，和沒有明朗的主題而已。考據只是一種審慎的工作，三幾幅畫面也可以介紹出有關背景，難道三幾幅畫面的攝製費也可以使人傾家蕩產？

（A）《蝶影紅梨記》的年份考：當時所指定的宋帝東奔讓位，原著人張壽卿並沒有明顯的指出，但宋帝東奔照史載當是徽、欽二宗，新帝登基是指高宗。徽宗的年號是建中元年（公元一一零一年），欽宗的年號是靖康（公元一一二六年），新帝高宗的年號建炎（公元一一二七年）。[26]

（B）照年份的推測，《紅梨記》當時的政治背景是極端紛亂的。主戰與偏安宋室成為兩派，當然在故事背景開始時，是偏安派得着顯著戰利的。

（C）當然，社會背景無疑是極無規律的。每一個皇朝之末期大都如是，雖然沒有明末的慘酷，但沉痛即過之。徽、欽二宗過金營與東奔一節，是歷朝帝主最殘忍的事跡，當時只誤於權臣之手，民心是思漢的（史載，二帝過金營認為子臣時，汴京百姓三十萬眾攔輿跪泣，哭聲蓋金鼓）。

（D）對於地點的考據與決定採用問題，是值得嚴重商討的。據地方志所載，汴京是今日河南洛陽，雍丘今改

26　原文把三個年份均誤作「公元前」。

雍陽縣，離汴京七百餘里，趙汝州是山東人，無疑這《紅
梨記》的地點是在萬花如錦的北方，汴京是京官齊集之處
（汴京在帝主時代有錦官城之稱，可見繁華）。問題是，
我們拍的是粵語片，對電影上的期望便是使成嶺南文獻，
應該是有着濃厚的嶺南地方色彩才易使嶺南人發生親切之
感，所以對於地方性背景問題是值得審慎考慮的。

（二）關於官號的問題：也許原著與宋朝距離不遠，
有所忌諱。改編者受了舞台及人選的限制，沒有把官銜明
顯的確定，但電影是沒有限制的。王黼在當時以一百二十
家奴賄賂金邦時，官階是太傅，梁師成是內官，假如錢
濟之是縣令，似不能朝覲在京，應改為雍丘太守（照理
離京七百里的雍丘不應該是小縣而應該早已封邑）。在
二百五十年沒有一個太守是五同知，有一位是王博倫，未
知是否五同知便是王博倫，待考。且錢濟之在電影上不能
是翩翩美少年而應該是有鬚的，而且有妻，照徐復祚的
《紅梨記》〈盤秋〉一折是錢夫人詰問素秋而不是濟之，在
當時社會上是比較合理的。

（三）關於採用歌唱片形式還是採用舞台紀錄片形
式，我尚未能決定，應有徵求高見的必要。不用舞台紀錄
片形式，即〈鬧府〉一場無從表現，我認為這部戲裏〔假
若〕忽略了任劍輝的舞台示範演技是可惜的。同時，《紅
梨記》白雪仙亦有若干極美麗的身段，〔假若採用歌唱片
形式，〕最後扇舞也減色。但假如用舞台紀錄片形式，即

〈窺醉〉起〈詠梨〉止，「美」和「靜」會被鑼鼓破壞了。
假如半舞台紀錄半歌唱，即風格不能統一。

（四）我的意見是由〈窺醉〉起〈詠梨〉〔止〕，扇
舞拍攝局部彩色，[27] 為保持原劇的美感，這可以說是我的
意見，也可以說是我的條件。

（五）赴澳拍攝梨花外景，梨花高五尺以上，並不如
舞台上的不知所謂花，在這裏，我附上梨花在草本上的記
載，而且確實有紅的紅梨花（Dirus，Serotina，Varculta），
屬於薔薇科，落葉喬木，莖高三丈許，惟年年取果，常殘
損其枝，故多成灌木狀，葉印形而帶尖，緣邊有細鋸齒，
花五瓣白色，間亦有紅，雄蕊甚多，雌蕊即五瓣而已，沒
有梨花，即此片的風格是不會高雅的。

（六）對於謝素秋開始受官宦之家玩弄和摧殘，應加
強刻劃，如宮中上值與禮部、吏部拜賞時的疊印鏡頭是不
可少的。假如缺少的話，即素秋在片的開端時賣笑迎人
〔的〕假情感倘 [28] 不夠，不能反映出她對趙生用真情感時
的內在美。

（七）謝素秋在造型上尚有研究的必要，因為嬌嫵有
餘，高潔不足，或者在銀幕上從煙霧淡雲中出現於疏落之
梨林，用色澤與比較有飄忽性的服裝可能補助她達上最高

27　原文作「部局彩色」。

28　原文作「尚」，相信是「倘」之筆誤。

潔的型格的。

（八）統一了唱詞的風格，用調不能超過十種，使人易於記憶，易於上口，在舞台上的曲詞雖美，不夠深度，銀幕上不宜採用的。因舞台上換調太多，使人混亂。

（九）在電影上沈永新的性格應有培養，最低限度給觀眾先培養好她的性格，以免突如其來的出賣，她與素秋及王鱅的關係從對話中傳出是不清晰的，沈永新的年齡不能像舞台上胡亂的確定，應該是三十二歲以上的徐娘，造型應是長舌的刁棘婦。

（十）舞台上欠缺的是過程，素秋流浪到雍丘，……應有若干流亡圖，使人物受了風霜的欺壓，……給拒絕，可以增加素秋的動憐感。

（十一）在佈景上也應該預先劃一了風格，不求過於奢侈，利用焦點式半抽象化的漢畫佈景，目前包天鳴 [29] 可以勝任的。應該盡量利用古樸的道具如薰櫳、各式的簾、銀釭、銀屏、碧紗櫥、燭鼎等等，因為道具雖小，觀眾在銀幕上的吸收，與托出人物的活力，收穫是無可估計的。

唐滌生

1957 年 2 月 20 日

寫於《蝶影紅梨記》公演五日後

29　原文作「鮑天鳴」，應是「包天鳴」之誤。

㉑ 〈在「仙鳳鳴」第四屆裏我為甚麼選編《帝女花》和《紫釵記》〉（1957d）

自《蝶影紅梨記》演完之後，我又和觀眾小別了一個時期，在這時期裏，我除了每天上午到「麗的呼聲」負責我應負責的事務外，下午的時間仍然是屬於我的。我在屬於我的時間裏，並沒有偷閒，反為很着意的、很忙碌的替第四屆「仙鳳鳴」搜羅有關新劇本的題材和素材，因為我熱愛着「仙鳳鳴」有着渾雄的魄力、不撓的勁力，它推動粵劇走上一條正確的大路，它決不是打鑼打鼓妄事宣傳叫囂吶喊的所謂王者之師、不倒勁旅，它每一屆都有充分鮮明的表現力，我怎能不竭盡其力的替一個有分量的劇團服務，使人們加深一重認識，香港的粵劇並不是趨向末路，而是從艱苦的環境中向前邁進。

我費了整整三個月的時間，在已經公佈的七個劇目中（七個劇目是《斷橋》、《孟姜女》、《白兔記》、《紫釵記》、《帝女花》、《秋江夜雨時》、《可憐女》）選出了《帝女花》和《紫釵記》放在第四屆 [30] 裏上演。

《帝女花》是清代大詞家黃韻珊的著作，描寫歷朝遭遇最慘的一位公主 [31] ——長平公主——和駙馬周世顯的復

30　應是「第四、五屆」。

31　原文作「宮主」，現改正為「公主」，下同。

合史，它比最近英格烈褒曼所演的帝俄公主還悲慘百倍，內容在這部特刊裏已經介紹得很詳盡了，我有一個感覺，便是「仙鳳鳴」歷屆演出成功的劇作，都是極文藝和抒情的作品，例如《牡丹亭驚夢》、《蝶影紅梨記》等，我很想找一部有着良好主題的宮闈劇本來調劑一下；而且在書史裏記載的長平公主，她的年齡、造型、線條、容貌、嬌弱、敏感都與白雪仙有極吻合之處，白雪仙近年來的演技是甚麼性格都可以把握的，她的藝術修養是每一個稍為熟悉粵劇的觀眾都有認識，我極信任她能把這一位末朝的公主復活過來，她並不隨便的扮演一個人物，據我所知，她為了要演長平公主，曾閱讀一切有關於明末的書籍和有關於長平公主的史實，甚至她還苦苦的請求何洛川大醫師供給她以長平公主的墓誌原文，希望從後人的筆底加深一層去認識劇中人的一切，她近年對於演技態度的認真，是值得與任何成功的演技家相媲美的，還有任劍輝的演技從《梁祝恨史》、《琵琶記》、《牡丹亭驚夢》、《蝶影紅梨記》已表現出爐火純青的境界，以她飾演歷朝最多情的駙馬周世顯，外型和內在都是極吻合的。我有了絕大的信心，我很順利的編成《帝女花》。

再說《紫釵記》（《霍小玉傳》）的來頭更大，自從《牡丹亭驚夢》演出之後，湯顯祖所表現的文學思想極適合於今日，從極不自由的帝制時代裏，他的作品能毫無忌諱而豪放的表現他的正確思想是值得後人崇拜的。《紫釵記》

便是《牡丹亭》的姐妹作，脫稿的日期還先於《牡丹亭》，他的《紫釵記》便是根據唐代小說家蔣防的《霍小玉傳》改編的（關於《紫釵記》的來源在本特刊裏已有詳文介紹），我酷愛着《霍小玉傳》已經不自今日始，在五年前我曾在某一段告白裏已經刊出過預告，因為我學識太淺，找不着《霍小玉傳》的戲劇主題，只感於小玉遭遇之慘，明朝的胡應麟在《少室山房筆叢》裏說，唐人小說寫女性生活的，都非常精緻，《霍小玉傳》是其中最精彩動人的一篇，所以能夠廣泛地為讀者所歡迎，鄭振鐸先生在《中國文學史》裏也說到唐人小說中寫得最雋美者，要算蔣防的《霍小玉傳》，情緒寫得最淒楚，令讀者莫不酸心，可見《霍小玉傳》情節上的動人，近年我對於元曲發生了有點近乎癡戀的愛好，我便注意湯顯祖從《霍小玉傳》改編過來的《紫釵記》，那時我還沒有編《琵琶記》，但元曲是很深奧的，在今日香港〔找〕參考書籍又那麼困難，我不很歡喜《霍小玉傳》所描寫的李益性格，我又不能找着有關考證李益的書把李益的性格反轉過來。最近因為我編了《琵琶記》、《牡丹亭驚夢》、《蝶影紅梨記》，惹起很多學者注意，他們從最寬大的尺度批評我、鼓勵我，並給予我很多的有關《紫釵記》的材料和同意我依照湯顯祖筆下所寫的李益去重新創造李益的性格，於是我也決定把《紫釵記》在第五屆上演，李益一角，在今日藝壇裏我相信只有一個任劍輝可能勝任，因為李益受盧太尉誘惑與欺

騙的一折戲中，性格最難刻劃的。至於霍小玉，是代表唐人小說所描寫的典型佳人，從白雪仙所表現出的趙五娘、林黛玉、李桂枝、杜麗娘、謝素秋幾個人物的成就看來，她自有把握賦予霍小玉以新的靈魂、新的生命的。

1957 年 5 月 9 日寫於麗的呼聲

㉒ 〈改編湯顯祖《紫釵記》的經過〉（1957e）

自從改編《牡丹亭驚夢》之後，我對於湯顯祖先生的作品似乎有略深一層的認識，因而有偏愛之心，湯氏治曲之嚴謹，佈局之精巧，是窮我一生精力所學習不盡的。兒時讀書，依稀記得前人評論湯氏《玉茗堂四夢》中，以《紫釵記》為最艷 —— 湯氏四夢即《還魂記》（即拙在第二屆改編之《牡丹亭驚夢》藍本）、《紫釵記》、《邯鄲記》、《南柯夢》，至今未忘，自從事曲藝以來，瞬廿年矣，雖仍一技無成，嘗試改編湯氏最艷之《紫釵記》為快，惜乎湯氏原曲，除《還魂記》有單行本售於書坊曲館外，《紫釵記》之原曲難於搜覓，除崑曲有演〈折柳陽關〉一齣（按：崑曲所演唱者是湯氏原詞，《牡丹亭》之〈遊園驚夢〉亦未曾竄改原著半字），翻檢臧晉叔之《元曲選》未有刊載，《綴白裘全集》亦無所見，僅《中國戲曲史》得見《紫釵記》之故事梗概而已，時故雖有改編之心，奈何無所依據，徒具其改編之志耳，此志遠在六年前已有之，其時尚未改編《還魂記》也。

　　初夏假日，偶於燈下讀掃葉山房出版之《唐人說薈》，讀至〈霍小玉〉一篇，覺其淒艷婉麗，不禁掩卷微有所觸，湯氏之《紫釵記》故事梗概，與《霍小玉傳》如同一致，所稍異者是李益之性格不同而已，《霍小玉傳》寫李十郎是薄倖兒，而《紫釵記》寫李君虞是忠於情愛者，即湯氏之《紫釵記》亦是根據唐人小說《霍小玉傳》觸發而編也，即《霍小玉傳》之故事已淒艷絕人間，湯氏承其淒艷而譜成絕艷之詞曲，苟能改編入粵劇，拾得其餘沫一二，固亦足為今日梨苑盛事也。於是改編之心益切而恨原著曲本屢求不可得。記得在《牡丹亭驚夢》演完後，白雪仙小姐曾對我說：「我私淑杜麗娘也愛慕湯顯祖，湯氏還有一本《紫釵記》，你為甚麼不改編過來？」當時我唯有苦笑，心再在想，固所願也，恨無所據耳，當時我真想依照《紫釵記》的故事而編，但我繼而一想，僅窺輪廓尚未精華，萬不能一時妄動筆墨而污辱艷絕人寰之《紫釵記》。

　　幸然，上天竟會無意中成人之志。上一個週末，我想找一本褚遂良臨王右軍的絹本蘭亭《楔帖》而蕩上了荷里活道的陳舊書坊，驀然見有一套被蟲蟻蛀到不成樣子的晉編《六十種曲》，於是吹塵拂拭，翻視一遍，至第四集時赫然見有七個宋版木刻字，便是《繡刻紫釵記定本》，其間由第一齣〈本傳開宗〉起至第五十三齣〈節鎮宣恩〉止，曲白完整，稍無損傷，雀躍之餘，不遑論價矣，懷抱而歸，窮三晝夜把《紫釵記》曲文反覆鑽研，

覺《紫釵》之曲艷即艷矣，較之《牡丹亭驚夢》還深奧十倍，今之顧曲者不易接受，而場子零碎，改編不易，但和氏之璧終為崑山絕寶，光彩射人，我亦不敢稍具畏難之心，幸前者我曾改編前人戲曲，上演之後，識者寬恕之尺度，出乎我意料之外，使我得着鼓勵，不以拙陋自卑，以下即為我改編《紫釵記》的意見：湯氏《紫釵記》原曲一共分五十三幕，比《牡丹亭還魂記》少了兩幕，它的回目是一、本傳開宗，二、春日言懷，三、插釵新賞，四、謁鮑述嬌，五、許放觀燈，六、墜釵燈影，七、託鮑謀釵，八、佳期議允，九、得鮑成言，十、回求僕馬，十一、妝台巧絮，十二、僕馬臨門，十三、花朝合卺，十四、狂朋試喜，十五、權誇選士，十六、花院盟香，十七、春闈赴洛，十八、黃堂言餞，十九、節鎮登壇，廿、春愁望捷，廿一、杏苑題名，廿二、權嗔計貶，廿三、榮歸燕喜，廿四、門楣絮別，廿五、折柳陽關，廿六、隴上題詩，廿七、女俠輕財，廿八、雄番竊霸，廿九、高宴飛書，卅、河西款檄，卅一、吹台避暑，卅二、計局收才，卅三、巧夕驚秋，卅四、邊愁寫意，卅五、節鎮還朝，卅六、淚展銀屏，卅七、移參孟門，卅八、計哨訛傳，卅九、淚燭裁詩，四十、開箋泣玉，四一、延媒勸贅，四二、婉拒強婚，四三、緩婚收翠，四四、凍賣珠釵，四五、玉工傷感，四六、哭收釵燕，四七、怨撒金錢，四八、醉俠閒評，四九、曉窗圓夢，五十、玩釵疑歡，五一、花前遇

俠，五二、劍合釵圓，五三、節鎮宣恩。

　　誠然，湯氏對於這部《紫釵記》是描寫得相當細緻的。但〔今天粵劇〕舞台上決不容許有這麼多幕數。[32] 前編《牡丹亭驚夢》，我曾大膽地將原著五十五幕削為六幕九場，當時我為着分幕問題曾竭盡我的思索和費了整整一個月的時間，亂揮刀斧，幸未為識者所非。今次對於《紫釵記》的分幕問題，使我覺得比《牡丹亭驚夢》還更棘手，因為《牡丹亭》有若干原著的回目刪去是並無傷害於劇旨與戲劇本身的。但《紫釵記》就有點不同了。它每一個回目都有着伏線與連繫性。為了湯氏一反《霍小玉傳》的李益性格，寫其不婚權艷，不得不動用七個回目反覆描寫李益的處境艱難，不得不寫李益高中後被盧太尉薦參軍之職使遠戍雁門關外襄助劉公濟，因此而有〈吹台感恩詩〉，太尉利用吹台避暑的最後兩句：「感恩知有地，不上望京樓。」當作反詩而藉以要挾李益入贅，而使李益於咫尺間不敢復見小玉，實非薄倖的原因。劇情分兩地發展，自然所分的幕數甚多，假如大刀闊斧地把它刪去，則有很多地方難於交代，假如把它的情節竄改則又恐怕面目全非。仙鳳鳴的領導者白雪仙小姐近來很歡喜把古文學的名著改編上舞台，用意絕不是拿着古文學的招牌誑世耀

32　原文「這數多幕數」，相信是筆誤。

時，她明白之戲劇與文學不能分開，她的願望是假如把一部古文學名著的主題寫得突出改編得好，固然可以起點益世的作用，假如改編得不好，也使人對一部著名的文學稍為有點認識，也可以稍盡點自己從事粵劇的責任，何況名人筆下所刻劃的古代名女人，自有其可愛的獨特性格，適合摹揣於紅氍之上而已，我秉承了「仙鳳鳴」決定下的戲劇宗旨，縱使我枯拙了筆不能把《紫釵記》的主題寫得突出而起點益世作用，最低限度我也得保存它原來面目，使人對於這艷絕人間的不朽戲曲稍有認識。於是我不敢改變原著所寫的情節，可是幕是始終要經過大大的斧削的，暗場太多了，又失諸明顯交代，場口太多了，又複雜凌亂，我動手編《紫釵記》已經一個多月了，到現在仍沒有完成分幕的工作。今日香港劇壇的需要，一個劇本的完成亦不容許作者有認為 [33] 足夠的準備時間，在種種困難之下，我唯有毅然決定了。為了《紫釵記》不是一部普通的戲劇，為了改編《紫釵記》的工作與責任太繁重，所以我不厭其詳，有幾點要在此劇上演時向觀眾解釋一下的。

　　我把《紫釵記》原著曲白反覆唸讀數十次，雖是胃納不良，總算是消化了。我覺得整齣五十三幕之中，描寫有突出之處，僅得十三幕而已，那便是五、許放觀燈，

33　原文作「認識」，相信是筆誤。

六、墜釵燈影，廿五、折柳陽關，三十八、計哨訛傳，三十九、淚燭裁詩，四十一、延媒勸贅，四十二、婉拒強婚，四十四、凍賣珠釵，四十六、哭收釵燕，四十九、曉窗圓夢，五十一、花前遇俠，五十二、劍合釵圓，五十三、節鎮宣恩。原著之唸白精彩雖多，而特別感人心肺者撮得五段（五段精警對白已節錄刊登〔於本〕特刊）。我唯有全副精神集中於上述十三幕戲與五段精警唸白中，去表現原著的精華，對於分幕但求簡潔明朗，不敢復計較於是否得體也。原著寫得最生動的人物，當然是霍小玉和李益，以白雪仙任劍輝今日演技之高水準去分飾二人當然是綽然有餘的。以任冰兒飾浣紗，靚次伯飾盧太尉，蘇少棠飾韋夏卿，[34] 英麗梨飾盧燕貞，[35] 歐偉泉飾老玉工侯景先，朱少坡飾王哨兒，都挺適合的人物，值得向觀眾一提的便是湯顯祖在《紫釵記》除了李益和霍小玉寫得極度成功之外，還有兩個人物是寫得浮在紙上而絕對見筆力的，便是黃衫客與崔允明，[36] 黃衫客經《紫釵記》一寫後，幾成為說部中天下間第一個情場豪俠，而崔允明一介寒儒受小玉之恩遇而拒絕替太尉為媒，[37] 其「冷眼看炎涼，

---

34 原文作「蘇少棠飾崔允明」，相信是筆誤。

35 原文作「盧莫愁」。

36 原文作「黃衫客與韋夏卿」。

37 原文作「韋夏卿一介寒儒受小玉之恩遇而復替太尉為媒」，原因待考。

寸心為花惜」的良善性格不易表現，我為了這人物的重
要，故由梁醒波先生分飾，寧可有原著情節中略予變改，
此不得已之舉，幸識者恕之。

　　還有一點，《霍小玉傳》寫負心郎始亂終棄而為厲鬼
所擾終身姻緣不能美滿，其主題涉及因果之說，而《紫釵
記》描寫李益忠於不婚權艷，而霍小玉重於時不惜破產求
合浦，終而得俠士之助告慶終場，這樣的主題固然較前者
突出，湯氏之所以寫黃衫客代抱不平只是快人心而已，主
力仍在描寫男女間的堅貞不撓而已，可是盧太尉在書中並
沒有明顯的下落，僅是從〈節鎮宣恩〉一節裏憑一紙聖旨
交代罷，我認為這是不夠的。所以我纔加上了最後一幕。
同時，黃衫客的身份原著上寫得很模糊，只是憑輕輕的一
段對白自表而已，那便是他在崇敬寺向李益說的：「公非
李十郎者乎，某族本山東，姻事外戚，雖乏文藻，心嘗
樂賢，仰公聲華，常思覿止，某之敝居去此不遠亦有聲
樂，足以娛情，妖姬八九人，駿馬十數匹，惟眾所欲，但
願一過⋯⋯」以當時長安，能有妖姬八九人，駿馬十數
匹，當非燕市狂歌俠士可比。原著把他寫成一個神秘人物
藉以增加結場時的氣氛而已，黃衫客明知李益入贅盧門負
小玉，眾明知盧太尉之兄是丞相盧杞，盧中貴公公是他弟
弟，他的權力在京管七十二衛，在外管六十四營，黃衫客
憑甚麼力量敢撮合李益和小玉相見？假如憑一時氣憤，相
見後陷玉於危，那又成甚麼俠士？所以我對於黃衫客的身

份頗有懷疑，我在我所編的《紫釵記》裏替黃衫客確定了身份，這是原著沒有表明的。這也不是我妄自定奪，我憑着湯氏在《紫釵記》最後一幕〈節鎮宣恩〉裏寫黃衫客「擁通內掖」，我就憑着「擁通內掖」四字而寫他實是當朝第一權貴，這點恐不致被識者所笑的。

唐滌生

1957 年 7 月 30 日寫於十三咪海灘別館

㉓ 〈永誌不忘〉（1957f）

同人等站在藝術界及友誼立場，編印悼念集，以紀念薛覺先先生，損失良師，追憶益友，沉痛之心情，非言可喻，有關先生生平對戲劇界之寶貴貢獻，以及弔輓文字，鴻篇鉅製，燦然略備，簡直使余無置喙之餘地，不過忝屬編撰委員一份子，加以先生生平與余密切之關係，敢附驥尾，拉雜成篇，聊以塞責，並表示對先生景仰之忱。

藝術是民族精神之表現，與社會生活之反映。世界各國民族之風俗習慣、文化生活，各不相同，復因其歷史與地理之關係，而各有其顯著之風格與旨趣。戲劇是一切藝術綜合之結晶，故更能表現其民族性之特質。世界各國戲劇，種類雖然繁雜，然大別亦只是「寫實」和「寫意」兩大派別。「寫實派」之特質在實驗人生。「寫意派」之特質在象徵人生。「寫實派」如科學，款然若有新意。「寫實

派」欲以「物質文明」、「科學實驗」求解決人類痛苦,「寫意派」卻以「內心建設」、「精神勝利」來獲致靈魂自由。泰西文明諸邦,堪稱寫實派之總匯;而我國則無愧是寫意派之代表。中、西民族觀點既殊,故其表現之方式亦異。雖見仁見智,軒輊難分,而唯物、唯心,高下自別。蓋戲劇之本質,是藝術而不是科學,捨本逐末,便淪於下乘。

粵劇雖是地方性戲劇,由於地勢瀕海,交通便利,最先吸收西方文明之風氣,故其戲劇亦具輕快流麗之特質,與新穎善變之風格,備有中國「寫意派」之一切優點,及其一貫精神 —— 運用美妙之姿態符號,以表出深奧細微之心情,用經濟簡練之方法,以達到戲劇之效果。繼崑曲、亂彈之傳統,集南北戲曲之大成,以平劇為老兄,而以電影為諍友,發揮民族之趣味,與地方性之靈敏,其感應力之偉大,與娛樂成分之濃郁,而更具有可寶貴之時代精神。近三十多年來,粵劇獲得輝煌之成就,靡先生之力不及此,一代宗師之譽,誠足當之無愧!余不敏,致力編劇工作有年,對於先生生前之耳提面命、指示南針,五衷銘感,書此永誌不忘。[38]

38　這篇〈永誌不忘〉中的錯別字已按麥嘯霞《廣東戲劇史略》校訂;當中唐氏「繼崑曲、彈詞之傳統」應為「繼崑曲、亂彈之傳統」。

㉔　〈拉雜寫《九天玄女》〉（1958a）

在戲劇上，新的開始，舊的並沒有過去，反而很需要溫舊而談新。

我從事粵劇工作二十年，[39] 梨園裏我也曾經歷過一個小小的滄桑史，直至 1955 年開始，我纔獲得一個無上的鼓勵和安慰，便是「仙鳳鳴劇團」能在今日踏上一條正確的路途，很嚴肅地對粵劇傳統藝術有所理想及發揚，並爭取了很多新的觀眾，博得了很多新的批評。接受了各界很多對粵劇推進的寶貴意見，使粵劇不單只是供人娛樂的消遣品，而是負有一巨大責任的藝術品，這的確值得〔我這個〕站在前哨崗的士兵興奮和努力的。

既往：「仙鳳鳴」很多戲劇的素材和題材都是從元曲或宋元雜劇裏檢根而來的，如《琵琶記》、《牡丹亭驚夢》、《蝶影紅梨記》、《帝女花》、《紫釵記》等。甚至有人問我，「仙鳳鳴」繼續還有幾部元曲可以改編？雖然元曲及宋元雜劇是中國戲劇的寶藏，假如能夠有充分的時間去研究和學習，正是採之不完、用之不竭的。可惜學識膚淺的我僅能從幾部熟悉的名著裏用蠻幹敢為的精神去體驗和改編，還有很多很多寶貴豐富的素材和題材是未曾採用的。

去年年底，有一位戲劇界先進提示我，他說：每一部宋元雜劇都有它的獨特內容，非經咀嚼一兩年不易得其神

39　原文作「已十年」，相信是筆誤。

髓，縱然可以改編成一個使人動容而賣座的新戲，保持原
來面貌與輪廓，但肝臟卻非原來肝臟，非有很長時期的隨
演隨改，是很難獲取真確的成功。這一句說話，使我心悅
誠服，[40] 比如《牡丹亭驚夢》罷，在每一場演完之後，我總
有一點感覺，像戲中缺乏了一些甚麼和掛漏了一些甚麼，
直至上個月義演時演了〈幽媾〉一折，我也有同上的感
覺，我深深地覺得前人致力於戲劇的功候[41] 之深，是我輩
萬萬不及的。假如有可能的話，我願意把「仙鳳鳴」以前
幾個元曲改編過來的戲，再加以一番整理和修改，白雪仙
小姐也同意我這提議，只是等候一個充分的時間和機會，
我順便也在這裏一提，表明了仙班和仙姐對戲劇的態度。

　　同時也有不少來信提示我，勸我多留心與採納各地方
的著名民間故事改編，理由便是：能夠流傳於各地民間的故
事當然有它豐富的內容和流傳的價值和親切感。我很同意這
個提示，半年前，我開始搜購或搜讀各地方民間故事不下
四五百個，使我腦海中有了新的吸收，有很多故事美麗得難
以形容，真實動人而有充分的說服力，像神話的綺麗而曲
折，像史詩般有淚和有血，其中有一個是福建很流行的民
間故事，也可以說是很流行的福建戲劇，便是《荔枝換絳
桃》，另一名是《絳仙桃火海鴛鴦》。它的內容是寫福建女

40　原文作「誠心悅服」，疑誤。

41　原文作「工侯」，疑誤。

子冷霜蟬和畫家艾敬郎一段生死不渝的愛情，經過了閩王的強力破壞，經過了瑰麗宮廷的富貴誘惑，男女主角卒投入宮廷內火池而死，死後化作一對火鴛鴦，比翼凌空，化成仙侶團圓。這故事先寫人間，後寫天上，像是事實，像是神話，但主題是非常新鮮而明朗的。我深深愛着這故事，我參考了不少對這故事有關的書籍和去研究它的時代背景和地方背景，結果從旁的書籍裏也發現了不少寶貴的材料，於是我決定編排這個民間故事，並命名為《九天玄女》。

本來，據《雲笈七籤》和《九天玄女傳》記載，「九天玄女」是上史的一位美麗神女，亦稱玄女，俗稱九天娘娘，黃帝之師，聖母元君弟子，黃帝戰蚩尤於涿鹿，玄女下降，授帝以兵符印劍等物，並為帝製夔牛鼓八十面，遂破蚩尤。這位玄女為甚麼會拉入一個福建民間故事裏便呢？這一點我是有解釋必要的。

中國很多美麗的民間故事都加上美麗的神話，如曹子建和宓妃的故事加上洛神，任何一歷史學者不敢肯定洛神是宓妃死後所寄。[42] 但整個故事給〈夢會洛神〉一折美化了，但主題並沒有絲毫損害，反如畫龍點睛永垂不朽。尤其是唐人小說，唐代雜劇，[43] 幾乎幾部著名的都有神的附

42　原文作「記」，疑誤。

43　唐滌生這裏說的「唐代雜劇」相信是「宋代雜劇」之誤。

會，如《崔偉傳》加插崔偉夜入皇帝玄宮，會見神女。《陸顯傳》裏的陸顯會見海上仙人。《魚服記》之薛偉夜夢巨鯉，都是人神並寫，其中名句如：「人神相舍兮後會難，邂逅相遇兮暫為歡。星將移兮夜將闌，心未極兮且盤桓！」也是描寫人神的接觸而增強了故事本身的美麗，所以我把九天玄女寫入這動人的福建民間故事裏，相信不致為識者非議。而且我認為在舞台技藝的表現上，這可愛的民間故事很適合加上神話的渲染，對於主題是可增強的。

㉕ 〈介紹《白蛇傳》〉（1958b）

《白蛇傳》〈祭塔〉一曲，為芳艷芬小姐之絕唱。昔年遍傳五羊城，今日獨霸香爐峰。然《白蛇傳》在港尚未見貼演者，乃因是劇亦為每個地方均有演出，苟編排配置無特殊之處，難以烘托起〈祭塔〉一曲之美曼可貴。五年前，作者與芳小姐合作「大龍鳳劇團」時，芳小姐曾向作者提出編排此劇，作者亦默誌於心，開始搜羅有關《白蛇傳》之一切資料。適崑曲大師俞振飛先生寓港，作者知《白蛇傳》創自崑劇，而〈借傘〉、〈斷橋〉等關目、身形之美、傳神之妙，無過崑劇。再三求教於俞先生，幸俞先生不嫌才薄，以崑劇原曲見贈，苦苦研究之下，遂感崑曲之美，遠非粵劇所及，身段舞蹈，更非粵藝所能仿效萬〔分之〕一，遂知難而罷，心中固未嘗稍忘《白蛇傳》，芳小姐亦有同感焉。芳小姐去年越南歸，重提「白蛇」一

事，希望能以人力補其不逮之處，近日粵劇壇，亦改良舊習，每逢一劇之演出，皆有排演，作者雄心頓起，抱一次不能排好即〔排演〕十次、十次不能〔排好〕即〔排演〕百次之心，況得芳小姐之勉勵，敢以戰戰兢兢之態度，盡一切力量去培養粵劇《白蛇傳》之面世。

唐滌生

㉖ 〈《白兔會》的出處及在元曲史上的價值〉(1958c)

《白兔記》又名《劉智遠白兔記》，原著人姓氏不詳，然《南詞敘錄》以之列入宋、元舊篇之中，證明是元末人所作，並因橋段頗巧妙，關目雖有不自然之處，但野趣盎然，富於情味，頗多惻然迫人之處，在曲詞方面，極為樸素，味亦恬然，古色可挹，然極多鄙俚之句，無好語連珠之妙，故明、清雜劇中，演《白兔記》，對於〈麻地養子〉、〈出獵〉、〈回獵〉等數齣，兩代上演不輟，以其事奇意深，其餘則不常見演，對於演全部者，反未嘗見，元《曲品》[44]評《白兔記》云：「白兔雖不敢望蔡、荊（蔡為《琵琶記》，荊為《荊釵記》），然亦非今人所能作。」此乃《白兔記》在元曲史上的價值。

---

44 《曲品》一書，應成書於明代。

　　《劉智遠》即五代時漢之高祖與其妻李三娘事，詳見《五代史》「漢高祖本紀」及「皇后李氏傳」。高祖出身軍卒，李氏為農家女即是史實，其他事多與史實不符，大概民間俗說經小說、戲曲而後更形發展也，取材於此事的作品，可知有三種，其一為宋無名氏撰《五代平話》（董氏影宋本）中之「漢史平話」（卷上），其關目情節，略與此記相合，互有詳略，雖無瓜精與白兔一事，然可知白兔出於此平話之系統也。其二，則為金代之本無名氏之《劉智遠諸宮調》，與金董解元《西廂諸宮調》相類之說唱是也。

　　原本已為俄國彼德格勒大學史系所珍藏，似為宋之古版，未傳於世，未得深考與此記連絡之機會，世學者嘗以為憾。然余思兩者間皆有若何之線索可尋也。其三，為元「劉唐卿」所作《李三娘麻地捧印》雜劇，今雖散失，僅留其目於《錄鬼簿》中。

　　因此，可知劉智遠與李三娘之故事，流傳極夥，因而附會出白兔，因而附會出瓜精，然瓜精涉於神怪，遠不及白兔來得自然動人。故拙編定名為《白兔會》，綜納各地方傳說，根據無名氏之《白兔記》，加上自己之意見和表現方法而成此劇，縱使改編後面目全非，但求保留光彩，幸識諒之。

㉗ 〈介紹袁于令原著《西樓記》中〈病晤〉與〈會玉〉兩 折之精妙詞曲〉（1958d）

我改編了好些元曲作品，使我不能不對元曲裏的幾位
名作家筆下的詞藻加以細心的鑽研，其中使我最折服而認
為神品的，有高則誠的《琵琶記》和湯顯祖的《還魂記》
（即拙改編後的《牡丹亭驚夢》）和《紫釵記》，先進們每
落一句的貼切和每嵌一字的奧妙，確是我窮一生之力致於
詞曲而終不能望其項背的。尤其是他們治學的淵博和每對
一事一節的搜索和引證工夫，確能使今日學者慚愧得汗流
浹背。古人治曲是表現其一生胸懷磊落，今人治曲總多少
帶有點為營役而驅策的成分，媚世隨俗，哪能有較好的成
功作品？雖然我曾傾盡其力，改編了一連串的元曲作品，
在詞曲方面上，我也時時感覺到表現力的單薄和低能，縱
能倖邀時譽，內心仍是自咎的。

一年前，我接受了幾位老先生的策勵，而決定為第七
屆仙鳳鳴改編清袁于令的《西樓記》，同時也因為《西樓
記》中有〈錯夢〉一折成為有清一代雜劇壇上的不朽作
品，而決定命名為《西樓錯夢》。在那時起，我已經開始
搜索有關《西樓記》的書籍，同時幸得《西樓記》曾刊入
《六十種曲》，和〈樓會〉、〈折書〉兩折曾刊入汪協如校
訂的《綴白裘》，而《新曲苑》內亦有關於《西樓記》的
記載甚詳。所以改編工作是有所根據，並不如〔改編〕黃
韻珊的《帝女花》〔時〕僅得斷簡零篇，難於着手。

　　我把《西樓記》熟看了不下三五十次，使我感覺得意外的，並不是故事的感人，而是袁于令對於詞曲道白的精警與清新，若論深入淺出，決不在高、湯之下，讀來使我愛不釋手，幾乎使我忘記了改編的責任，而在西樓詞曲裏沉湎了一個時候，鎮日微醉熏熏，覺清代月榭花亭、章台金粉，如在几案之間，而叔夜之多情，穆姬之貞愛，輕鴻之俠義，胥公之豪邁，如在目前，詞曲觸目，感人之深，前所未見。所以，我特別向顧曲者謹撰一文，介紹《西樓記》第八齣〈病晤〉與第卅八齣〈會玉〉的原著曲詞，以提高觀眾們對於《西樓記》的興趣。

　　〈病晤〉是描寫穆素徽心儀于叔夜撰〈楚江清〉之才，將詞寫在花牋之上，得劉楚楚之介紹，花牋卒落於生手中，于生至西樓還牋，適素徽以病閉門謝客，聞于生至，抱病出晤，卒訂終身一折。而〈會玉〉則〔寫〕于生與素徽得胥公之助，會合一折，原著者對於以上兩折詞曲，刻意求真，有鬼斧神工之妙。

　　還有一點，是憑我的個人意見替袁于令先生伸不白之冤的，便是世傳《西樓記》最〔膾〕炙人口的〈錯夢〉是馮夢龍代表撰寫補入的，照我看〈錯夢〉一折的詞法與曲意，與〈病晤〉、〈會玉〉同出一手，而且〈病晤〉與〈會玉〉及〈歸訊〉裏之警句比〈錯夢〉一折還多，大概〈錯夢〉是馮撰一說是菊苑戲傳而已，不會是真的。

　　現在，我將袁于令在《西樓記》中〈病晤〉與〈會玉〉

兩折的原曲錄下，不重要的對白略去，以免過耗篇幅。

第八齣〈病晤〉[45]

（〈懶畫眉〉）（生上）漫整衣冠步平康。為
了花箋幾斷腸。藍橋何處問玄霜。試叩銅環響。
（內作梅香應介）忽聽鶯聲度短牆。（咳嗽介）

（前腔）（丑上）誰叩朱門嗽聲揚。不是劉
郎定是阮郎。教人答應恁般忙。原來是擲果車初
降。（生）令愛在家麼。（丑）不要說起，自池三
爺接去看梅，歸即染病，至今不好，概不接見，
有慢相公。可奈懨懨病在床。（中略）

（前腔）（旦扶病上）夢影梨雲正茫茫。病不
勝嬌懶下床。欣然扶病認檀郎。（看生介，生揖
介，旦低頭介）果然可愛風流樣。（凝眸相顧而
笑）恁地相逢看欲狂。（旦白）就是于叔夜相公，
尊庚了。（生白）十九。（旦）曾娶否。（生）沒
有娶。（旦）曾聘否。（生）也沒有聘，芳齡幾
何了。（旦）少足下三歲。（生）久慕雋才，兼

45　此標題是本書著者所加。

得妙楷，今幸一晤，如渴遇漿，只是玉體不安，不合驚動，扶病而出，感次五中矣。（旦）思慕經年，適逢一旦，喜慰夙懷，死且瞑目，何有於病。（中略）

（旦）呀，〈楚江情〉一曲，是吾媒也，願為君歌之。（生）願聞，但恐俚鄙之詞，有污香頰，且吾卿病虛氣怯，只是莫歌罷。（旦）隨歌而沒，亦足明志，待奴漫歌爾聽。

（〈楚江清〉）（〈香羅帶〉）朝來翠袖涼，薰籠擁床。昏沉睡醒眉倦揚。懶催鸚鵡喚梅香也。把朱門悄閉，羅幃漫張。一任他王孫駿馬嘶綠楊。（〈一江風〉）夢鎖葳蕤。怕逐東風蕩。只見蜂兒鬧紙窗，蜂兒鬧紙窗。蝶兒過粉牆。（氣怯不能歌介）怎解得咱情況。（〈大迓鼓〉）清商繞畫梁，一聲一字，萬種悠揚。高山流水相傾賞。欲乘秦鳳共翔翔。又恐巫山是夢鄉。（丑，文豹上，催歸介）

（前腔）汪汪淚數行……（旦）來時總會，此際堪傷。（生）緊牽紅袖難輕放。章台柳色繫情長。何事花驄嘶得恁地忙。

琴聲簫意逗情緣。乍見隨看別淚漣。東去伯勞西飛燕。斷腸回首各風煙。

第卅八齣〈會玉〉

（〈三疊引〉）（生上）朱樓畫閣連雲構。綠覆重重楊柳。庭院恍天台，試把銅環輕叩。（旦上，開門相見）（〈顆顆珠〉）一別已經秋。今朝相見。不禁淚交流。

（生）西樓有盟，曾結三生鳳好。（旦）舊玉無恙，終成百歲良緣，千愁萬恨，不能盡述，試略道幾語。

（生）（〈巫山十二峰〉）（〈三仙橋〉）自那日西樓喜逅。（旦）楚江情，病中奏。（生）伯將謗口，父親前事漏。（旦）（〈白練序〉）驅走不暫留。奈鴇母將浮江上舟。端相候……誰想只來舊玉。回書沒有。（生）（〈醉太平〉）適轍。封函未剖。被親歸悶散。無暇緘愁……拆開素紙。只疑啞謎。回頭牽慢。一定有誤了，那時爾便怎樣。（旦）唉，停舟一夜空廂守……鴇母誰知生機縠，那池同放下金鉤。詿投棲卻思締偶。（生）爾可順從他。（旦）砥冰霜誓。不與共衾裯。聞爾又帶病山東去了。（生）迎醫往任添憔瘦。冥途去久，那知三日還魂，恨醫傳訃謬。（旦）驟聞君死訃。已拼一命丟。誰知被侍兒救。有今日合成就。爾又在哪裏得我死信。（生）

赴春闈途遇貞侯。說芳魂一筆勾……勉含愁應
舉。歸問根由。（旦）後來怎曉得我不死。（生）
（〈劉潑帽〉）向劉家楚楚從前叩。知又飄流。
唬得人心僝愁。（旦）自那日建水陸道場拜爾一
拜，即欲自盡，誰想翻成好事。（〈香柳娘〉）請
僧人度伊，請僧人度伊。霎地擁戈矛，搶咱便疾
走。卻是郎君義友。他路見不平弄出押衙妙籌。
磨勒高手。（〈賀新郎〉）送奴家在此權迤逗。去
問爾遂姻媾。（生）（〈節節高〉）相逢笑語稠。
指皇州，方知有個藏春蔽。（旦）怎生趕得及殿
試。（生）他道明光奏。途路悠。怕看花後。贈
咱千里青驄驟。（〈東甌令〉）飄然如挾楚雲遊。
重得話西樓。

　　（尾聲）感胥公恩情厚。始終成我鳳鸞儔。
遙望空中同頓首。

　　　　何處飛來錦繡叢。新歡舊愛兩無窮。今宵剩
把銀釭照。猶恐相逢是夢中。

　　試讀以上兩折曲詞，如順手拈來，俯拾即是，生旦問
答之間，至情流露，而且用調高古，韻協天然，無一字稍
涉牽強。吾固知近三年來，觀眾對於每一劇之詞曲，俱有
嚴格之評別尺度，故特將妙詞刊錄。前蒙顧曲者過譽，謂
拙改編之《牡丹亭驚夢》如一首詩，《紫釵記》如一首詞，

余嘗自許此《西樓錯夢》如一首賦，此自許耳，非評語。並幸觀眾於此劇公演後有以教之。

㉘ 〈繼《香羅塚》、《雙仙拜月亭》、《白兔會》後編寫《百花亭贈劍》〉（1958e）

粵劇，今日在香港是應該被重視的，它包括了文學與傳統藝術，濃厚的地方獨特色彩，成為二百萬以上粵人的主要精神食糧，由五歲起至七十歲[46]的童叟都能哼出幾句著名的粵曲，各階層都普遍的歡喜粵劇，最近，各社團競相排演粵劇，婦女會也繼續排演粵劇替各慈善機關籌募善款，可見當前的粵劇是如何被重視，它簡直是具有高度文化推進力的工具。

「麗聲」是應合這需要的劇團，我是應合「麗聲」需要的劇務，當然對於每一屆的新戲是絕對不容忽視的，何況「麗聲」擁有最完善的陣容，和挾有最渾雄的魄力，它是很輕易便發生絕大的影響力，而這影響力是絕對良善和可歌頌的。

由《香羅塚》起，繼而《雙仙拜月亭》，和上一屆的《白兔會》，這都是從極有價值的古典戲曲改編而成，最低限度，已影響了香港粵劇的新風氣，雖然不敢說把文化

---

46 原文作「十七歲」，相信是筆誤。

帶到粵劇裏，但這風氣是如何的皎潔、高尚，沒有些微的綽頭作用，沒有半點欺瞞觀眾，嚴肅而認真地：把文學與傳統藝術依照着每一劇的情節發展，貢獻於每一位觀眾之前，負起並完成了粵劇工作者所應有的責任。

這一屆的新劇是《百花亭贈劍》，它是一個非常美麗動人的古典戲曲，也可以說部分從崑曲脫胎出來的粵劇，《百花贈劍》這劇目在崑曲裏佔有極重要的地位，與《驚夢》、《搶傘》、《麻地捧印》等劇目同樣受到中外戲劇界的重視。平劇老先生程艷秋在死前三日曾排演《百花贈劍》，崑劇老前輩俞振飛先生和言慧珠小姐曾以《百花贈劍》一劇出國獻演，可知《百花贈劍》的內容是如何的豐富，價值如何的高貴。

崑曲劇目是獨立的，譬如《牡丹亭驚夢》只是演〈驚夢〉一折，《拜月亭》只是演〈搶傘〉一折，《白兔記李三娘麻地捧印》也只是演〈捧印〉一段，《百花亭贈劍》當然也不例外而只是演〈贈劍〉一段，可是粵劇是完整的，不是演片段的，我曾費了近三個月的時光把《百花亭贈劍》的故事編成完整〔粵劇〕，除了保持了固有優美的傳統藝術以外，還加重了劇中的矛盾力，和誇耀了這戲的主題力量。

同時我感覺吳君麗的演技已迫近成熟的階段，她的演技是多方面的。《香羅塚》、《拜月亭》、《白兔會》都是演文戲，對於她積年苦練的武工是拋荒了，這是可惜的，在

《百花亭贈劍》裏，觀眾可以很明顯從她舉手抬足間，欣賞她對於武工的造詣，我認為《百花亭贈劍》的作風是嶄新的。

1958 年 9 月 23 日於麗的呼聲

唐滌生

29　〈節錄名滿中國曲壇的古代戲曲《百花亭》〈設計〉與〈贈劍〉兩折 [47] 原曲〉（1958f）

〈設計〉

（丑上）〈四邊靜〉職任軍中有幾春……〔曲文從略〕

〈贈劍〉

（占〔貼旦〕上）（白）好孤悽也……〔曲文從略〕

筆者按：細觀《百花亭》之〈設計〉與〈贈劍〉兩折，詞曲雖不綺麗，但古趣盎然，而韻協調順，畢竟是當行之作，〈設計〉一折，寫宦臣之奸，面目躍於紙上，唸白尤十足宦家口吻。而〈贈劍〉一折，寫兒女之情，絲絲入扣，細味再三，心為嚮往，遂生改編之念。

而《百花亭》之原曲，流傳人間甚少，除崑曲前輩俞

47　原文作「兩節」。

振飛先生得存數折外（現已將〈贈劍〉一折重加整理後與言慧珠出國獻演），實不多見，滌生從事戲曲學習，對古典戲曲，愛逾珍璧，偶得斷簡零篇，亦謹密收藏，一年前偶過荷里活道書肆之中，得見《百花亭》手抄二本，即為今日錄下之〈設計〉、〈贈劍〉兩折，但已毀於蟲鼠，失卻本來面目，費一月之時間，補句填字，強能完整，並用以為改編《百花亭贈劍》之藍本，雖橋段與佈局不同，此孤本實為啟發我改編是劇之主要素材，今不嫌繁瑣，節錄原曲於此，獻諸同好。

1958 年 9 月 25 日
寫於麗的呼聲

㉚　**唐滌生為《牡丹亭》唱片題詞（1958g）**

　　僕從事戲曲工作已經二十載，近五年來頗致力於改編宋元名家之作品，對「元曲」尤為愛重，曾為「仙鳳鳴劇團」編寫《牡丹亭驚夢》一劇，自許為近五年來心賞作品；直至今日，還未有比《牡丹亭驚夢》更進一步之曲作。更得「娛樂公司」以優良技術灌成唱片，製作之認真、錄音之清晰，敢稱獨一無二，使《牡丹亭驚夢》一劇之曲藝永垂曲苑。興奮之餘，特為「娛樂唱片公司」出品《牡丹亭驚夢》作介紹。

唐滌生　書

㉛　〈唐滌生向藝術界呼籲共同搞好香港粵劇使它邁向健
　　康繁榮〉，1958 年 11 月 13 日，香港《文匯報》引
　　述唐滌生接受訪問時的發言（1958h）

　　〔本報特訊〕石燕子被判入獄案，使廣大人士關心到
目前粵劇在香港的情況。究竟粵劇在香港前途如何呢？粵
劇目前有些甚麼問題呢？本港著名粵劇編劇家唐滌生，
昨天在醫院中接見本報記者時，向本港廣泛的藝術家呼
籲，要求本港的美術家、音樂家、文藝作家、新聞工作
者……共同以他們的能力，為香港粵劇藝術多做點工
作，使粵劇在香港能夠更好地發揚它的優良傳統，走上健
康、正當的途徑。

　　唐滌生說：在香港，粵劇藝術工作是相當孤獨的，這
不是它應得的待遇。他說：「粵劇是我國許多優良劇種之
一，在嶺南地區、香港，粵劇是受歡迎的，它有廣大的觀
眾，粵劇歷史悠久，大家對它又很熟悉。」但是，唐滌生
說：香港許多的音樂家、美術家、文藝作家，他們對粵劇
的關心是不夠的。他們為甚麼不對粵劇藝術多做些積極扶
持和推動的工作呢？

　　唐滌生同時特別強調，香港報紙上極度缺乏對香港粵
劇藝術的批評和鼓勵文章，這是使粵劇藝術工作者特別感
到孤獨之處。唐滌生呼籲說：「同其他的舞台藝術一樣，
粵劇也是一種綜合藝術，要和各個類別的藝術結合起來，
才能達到其藝術的完整境地。所以，香港有條件為粵劇藝

術出力的人，都應該貢獻他們的力量，使粵劇獲得健康的發展，不應該對這個有大家熟悉、喜愛的地方劇種，採取不理它、任它自生自滅的態度。」他說：「這是一個需要集中廣泛的藝術家的力量才能做得好的工作，不是一、二個劇團可以做好的，也不是一個或兩個唐滌生可以做得好的。」

唐滌生對今天香港粵劇圈中的一些落後現象，表示很反感，也很感慨。這些現象包括一些古老、落伍的劇團管理制度和演出制度。唐滌生說：「在現在這個時代，粵劇圈中那些落伍的已經成為陋習的東西，是應該揚棄的，正因為如此，香港的粵劇改進工作，就不僅是粵劇圈自己的事，而是整個香港文化界人士要共同努力的事。」

唐滌生說：「保護粵劇的優良傳統，並使之發揚，是粵劇工作者的責任。」他不滿意將粵劇庸俗化的一切做法。他說：「粵劇為廣大人士尤其廣東同胞所愛好，它是一個很好的移風易俗、作社會教育的藝術形式。」把迷信、淫邪、亂七八糟的拉些歐美的低級音樂出來放在粵劇中去的那些做法，唐滌生說：「這是非常不對的做法，所以這種做法並不受觀眾歡迎，現在已經不大有人這樣搞了。」唐滌生肯定粵劇是有前途的，他說：「如果不是粵劇產自民間的藝術，不是有悠久的歷史，和有廣大人士愛好，粵劇也許給人斷送了，但是，可以肯定，粵劇是有前途的，是不會被斷送的，現在的問題只是如何集中力量把

粵劇推上傳統的優良的道路上來。」

　　唐滌生最近因為患高血壓進了醫院，現在他已恢復健康，今天就要出院了。唐滌生說：他準備休息一個時期，再開始為明春「仙鳳鳴劇團」創作粵劇劇本。

　　記者按：唐滌生對集中本港的優秀藝術工作者的努力，共同出力搞好香港粵劇，使之有健康的發揚及繁榮，這是一個很值得文化界人士注意的問題，香港文化界人士對扶持這個優良的地方劇種，是不是可以考慮一下唐滌生的這個意見，大家交換交換搞好粵劇的意見呢？

㉜ 〈我以哪一種表現方法去改編《紅梅記》〉（1959）

　　我自從改編了《西樓錯夢》之後，病了一個時期，雖然很快便痊癒了，可是體力恢復得很慢，我一樣上麗的呼聲，一樣撰寫一些電影曲，但仍未敢執筆為「仙鳳鳴」編寫新劇，我知道仙班的新劇有獨特的風格，它每屆的新劇多從元曲採集素材，改編元曲的名作品，是一種極繁難的工作，不只需要精神，更需要豐富的靈感，雖然素材早就有了，落筆一再遷延，以致擱誤了仙班的演期，這是我引為至歉的。

　　周朝俊的《紅梅記》，在我開始向元曲學習的時候，它便給予我一種不可磨滅的印象，可是由於原故事的曲折玄妙，使經驗尚屬膚淺的我遲遲不敢動手改編，它難於改編之處，超乎《牡丹亭驚夢》以上，所以我先後改編了

《還魂記》（即《牡丹亭驚夢》）、《紫釵記》、《紅梨記》（即《蝶影紅梨記》）、《帝女花》、《西樓記》（即《西樓錯夢》）之後，還對《紅梅記》有所畏難，幸然以上幾部劇本演出後的成績，與及演出人白雪仙小姐的不撓精神，給予我不少鼓勵，於是我便決定在這一屆裏，將周朝俊的《紅梅記》改〔編〕為《再世紅梅記》。

《紅梅記》的來源是如此的，它已被推定為萬曆或萬曆以前所作的戲曲，而日後果能盛行於戲場中者，《紅梅記》的作者是周朝俊，字梯玉或云夷玉，浙江鄞縣人（《文學大綱》二十四章云：《曲錄》以為吳縣人，誤也，按《劇說》卷三引甬上詩傳有「周朝俊字夷玉……紅梅最傳」，其為甬上人也明矣，即以之為沿甬上之鄞縣人之說較為可信）。

關於《紅梅記》吳梅氏曰：「此記久佚無存，然余偶得諸破肆中……記中情節頗極生動……此記傳唱絕少，五十年前〈脫阱〉、〈鬼辯〉、〈算命〉等折，偶現歌場，余生也晚已不及見。」前人對於周朝俊之《紅梅記》評論大抵如是，可知並非無名之作，但吳梅氏尚且歎息余生也晚，那末作者對《紅梅記》的原本如何捉摸呢？除了在藏書《綴白裘》內翻檢得〈算命〉一折外，其餘碩果僅存的〈脫阱〉與〈鬼辯〉兩折的原曲，搜遍今日藝壇，亦屬不易發現，我雖然知道這兩折載入《集成曲譜》，但今日在香港想發現一套《集成曲譜》也是極端困難之事。

極感謝良師摯友對我的關懷，孫養農夫人在崑曲名藏家處發現了《集成曲譜》，更蒙她不棄我這抱有蠻勁的元曲學習者，竟然將《集成曲譜》內之《紅梅閣》〈脫阱〉、〈鬼辯〉二折手抄給我，使我得從這兩折內窺見原作者的才華和精神，使我更有膽力去改編這艱巨的原著，我除了對孫養農夫人深致謝意之外，我還有一種感覺，要是藝壇內有多幾位孫夫人，粵劇的前途還是挺有希望的。

《紅梅記》的曲文雖是久佚無存，但它的故事卻很盛行於今日，很多地方雜劇都曾搬演過《紅梅記》的故事，而李慧娘的角色，也曾經一班戲劇學者評論過，而且撰有專文，可見《紅梅記》給戲劇界人士認識之深，實遠駕《紫釵記》、《紅梨記》、《帝女花》、《西樓記》之上。

關於《紅梅記》的故事來源，有一般人說是脫胎於明萬曆間之《繡谷春容》內小說〈古杭紅梅記〉，《曲海提要（卷七）》及《中國戲曲概論（卷中）》對此事也有提及，故事雖然以裴禹與李慧娘的人鬼戀做中心，其中也着實暴露了權奸的淫威和歌頌了〔自由〕戀愛的貞忠聖潔，這種作品能寫在萬曆年間是難能可貴的，那末為甚麼《紅梅記》與《繡谷春容》發生了密切關係呢？

原因是明萬曆間之《繡谷春容（卷十）》有小說〈古杭紅梅記〉，其故事之大要如下：

「錢塘裴禹遊西湖，平章賈似道妾李慧娘見之，稱其美，賈怒，殺慧娘，又盧總兵未亡人之女，有昭容者甚

美，賈欲得之為妾，母欲拒之而無策，裴生教策阻止之，賈知之捉裴生，拘禁邸內，適此處為前殺慧娘之妝樓，其鬼魂出現，與裴生相契半載，而昭容之母，懼賈再來相迫，乃移居揚州，賈因此遷怒裴生，急欲殺之，慧娘之魂知之，使裴生逃遁，賈疑諸妾縱之，責問時，慧娘鬼魂出現，辯明之，後裴生進士及第，與盧氏女昭容結婚。」

我編的《再世紅梅記》，故事的主要點當然與上述相同，所不同者，只是小節而已，任誰都知道，完美的前人戲曲，並不可能便是完美的今日粵劇，為了人才上和演出環境種種限制，和今日觀眾的興趣感和接受力，每一部改編前人作品都是經過很大刪改的，這部《再世紅梅記》當然不能例外，只是極力保持原著的精神和戲曲上的優美感已經算是盡了改編人的最大責任，膚淺的我還在擔心着能不能負起這責任。

不過，最低限度，我認識了原著的精神和他寫作《紅梅記》的目的。《紅梅記》能有〈鬼辯〉一折，作者的抱負是很明顯的，在萬曆年間，當然還是君主〔專制〕統治時代，文人的筆端是受着極端限制的，李慧娘雖然是作者筆下創造的人物，而時代背景與賈似道宰相卻是真實的，當時權臣的氣燄和淫威，卻不能以筆墨正面暴露，雖然把暴露的事跡譜入絲竹管弦，也要通過很巧妙的手法，《紅梅記》的作者巧妙的借李慧娘的鬼魂把賈似道罵了一頓，而且諷刺一番，在元曲裏雖然找不到唾罵的字句和諷刺的

曲文，只是慧娘恃着自己是鬼魂而坦白地抒發了心中的戀愛對象和釋裴的事體而已，在當時環境中，這已經是很露骨和很有膽力的描寫，戲劇界工作者也很明瞭這點，所以後來改編《紅梅閣》〈鬼辯〉一折，都用極尖銳的筆鋒去刺炙權奸的罪惡，我記得某地方雜劇中〈鬼辯〉一折裏有如下的曲詞，是李慧娘罵賈似道的：「笑君王一時錯認了好平章，陰司裏卻全然不睬爾這賊丞相！……」到後來，還以舞蹈的形式撞了賈似道一跤，嚇了權奸一個半死，所以說《紅梅記》的李慧娘人物雖然是作者一種天真的幻想，《紅梅記》的情節根本是作者一種浪漫主義的藝術表現方法，但作者的意志在一定歷史條件下卻產生出很大的力量，這便是《紅梅記》的明朗主題，也便是拙編《再世紅梅記》的唯一根據點。

《再世紅梅記》的女主角李慧娘和盧昭容，在整個故事情節裏當然是慧娘是主，昭容是賓，慧娘是鬼，昭容是人，人的說話和表現也當然沒有鬼的誇張和容易發生效力，但昭容在戲中也佔有極重要的位置，在〈繡谷春容〉與〈鬧府裝瘋〉兩折裏是極端難演的人物，幸而在今日香港藝壇裏卻發現了一位演技評價極高而且有深度修養的女演員，那便是仙鳳鳴的領導人白雪仙小姐，於是作者有充分的信心使白小姐飾演《再世紅梅記》中的李慧娘和盧昭容兩人物，由兩個人物極細緻的嬉笑怒罵去刻劃原著人當年哽咽在喉不能一吐的胸中塊磊。

　　最後我還大膽加了〈魂合〉一折來結束這美麗的故事，這也許我是受了鄭德輝撰《迷青瑣倩女離魂》雜劇的影響，我覺得在故事裏李慧娘與盧昭容都是正面人物，慧娘是鬼，她畢生不能兌現的自由和戀愛觀，由於昭容是人，最後卻兌現於昭容身上，〈魂合〉一折，當然是有點神話色彩，但由於原著《紅梅記》筆下的李慧娘和盧昭容都是天真的幻想，而《紅梅記》的故事情節也是用浪漫主義的藝術表現方法，我在《再世紅梅記》加上一幕〈魂合〉做結幕，諒不致為識者所非吧！

滌生寫於 1959 年 8 月

附錄二：唐滌生參與及唐劇改編電影年表

阮紫瑩編訂、陳守仁校訂

編號	片名	首映日期（年·月·日）	出品公司	監製	編劇	導演
1	大地晨鐘	1940.02.02	百利	霍寶華	唐滌生	胡鵬 梁伯民
2	大地回春	1940.12.21	華聲	何致仁	莫康時	莫康時
3	春閨三鳳	1941.03.13	東方	鄧燊華	唐滌生	胡鵬
4	花花世界	1942.01.12	聯安		莫康時	莫康時
5	香草美人	1947.09.11	藍茵		莫康時	莫康時
6	恨鎖瓊樓	1947.09.20	宇宙			洪仲豪
7	我為卿狂	1947.09.24	中國電影企業	歐明生	唐滌生	陳皮
8	兩個煙精掃長堤	1948.04.27	青華		唐滌生	周詩祿
9	四代同堂	1948.05.06	紐約銀星		陳明（馬國亮）	李應源
10	妙想天開	1948.08.27	合眾	唐滌生	唐滌生 楊工良	楊工良
11	打破玉籠飛彩鳳	1948.11.16			唐滌生	唐滌生

主演	年代	色彩	撰曲／填詞	附註
吳楚帆、黎灼灼 唐丹（唐滌生） 盧敦	時裝	黑白		唐滌生首部編劇、 參與演出的電影
廖俠懷、白燕 馮峰、鄭孟霞	時裝	黑白	唐滌生撰曲：插 曲〈田野青青稻草 黃〉、〈江湖女〉	
黎灼灼、張活游 梁上燕、伊秋水	時裝	黑白		原名《花落見花心》
廖俠懷、月兒 俞亮、白梨	時裝	黑白	唐滌生作詞、三首 插曲	1942 年於澳門公映， 1947 年 2 月 21 日在香 港公映
馮峰、陸小仙 林坤山、黎灼灼	時裝	黑白	唐滌生填詞：插曲 〈無價青春留不住〉	
白雲、鄭孟霞 張活游、伊秋水	時裝	黑白		唐劇《孔雀東南飛》 （1944）改編
馬師曾、紅線女 鄭孟霞、劉克宣	時裝	黑白		同名唐劇（1946） 改編
李海泉、藍夜 伊秋水、黃楚山	時裝	黑白		同名唐劇（1947） 改編
馬師曾、白雲 鄭孟霞、黎灼灼	時裝	黑白	唐滌生撰曲： 主題曲〈四代同堂〉	
鄭孟霞、盧敦 白雲、陳白露	時裝	黑白		又名《君子好逑》；國 語對白；只在星馬公 映，沒有資料顯示曾 在香港公映
鄭孟霞、張活游 姚萍、衛明珠	時裝	黑白		唐劇《打破玉籠驚彩 鳳》（1948）改編；唐 滌生首部執導電影

編號	片名	首映日期 （年·月·日）	出品公司	監製	編劇	導演
12	齊宣王與鍾無艷 （上集）	1949.01.01	大南		唐滌生	唐滌生
13	齊宣王與鍾無艷 （下集）	1949.01.06	大南		唐滌生	唐滌生
14	地獄金龜	1949.05.29	大利	翁國湯	唐滌生	俞亮
15	血海蜂	1950.02.12	南嶽	李蜃	吳其敏	馮鳳謌
16	白楊紅淚	1950.03.05	合利	周東銓	田龍	周詩祿
17	董小宛	1950.06.23	澤生	何澤蒼	唐滌生	唐滌生
18	紅菱血（上集）	1951.10.05	澤生	何澤蒼	唐滌生	唐滌生
19	紅菱血（下集）	1951.10.10	澤生	何澤蒼	唐滌生	唐滌生
20	嫡庶之間難為母	1952.01.10	四海	胡維	劉達	關文清
21	一彎眉月伴寒衾	1952.02.16	澤生	何澤蒼	唐滌生	李鐵 王鏗
22	十載繁華一夢銷	1952.07.18	金星			劉達	關文清
23	玉女凡心	1952.12.24	寶雲	何少保		李鐵

主演	年代	色彩	撰曲／填詞	附註
新馬師曾、林妹妹 衛明珠、子喉七	古裝	黑白		
新馬師曾、林妹妹 衛明珠、子喉七	古裝	黑白		
李海泉、白梨 白雲、小燕飛	時裝	黑白		同名唐劇（1949）改編
紅線女、陸飛鴻 劉克宣、夏寶蓮	時裝	黑白	蔡滌凡	同名唐劇（1949）改編
羅品超、紫羅蓮 吳丹鳳、劉克宣	時裝	黑白		同名唐劇（1949）改編
芳艷芬、黃千歲 陳錦棠、黃鶴聲	古裝	黑白	唐滌生撰詞： 插曲〈新台怨〉； 王粵生作曲	同名唐劇（1950）改編
芳艷芬、羅品超 黃千歲、盧敦	時裝	黑白	唐滌生作詞： 主題曲〈銀塘吐艷〉；王粵生作曲	同名唐劇（1950）改編；1951（上、下集）、1964 年三度搬上銀幕
芳艷芬、羅品超 黃千歲、林妹妹	時裝	黑白	唐滌生作詞： 主題曲〈梨花慘淡經風雨〉；王粵生作曲	同名唐劇（1950）改編；1951（上、下集）、1964 年三度搬上銀幕
廖俠懷、黃曼梨 麗兒、黃超武	時裝	黑白		同名唐劇（1950）改編
芳艷芬、吳楚帆 張瑛、容小意	時裝	黑白	唐滌生填詞： 主題曲〈眉月寒衾〉；王粵生作曲	同名唐劇（1951）改編；1952、1964 年兩度搬上銀幕
廖俠懷、張瑛 紫羅蓮、黃金愛	時裝	黑白		同名唐劇（1950）改編
紅線女、何非凡 吳楚帆、周坤玲	時裝	黑白		同名唐劇（1951）改編

編號	片名	首映日期（年·月·日）	出品公司	監製	編劇	導演
24	火網梵宮十四年	1953.04.06	飛鷹		李壽祺	周詩祿
25	風流夜合花	1953.04.30	永興			余巨賢
26	落霞孤鶩	1953.05.28		陸飛鴻	王鏗 韓碧（何璧堅）	李鐵 王鏗
27	艷女情顛假玉郎	1953.08.30	寶寶		胡文森	馮志剛
28	一年一度燕歸來	1953.09.20	四興	金易	盧雨岐	周詩祿
	五諫刁妻	1953.10.29	信誼	薛兆璋	胡文森	馮志剛
29	富士山之戀	1954.01.01	鴻運	顧文娟	唐滌生	莫康時
30	香銷十二美人樓	1954.01.06	龍鳳		張鯤來	周詩祿
31	金鳳迎春	1954.02.02	龍鳳	周書祥	張鯤來	周詩祿
32	錦艷同輝香雪海	1954.02.07	大聯			馮志剛
33	玉女懷胎十八年	1954.02.26	盛生	沖天鳳	李晨風	周詩祿
34	青磬紅魚非淚影	1954.05.06	信誼			馮志剛

主演	年代	色彩	撰曲／填詞	附註
新馬師曾、芳艷芬 陸飛鴻、鳳凰女	時裝	黑白	羅寶生	同名唐劇（1950） 改編；1953、1958 年 兩度搬上銀幕
芳艷芬、何非凡 梁醒波、半日安	時裝	黑白	潘一帆	同名唐劇（1951） 改編
張活游、紫羅蓮 陸飛鴻、鄒潔雲	時裝	黑白		同名唐劇（1943） 改編
鄧碧雲、周坤玲、 羅劍郎、梁醒波	時裝	黑白		同名唐劇（1952） 改編
新馬師曾、芳艷芬 梁醒波、陸飛鴻	時裝	黑白	唐滌生	同名唐劇（1953） 改編；1953、1958 年 兩度搬上銀幕
任劍輝、白雪仙 羅劍郎、鄭碧影	時裝	黑白		原著李少芸、 唐滌生參訂； 待考
任劍輝、白雪仙 梁醒波、陳錦棠	時裝	黑白		同名唐劇（1953） 改編
新馬師曾、鄧碧雲 石堅、藍夜	時裝	黑白	唐滌生	同名唐劇（1953） 改編；1954、1958 年 兩度搬上銀幕
新馬師曾、鄧碧雲 藍夜、林蛟	時裝	黑白	唐滌生、李願聞	同名唐劇（1953） 改編
羅劍郎、任劍輝 白雪仙、鄭碧影	時裝	黑白	胡文森	同名唐劇（1951） 改編
新馬師曾、陳艷儂 鳳凰女、沖天鳳	時裝	黑白	潘一帆	同名唐劇（1952） 改編
鄧碧雲、何非凡 鄭惠森、鄧寄塵	時裝	黑白		同名唐劇（1951） 改編

編號	片名	首映日期（年·月·日）	出品公司	監製	編劇	導演
35	漢武帝夢會衛夫人	1954.05.12	澤生	何澤蒼	唐滌生	唐滌生（導演）、李鐵（執行導演）
36	艷滴海棠紅	1954.05.29	萬利			周詩祿
37	蠻女催妝嫁玉郎	1954.06.04				唐滌生
38	搖紅燭化佛前燈	1954.10.09	寶龍	麥泉	馮一葦	馮志剛
39	梨花一枝春帶雨	1954.12.03	永茂	鄭生	盧雨岐	馮志剛
40	程大嫂	1954.12.08	植利		李鐵	李鐵
41	艷陽長照牡丹紅	1955.01.23	龍鳳		盧雨岐	周詩祿
42	鴻運喜當頭	1955.02.07	利影		李壽祺	胡鵬
43	鸞鳳換香巢	1955.03.01	寶寶		藍菲 李壽祺	陳皮
44	花都綺夢	1955.08.26	國際	歐德爾	唐滌生	唐滌生
45	一枝紅艷露凝香	1955.09.29	福達	何庚梅	盧雨岐	黃岱
46	抬轎佬養新娘	1955.11.03	利影		唐滌生	唐滌生

主演	年代	色彩	撰曲／填詞	附註
吳楚帆、白燕 張活游、容小意	古裝	黑白		同名唐劇（1950）改編；1954、1959 年兩度搬上銀幕
新馬師曾、周坤玲 鄭碧影、鄭惠森	時裝	黑白		同名唐劇（1953）改編
紅線女、何非凡 麥炳榮、容小意	時裝	黑白		同名唐劇（1951）改編
任劍輝、白雪仙 鄭碧影、鄭惠森	時裝	黑白	胡文森	同名唐劇（1951）改編
司馬華龍 上官筠慧 張英才、李香凝	民初	黑白		唐劇《一枝梨花春帶雨》（1951）改編
芳艷芬、林妹妹 黃千歲、張瑛	民初	黑白	唐滌生作詞；王粵生作曲：〈憶亡兒〉、〈賣身的人〉	同名唐劇（1954）改編
芳艷芬、張瑛 林蛟、吳丹鳳	時裝	黑白	李願聞	同名唐劇（1954）改編
任劍輝、白雪仙 鄭惠森、鳳凰女	時裝	黑白	羅寶生	同名唐劇（1954）改編
鄧碧雲、唐滌生 鄭惠森、吳宮燕	民初	黑白	唐滌生	同名唐劇（1952）改編
任劍輝、白雪仙 梁醒波、鳳凰女	時裝	黑白		同名唐劇（1955）改編
芳艷芬、任劍輝 陳錦棠、陳露薇	民初	黑白	王粵生作曲	同名唐劇（1952）改編；1955、1959 年兩度搬上銀幕
梁醒波、鄧碧雲 唐滌生、羅劍郎	時裝	黑白		

編號	片名	首映日期 （年·月·日）	出品公司	監製	編劇	導演
47	雄寡婦	1955.11.27	紅梅	盧山	盧雨岐	馮志剛
48	春燈羽扇	1956.03.08	永利	呂楚雲	盧雨岐	周詩祿
49	假鳳虛鸞	1956.05.04	寶寶	雷基	藍菲	陳皮
50	桂枝告狀	1956.07.19	昌興	林葉 （林業）		陳皮
51	夜夜念奴嬌	1956.08.24	新聯	廖一原	陳雲	陳皮
52	王老虎搶親	1957.05.11	越華兄弟	李蘇石	唐滌生	林川
53	畫裏天仙	1957.07.04	重光	梁飛熊	唐滌生	蔣偉光
54	一樓風雪夜歸人	1957.07.04	永利	林大偉	盧雨岐 江揚	周詩祿
55	還君明珠雙淚垂	1957.10.24	植利	歐陽植宜	盧雨岐	莫康時
56	洛神	1957.10.31	大成	關家柏	羅志雄	羅志雄
57	唐伯虎點秋香	1957.12.05	立達	許立齋		馮志剛
58	香羅塚	1957.12.19	大成	關家柏	盧雨岐	馮志剛 盧雨岐
59	萬世流芳張玉喬	1958.01.30	永溢	馮少泉	唐滌生	龍圖

主演	年代	色彩	撰曲／填詞	附註
鄧碧雲、羅劍郎、梁醒波、鳳凰女	民初	黑白	盧山	同名唐劇（1955）改編
芳艷芬、任劍輝、黃千歲、劉克宣	民初	黑白		唐劇《春燈羽扇恨》（1954）改編；1956、1959年兩度搬上銀幕
鄧碧雲、唐滌生、莫蘊霞、林蛟	時裝	黑白	羅寶生	
任劍輝、鄧碧雲、鄭碧影、歐陽儉	古裝	黑白	羅寶生	唐劇《販馬記》（1956）改編；1956、1959年兩度搬上銀幕
鄧碧雲、梁無相、梁醒波、盧敦	時裝	黑白	羅寶生	同名唐劇（1952）改編
何非凡、鄧碧雲、梁醒波、李雁	古裝	黑白	唐滌生	原名《孔雀開屏》
任劍輝、白雪仙、劉克宣、譚蘭卿	古裝	黑白	唐滌生	
芳艷芬、吳楚帆、張活游、黎雯	民初	黑白	李願聞、潘焯	同名唐劇（1952）改編；1957、1962年兩度搬上銀幕
芳艷芬、張活游、梁醒波、黃千歲	民初	黑白		同名唐劇（1951）改編
芳艷芬、任劍輝、麥炳榮、劉克宣	古裝	彩色		同名唐劇（1956）改編
任劍輝、白雪仙、梁醒波、歐陽儉	古裝	彩色		同名唐劇（1956）改編；1957、1959年兩度搬上銀幕
任劍輝、吳君麗、羅劍郎、阮兆輝	古裝	彩色	吳一嘯	又名《趙仕珍殺妻》；同名唐劇（1956）改編
關德興、鄧碧雲、陳錦棠、梁醒波	古裝	黑白	唐滌生	又名《萬世流芳》；同名唐劇（1954）改編

唐滌生創作傳奇（增訂版）

編號	片名	首映日期（年·月·日）	出品公司	監製	編劇	導演
60	斷腸碑	1958.03.15	兆豐		蔣偉光	蔣偉光
61	艷陽丹鳳	1958.03.21	新光		馮志剛	馮志剛
62	三審狀元妻	1958.04.10	藝光	何漢廉	蔣偉光	蔣偉光
63	火網梵宮十四年	1958.05.01	大成	關家柏	蔣偉光	蔣偉光
	桃花仙子	1958.07.18	立達	許立齋	蔣偉光	蔣偉光
64	一年一度燕歸來	1958.07.23	立達	許立齋	盧雨岐	珠璣
65	梁祝恨史	1958.08.20	植利	歐陽植宜	李鐵	李鐵
66	文姬歸漢	1958.11.13	大成	關家柏	龍圖	龍圖
67	一入侯門深似海	1958.11.19	新利	何建章	李願聞	珠璣
68	魂化瑤台夜合花	1958.12.05	大成		黃鶴聲	黃鶴聲（黃金印）
69	雙仙拜月亭	1958.12.30	東方		蔣偉光	蔣偉光
70	香銷十二美人樓	1958.12.31	立達	許立齋	李願聞	珠璣
71	可憐女	1959.01.21	重光	梁飛熊	蔣偉光	蔣偉光
72	漢女貞忠傳	1959.02.07	新光		龍圖	龍圖

主演	年代	色彩	撰曲／填詞	附註
任劍輝、吳君麗 李海泉、歐陽儉	古裝	黑白		同名唐劇（1949） 改編
羅劍郎、芳艷芬 黃千歲、陳好逑	古裝	彩色	吳一嘯	同名唐劇（1951） 改編
任劍輝、白雪仙 半日安、劉克宣	古裝	黑白	唐滌生	
芳艷芬、任劍輝 麥炳榮、李海泉	古裝	彩色	潘一帆	同名唐劇（1950）改 編；1953、1958 年兩 度搬上銀幕
任劍輝、白雪仙 半日安、許英秀	古裝	彩色	李願聞、潘焯	據潘焯説由唐劇改編； 待考
芳艷芬、任劍輝 蘇少棠、半日安	古裝	黑白	李願聞、潘焯	同名唐劇（1953） 改編；1953、1958 年 兩度搬上銀幕
芳艷芬、任劍輝 靚次伯、陳好逑	古裝	彩色	吳一嘯	同名唐劇（1955） 改編
芳艷芬、羅劍郎 麥炳榮、劉克宣	古裝	彩色	潘一帆	同名唐劇（1949） 改編
芳艷芬、何非凡 林家聲、譚倩紅	古裝	黑白		同名唐劇（1955） 改編
羅劍郎、芳艷芬 麥炳榮、半日安	古裝	黑白	李願聞、潘焯	同名唐劇（1950） 改編
何非凡、吳君麗 麥炳榮、梁醒波	古裝	彩色	唐滌生	同名唐劇（1958） 改編
芳艷芬、任劍輝 陳錦棠、譚倩紅	古裝	黑白	李願聞、潘焯	同名唐劇（1953） 改編；1954、1958 年 兩度搬上銀幕
任劍輝、白雪仙 半日安、梁素琴	古裝	黑白	唐滌生	千里駒同名粵劇戲寶 改編
芳艷芬、羅劍郎 麥炳榮、劉克宣	古裝	黑白	李願聞、潘焯	同名唐劇（1955） 改編

編號	片名	首映日期（年·月·日）	出品公司	監製	編劇	導演
73	桂枝告狀	1959.02.17	大成	關家柏	左几	左几
74	紫釵記	1959.02.18	寶鷹		唐滌生	李鐵
75	六月雪	1959.03.25	大成	關家柏	孟江龍	李鐵
76	穿金寶扇	1959.04.01	桃源	羅舜華	蔣偉光	蔣偉光
77	三年一哭二郎橋	1959.04.15	大明	俞亮	唐滌生	俞亮
78	枇杷巷口故人來	1959.05.06	桃源	羅舜華	蔣偉光	蔣偉光
79	九天玄女	1959.06.10	國華		唐滌生	莫康時
80	獅吼記	1959.06.30	桃源	羅舜華	蔣偉光	蔣偉光
81	帝女花	1959.06.30	大成	關家柏	左几	龍圖（導演）、左几（執行導演）
82	紅菱巧破無頭案	1959.07.15	立達	許立齋	李願聞	珠璣
83	芙蓉傳	1959.07.29	桃源	羅舜華	盧雨岐	蔣偉光
84	一枝紅艷露凝香	1959.07.30	大成	關家柏	左几	左几
85	春燈羽扇恨	1959.08.12	永德	梁景憲	李願聞	珠璣

主演	年代	色彩	撰曲／填詞	附註
芳艷芬、羅劍郎 鳳凰女、林家聲	古裝	彩色	李願聞、潘焯	又名《販馬記》；同名唐劇（1956）改編；1956、1959 年兩度搬上銀幕
任劍輝、白雪仙 梁醒波、靚次伯	古裝	黑白	唐滌生	同名唐劇（1957）改編
芳艷芬、任劍輝 半日安、劉克宣	古裝	彩色	吳一嘯	同名唐劇（1956）改編
任劍輝、白雪仙 半日安、李香琴	古裝	黑白	潘一帆	同名唐劇（1956）改編
任劍輝、白雪仙 梁醒波、任冰兒	古裝	黑白	唐滌生、羅寶生	同名唐劇（1955）改編
任劍輝、白雪仙 半日安、林家聲	古裝	黑白	唐滌生	唐劇《胭脂巷口故人來》（1955）改編
任劍輝、白雪仙 梁醒波、陳錦棠	古裝	黑白	唐滌生	同名唐劇（1958）改編
任劍輝、白雪仙 梁醒波、譚倩紅	古裝	黑白	唐滌生	唐劇《醋娥傳》（1958）改編
任劍輝、白雪仙 靚次伯、歐陽儉	古裝	彩色	唐滌生作詞 王粵生作曲	同名唐劇（1957）改編
羅劍郎、鳳凰女 陳錦棠、區鳳鳴	古裝	黑白		同名唐劇（1957）改編
任劍輝、白雪仙 麥炳榮、李海泉	古裝	黑白	唐滌生	
任劍輝、芳艷芬 麥炳榮、任冰兒	古裝	彩色		同名唐劇（1952）改編；1955、1959 年兩度搬上銀幕
任劍輝、芳艷芬 黃鶴聲、李香琴	古裝	黑白	李願聞	同名唐劇（1954）改編；1956、1959 年兩度搬上銀幕

編號	片名	首映日期（年·月·日）	出品公司	監製	編劇	導演
86	漢武帝夢會衛夫人	1959.09.16	大成	關家柏	唐滌生	珠璣
87	蝶影紅梨記	1959.09.16	寶鷹		唐滌生	李鐵
88	燕子啣來燕子箋	1959.10.21	信誼	薛兆璋	李願聞 龐秋華	珠璣
89	白兔會	1959.12.22	大成	關家柏	唐滌生 左几	左几
90	跨鳳乘龍	1959.12.30	桃源	羅舜華	唐滌生	龍圖
91	妻嬌郎更嬌	1960.04.07	雷達	盧屏珍	唐滌生	劉克宣
92	芸娘	1960.04.10	立達	許立齋	盧雨岐	珠璣
93	一樓風雪夜歸人	1962.08.29	大成			珠璣
94	梨渦一笑九重冤	1962.10.24	同文	黃健	李願聞	吳丹
95	英雄掌上野荼薇	1962.11.07	九龍	盧林	馮志剛	馮志剛
96	一點靈犀化彩虹	1963.06.25	大成	關家柏	李願聞	珠璣
97	一彎眉月伴寒衾	1964.02.25	大成		李願聞	龍圖
98	紅菱血	1964.06.11	大成	關家柏	李願聞	龍圖

主演	年代	色彩	撰曲／填詞	附註
任劍輝、芳艷芬 林家聲、李香琴	古裝	彩色	潘一帆	同名唐劇（1950） 改編；1954、1959 年 兩度搬上銀幕
任劍輝、白雪仙 靚次伯、梁醒波	古裝	黑白	唐滌生	同名唐劇（1957） 改編
鄧碧雲、鳳凰女 羅劍郎、陳錦棠	古裝	黑白	李願聞、龐秋華	同名唐劇（1953） 改編
任劍輝、吳君麗 馮峰、鳳凰女	古裝	彩色	唐滌生	同名唐劇（1958） 改編
任劍輝、白雪仙 梁醒波、蘇少棠	古裝	黑白	唐滌生	同名唐劇（1956） 改編
任劍輝、白雪仙 靚次伯、歐陽儉	古裝	黑白	唐滌生	
任劍輝、白雪仙 半日安、蕭芳芳	古裝	黑白	唐滌生	名著《浮生六記》 改編
任劍輝、吳君麗 麥炳榮、任冰兒	古裝	彩色	李願聞、龐秋華	同名唐劇（1952） 改編；1957、1962 年 兩度搬上銀幕
麥炳榮、鳳凰女 梁醒波、半日安	古裝	黑白	龐秋華	同名唐劇（1952） 改編
鄧碧雲、鳳凰女 李鳳聲、譚蘭卿	古裝	黑白	潘焯	同名唐劇（1954） 改編
任劍輝、吳君麗 羽佳、半日安	古裝	彩色	龐秋華	又名《錯入帝王家》； 同名唐劇（1952）改 編
任劍輝、吳君麗 黃千歲、半日安	古裝	彩色	龐秋華	同名唐劇（1951） 改編；1952、1964 年 兩度搬上銀幕
任劍輝、吳君麗 黃千歲、半日安	古裝	黑白	龐秋華	同名唐劇（1950） 改編；1951（上、下 集）、1964 年三度搬 上銀幕

唐滌生創作傳奇（增訂版）

編號	片名	首映日期 （年·月·日）	出品公司	監製	編劇	導演
99	再世紅梅記	1968.03.28	金國	朱少瑛		黃鶴聲
100	三笑姻緣	1975.02.08	興發		羅寶生	李鐵
101	帝女花	1976.01.30	嘉鳳			吳宇森
102	紫釵記	1977.02.12	金鳳			李鐵

主演	年代	色彩	撰曲／填詞	附註
陳寶珠、南紅 梁醒波、蘇少棠	古裝	彩色	唐滌生	同名唐劇（1959）改編
龍劍笙、梅雪詩 梁醒波、靚次伯	古裝	彩色	文采	唐劇《唐伯虎點秋香》（1956）改編；1957、1975 年兩度搬上銀幕
龍劍笙、梅雪詩 梁醒波、靚次伯	古裝	彩色	唐滌生作詞 王粵生作曲	同名唐劇（1957）改編；1959、1976 年兩度搬上銀幕
龍劍笙、梅雪詩 梁醒波、靚次伯	古裝	彩色	羅寶生	同名唐劇（1957）改編；1959、1977 年兩度搬上銀幕

附錄三：唐滌生創作及參與粵劇年表

阮紫瑩編訂、陳守仁校訂

	劇目名稱	首演日期 （年·月·日）	演出 劇團	主演紅伶	演出 場地	補充資料
			1938			
1	江城解語花	1938.10.01	海珠 男女	白駒榮、譚玉蘭 廖俠懷、黃千歲	高陞	唐滌生編寫的 第一部粵劇
			1939			
2	楊宗保	1939.01.04	錦添 花	陳錦棠、關影憐 靚新華、譚秀珍	普慶	
3	衝破奈何天	1939.03.18	錦添 花	陳錦棠、關影憐 靚新華、譚秀珍	普慶	唐滌生編劇 李海泉參訂
			1941			
4	花落又逢君	1941.02.22	勝利 年	陳錦棠、金翠蓮 廖俠懷、新馬師曾	普慶	
5	北雁南飛	1941.04.12	勝利 年	新馬師曾、陳錦棠 廖俠懷、金翠蓮	高陞	
6	霧中花	1941.05.28	覺先 聲	薛覺先、上海妹 半日安、麥炳榮	普慶	唐滌生編劇 薛覺先參訂
7	趙飛燕	1941.07.20	勝利 年	新馬師曾、衛少芳 黃千歲、廖俠懷	高陞	
8	萬里長情	1941.09.22	勝利 年	新馬師曾、衛少芳 廖俠懷、黃千歲	高陞	麥寶林編劇 廖俠懷參訂 唐滌生撰曲
			1942			
	俏丫頭上卷	1942.07.17	乾坤	鄭孟霞、張活游 伊秋水、顧天吾	中央	報紙廣告未有 提及唐滌生； 詳情待考
	俏丫頭下卷	1942.07.18	乾坤	鄭孟霞、張活游 伊秋水、顧天吾	中央	報紙廣告未有 提及唐滌生； 詳情待考

	劇目名稱	首演日期 （年·月·日）	演出劇團	主演紅伶	演出場地	補充資料
	花開蝶滿枝 上卷	1942.07.19	乾坤	鄭孟霞、張活游 伊秋水、顧天吾	中央	報紙廣告未有提及唐滌生；詳情待考
	花開蝶滿枝 下卷	1942.07.20	乾坤	鄭孟霞、張活游 伊秋水、顧天吾	中央	報紙廣告未有提及唐滌生；詳情待考
9	羽扇行	1942.09.04	紫羅蘭	紫羅蘭、新馬師曾 王中王、譚玉真	高陞	
			1943			
10	雙錘記	1943.06.06	新時代	鄭孟霞、張活游 陸飛鴻、鄒潔雲	利舞臺	
11	南俠展昭	1943.06.07	新時代	鄭孟霞、張活游 陸飛鴻、鄒潔雲	利舞臺	
12	水淹泗州城	1943.06.08	新時代	鄭孟霞、張活游 陸飛鴻、鄒潔雲	利舞臺	京劇改編
13	風流三父子	1943.06.09	新時代	鄭孟霞、張活游 陸飛鴻、鄒潔雲	利舞臺	
14	王伯黨	1943.06.10	新時代	鄭孟霞、陸飛鴻 王中王、張活游	利舞臺	京劇改編
15	王伯黨大戰 虹霓關	1943.06.15	新時代	鄭孟霞、陸飛鴻 王中王、張活游	普慶	京劇改編
16	槍挑小梁王	1943.06.24	新時代	鄭孟霞、張活游 陸飛鴻、鄒潔雲	東方	
17	火燒紅蓮寺	1943.06.29	新時代	鄭孟霞、張活游 陸飛鴻、鄒潔雲	普慶	
18	血戰蘆花蕩 上卷	1943.07.03	新時代	鄭孟霞、張活游 陸飛鴻、鄒潔雲	利舞臺	
19	血戰蘆花蕩 下卷大結局	1943.07.04	新時代	鄭孟霞、張活游 陸飛鴻、鄒潔雲	利舞臺	
20	紅孩兒	1943.07.10	新時代	鄭孟霞、張活游 陸飛鴻、鄒潔雲	中央	

	劇目名稱	首演日期（年·月·日）	演出劇團	主演紅伶	演出場地	補充資料
21	方世玉打擂台	1943.07.15	新時代	鄭孟霞、張活游陸飛鴻、王中王	中央	
22	方世玉打擂台二集	1943.07.20	新時代	陸飛鴻、鄭孟霞張活游、王中王	普慶	
23	方世玉打擂台三集	1943.07.27	新時代	陸飛鴻、鄭孟霞張活游、王中王	高陞	
24	梁天來上集	1943.08.03	新時代	陸飛鴻、鄭孟霞張活游、王中王	高陞	
25	梁天來大結局	1943.08.04	新時代	陸飛鴻、鄭孟霞張活游、王中王	高陞	
26	包公夜審紅菱帶	1943.08.22	新中華	少新權、區倩明王中王、秦小梨	高陞	唐滌生編劇少新權參訂
27	馬嵬坡	1943.09.03	義擎天	白駒榮、區倩明陸飛鴻、張活游	高陞	
28	瀟湘秋雨	1943.09.06	義擎天	白駒榮、區倩明陸飛鴻、張活游	高陞	李少芸、唐滌生合編
29	落霞孤鶩	1943.09.16	義擎天	白駒榮、區倩明陸飛鴻、張活游	中央	唐滌生成名作；張恨水同名小説改編；1953年拍成電影
30	生死鴛鴦	1943.09.21	義擎天	白駒榮、區倩明陸飛鴻、張活游	東方	張活游、白燕主演同名電影改編
31	冰山藏烈火	1943.09.28	義擎天	白駒榮、區倩明陸飛鴻、張活游	普慶	
32	蕩婦	1943.10.01	義擎天	白駒榮、區倩明陸飛鴻、張活游	東方	
33	林沖夜奔	1943.10.03	義擎天	白駒榮、區倩明陸飛鴻、張活游	東方	
34	落霞孤鶩下集大結局	1943.10.09	義擎天	白駒榮、區倩明陸飛鴻、張活游	高陞	張恨水同名小説改編

	劇目名稱	首演日期 （年·月·日）	演出 劇團	主演紅伶	演出 場地	補充資料
35	痲瘋女	1943.10.15	義擎天	白駒榮、區倩明 陸飛鴻、張活游	普慶	
36	空谷幽蘭	1943.10.20	義擎天	白駒榮、區倩明 陸飛鴻、張活游	東方	李少芸原著 唐滌生參訂
37	迫妾賣貞操	1943.10.23	義擎天	白駒榮、區倩明 陸飛鴻、張活游	高陞	唐滌生參訂 原著待考
38	冷月詩魂	1943.10.25	義擎天	白駒榮、區倩明 陸飛鴻、張活游	高陞	
39	色膽婆心	1943.11.03	義擎天	白駒榮、區倩明 陸飛鴻、張活游	東方	
40	佛門脂粉盜	1943.11.09	義擎天	白駒榮、區倩明 陸飛鴻、張活游	普慶	
41	夜雨行屍	1943.11.10	義擎天	白駒榮、區倩明 陸飛鴻、張活游	普慶	
42	虎將勤王	1943.11.14	義擎天	白駒榮、區倩明 陸飛鴻、張活游	高陞	
43	塞上花	1943.11.20	義擎天	白駒榮、區倩明 陸飛鴻、張活游	東方	
44	塞上花下集	1943.11.25	義擎天	白駒榮、區倩明 陸飛鴻、張活游	高陞	
45	穆桂英	1943.11.27	義擎天	白駒榮、區倩明 陸飛鴻、張活游	高陞	麥嘯霞原著、 南海十三郎與 唐滌生聯合改 編、唐滌生撰 曲
46	義士情花	1943.11.29	義擎天	白駒榮、區倩明 陸飛鴻、張活游	高陞	莫志翔編撰， 唐滌生、白駒 榮參訂
47	封神榜：龍 樓鳳血頭本	1943.12.02	義擎天	白駒榮、區倩明 陸飛鴻、張活游	普慶	
48	雙槍陸文龍	1943.12.03	義擎天	白駒榮、區倩明 陸飛鴻、張活游	普慶	

	劇目名稱	首演日期（年·月·日）	演出劇團	主演紅伶	演出場地	補充資料
49	封神榜：龍樓鳳血二本	1943.12.13	義擎天	白駒榮、區倩明陸飛鴻、張活游	高陞	
50	蝴蝶夫人	1943.12.14	義擎天	白駒榮、區倩明陸飛鴻、張活游	高陞	電影改編
51	戰地戀歌	1943.12.15	義擎天	白駒榮、區倩明陸飛鴻、張活游	高陞	
52	十三歲封王	1943.12.21	義擎天	白駒榮、區倩明陸飛鴻、張活游	普慶	
53	雙槍陸文龍二本	1943.12.26	義擎天	白駒榮、區倩明陸飛鴻、張活游	中央	
1944						
54	羅宮春色	1944.01.12	大中國	鄺山笑、鄭孟霞黃侶俠、秦小梨	高陞	古羅馬時代背景、佈景、服裝
55	雷雨	1944.01.14	大中國	鄺山笑、鄭孟霞黃侶俠、秦小梨	高陞	曹禺同名話劇改編
56	三國誌群英會	1944.01.22	大中國	鄺山笑、鄭孟霞黃侶俠、袁準	高陞	
57	花好月圓	1944.01.30	大中國	鄺山笑、鄭孟霞黃侶俠、袁準	普慶	薛覺先、鄭孟霞主演同名電影改編
58	花好月圓下集	1944.01.31	大中國	鄺山笑、鄭孟霞黃侶俠、袁準	普慶	薛覺先、鄭孟霞主演同名電影改編
59	羅宮春色下集大結局	1944.02.07	大中國	鄺山笑、鄭孟霞黃侶俠、秦小梨	高陞	古羅馬時代背景、佈景、服裝
60	啼笑姻緣	1944.02.10	大中國	鄺山笑、鄭孟霞顧天吾、秦小梨	高陞	張恨水小説《啼笑因緣》改編
61	怒吞慈母血上集	1944.02.18	義擎天	白駒榮、區倩明陸飛鴻、張活游	高陞	

	劇目名稱	首演日期 （年·月·日）	演出 劇團	主演紅伶	演出 場地	補充資料
62	怒吞慈母血下集	1944.02.20	義擎天	白駒榮、區倩明 陸飛鴻、張活游	高陞	
63	啼笑姻緣二集	1944.02.23	大中國	鄺山笑、鄭孟霞 顧天吾、秦小梨	高陞	張恨水小説 《啼笑因緣》 改編
64	啼笑姻緣三集	1944.02.24	大中國	鄺山笑、鄭孟霞 顧天吾、秦小梨	高陞	張恨水小説 《啼笑因緣》 改編
65	夜盜雙鉤	1944.02.29	大中國	鄺山笑、鄭孟霞 顧天吾、秦小梨	普慶	
66	胡惠乾打機房	1944.03.10	大中國	鄺山笑、鄭孟霞 黃侶俠、羅艷卿	高陞	
67	漢壽亭侯	1944.03.18	大中國	鄺山笑、鄭孟霞 顧天吾、黃侶俠	東樂	
68	呂布與貂蟬	1944.03.21	大中國	鄺山笑、鄭孟霞 顧天吾、張慧霞	東方	
69	霸王別虞姬	1944.04.07	新中國	鄭孟霞、顧天吾 張慧霞、黃侶俠	東樂	
70	三探武當山	1944.04.14	新中國	顧天吾、鄭孟霞 張慧霞、袁準	普慶	
71	似水流年	1944.05.09	天上	鄺山笑、鄭孟霞 馮少俠、秦小梨	高陞	張恨水同名小 説改編
72	環遊地獄	1944.05.11	天上	鄺山笑、鄭孟霞 秦小梨、馮少俠	東方	
73	乞兒起牌坊	1944.05.14	天上	鄺山笑、鄭孟霞 秦小梨、馮少俠	普慶	
74	花田錯	1944.05.23	黃金	鄭孟霞、馮少俠 黃侶俠、尹少卿	高陞	薛覺先秘本 唐滌生重新改 編
	紅孩兒大鬧水竹村	1944.06.05	黃金	鄭孟霞、馮少俠	待考	詳情待考

	劇目名稱	首演日期 （年·月·日）	演出 劇團	主演紅伶	演出 場地	補充資料
75	花田錯下集大結局	1944.06.08	黃金	鄭孟霞、馮少俠 黃侶俠、尹少卿	高陞	薛覺先秘本唐滌生重新改編
76	關公守華容	1944.07.03	超華	羅品超、鄭孟霞 崔子超、羅艷卿	高陞	
77	雙錘虎將	1944.07.05	超華	羅品超、鄭孟霞 崔子超、羅艷卿	高陞	
78	梁山伯與祝英台上集	1944.07.06	超華	羅品超、鄭孟霞 崔子超、羅艷卿	高陞	羅品超、譚玉蘭主演電影改編
79	馬超追曹	1944.07.14	超華	羅品超、鄭孟霞 崔子超、羅艷卿	高陞	《三國志》故事改編
80	梁山伯與祝英台下集大結局	1944.07.15	超華	羅品超、鄭孟霞 崔子超、羅艷卿	高陞	羅品超、譚玉蘭主演電影改編
81	佳偶兵戎	1944.07.18	超華	羅品超、鄭孟霞 崔子超、羅艷卿	普慶	駱錦卿編劇唐滌生審訂
82	伍員雪夜出昭關	1944.07.21	超華	羅品超、鄭孟霞 崔子超、羅艷卿	普慶	
83	胭脂將	1944.07.22	超華	羅品超、鄭孟霞 崔子超、薛覺非	普慶	薛覺先秘本唐滌生重新改編
84	胭脂將下集大結局	1944.07.23	超華	羅品超、鄭孟霞 崔子超、薛覺非	普慶	薛覺先秘本唐滌生重新改編
85	唐伯虎點秋香	1944.07.28	超華	羅品超、鄭孟霞 崔子超、羅艷卿	東樂	電影改編
86	金葉菊	1944.07.29	超華	羅品超、鄭孟霞 崔子超、羅艷卿	普慶	編劇待考唐滌生審訂
87	危城飛將	1944.07.30	超華	羅品超、鄭孟霞 崔子超、羅艷卿	普慶	

	劇目名稱	首演日期 （年‧月‧日）	演出 劇團	主演紅伶	演出 場地	補充資料
88	趙子龍	1944.08.03	超華	羅品超、鄭孟霞 崔子超、羅艷卿	東樂	
89	狸貓換太子 上卷	1944.08.06	超華	羅品超、鄭孟霞 崔子超、羅艷卿	東樂	
90	狸貓換太子 下卷	1944.08.07	超華	羅品超、鄭孟霞 崔子超、羅艷卿	東樂	
91	大俠甘鳳池	1944.08.11	超華	羅品超、鄭孟霞 崔子超、羅艷卿	普慶	唐滌生主編， 羅品超、鄭孟 霞、崔子超參 訂
92	大俠甘鳳池 下卷	1944.08.12	超華	羅品超、鄭孟霞 崔子超、羅艷卿	普慶	唐滌生主編， 羅品超、鄭孟 霞、崔子超參 訂
93	傾國傾城	1944.08.13	超華	羅品超、鄭孟霞 崔子超、羅艷卿	普慶	電影改編
94	雨夜喚魂歸	1944.08.28	超華	羅品超、鄭孟霞 崔子超、羅艷卿	普慶	
95	黃飛鴻正傳	1944.09.12	超華	羅品超、鄭孟霞 崔子超、羅艷卿	高陞	
96	黃飛鴻正傳 二本	1944.09.20	超華	羅品超、鄭孟霞 崔子超、羅艷卿	高陞	
97	黃飛鴻正傳 三本	1944.09.21	超華	羅品超、鄭孟霞 崔子超、羅艷卿	高陞	
98	曉風殘月上 卷	1944.10.16	超華	羅品超、鄭孟霞 崔子超、羅艷卿	高陞	
99	曉風殘月下 卷	1944.10.18	超華	羅品超、鄭孟霞 崔子超、羅艷卿	高陞	
100	孽海花上卷	1944.11.10	超華	羅品超、鄭孟霞 馮少俠、黃侶俠	普慶	
101	孽海花下卷	1944.11.11	超華	羅品超、鄭孟霞 馮少俠、黃侶俠	普慶	

	劇目名稱	首演日期（年·月·日）	演出劇團	主演紅伶	演出場地	補充資料
102	班超	1944.11.19	超華	羅品超、鄭孟霞馮少俠、尹少卿	普慶	
103	孔雀東南飛上卷	1944.11.21	超華	羅品超、鄭孟霞馮少俠、尹少卿	普慶	1947年拍成電影《恨鎖瓊樓》
104	孔雀東南飛下卷	1944.11.23	超華	羅品超、鄭孟霞馮少俠、尹少卿	普慶	1947年拍成電影《恨鎖瓊樓》
105	新人道	1944.11.27	超華	羅品超、鄭孟霞馮少俠、尹少卿	中央	
106	病憎心肝	1944.12.05	超華	羅品超、鄭孟霞馮少俠、尹少卿	普慶	
107	新人道下卷	1944.12.08	超華	羅品超、鄭孟霞馮少俠、尹少卿	中央	
108	文天祥正氣歌	1944.12.25	超華	羅品超、鄭孟霞馮少俠、尹少卿	高陞	
109	奪魄金釵	1944.12.28	超華	羅品超、鄭孟霞馮少俠、尹少卿	高陞	
1945						
110	白蛇傳	1945.01.11	超華	羅品超、鄭孟霞袁準	高陞	
111	文天祥	1945.01.17	超華	羅品超、鄭孟霞馮少俠、尹少卿	待考	
112	人之初	1945.01.25	百福	羅品超、余麗珍鄭孟霞、秦小梨	高陞	世界名著改編
113	人之初下卷	1945.01.27	百福	羅品超、余麗珍鄭孟霞、秦小梨	高陞	
114	黑俠上集	1945.02.02	百福	羅品超、余麗珍鄭孟霞、袁準	高陞	
115	黑俠下集	1945.02.03	百福	羅品超、余麗珍鄭孟霞、袁準	高陞	
116	黑俠大結局	1945.02.04	百福	羅品超、余麗珍鄭孟霞、袁準	高陞	

劇目名稱	首演日期（年·月·日）	演出劇團	主演紅伶	演出場地	補充資料
117 一代名花	1945.02.06	百福	羅品超、余麗珍 鄭孟霞、袁準	高陞	
118 瓊島美人威	1945.02.06	百福	羅品超、余麗珍 鄭孟霞、袁準	東樂	
119 天涯歌女	1945.02.09	百福	羅品超、余麗珍 鄭孟霞、袁準	東樂	
120 蕩寇誌	1945.02.12	百福	羅品超、余麗珍 鄭孟霞、袁準	高陞	
121 百福駢臻	1945.02.13	百福	羅品超、余麗珍 鄭孟霞、袁準	高陞	
122 百福駢臻下卷	1945.02.14	百福	羅品超、余麗珍 鄭孟霞、袁準	高陞	
123 劇盜金羅漢	1945.03.07	百福	羅品超、余麗珍 鄭孟霞、袁準	中央	唐滌生、袁準合編
124 劇盜金羅漢下卷	1945.03.15	百福	羅品超、余麗珍 鄭孟霞、袁準	東樂	唐滌生、袁準合編
125 魂斷藍橋	1945.03.19	百福	羅品超、余麗珍 鄭孟霞、袁準	普慶	電影改編
126 江東小霸王	1945.03.21	百福	羅品超、余麗珍 鄭孟霞、袁準	北河	
127 載福榮歸	1945.03.25	百福	羅品超、余麗珍 鄭孟霞、袁準	普慶	
128 孟姜女	1945.10.22	大光華	顧天吾、沖天鳳 鄭孟霞、余麗珍	普慶	
129 夜半歌聲	1945.10.25	大光華	顧天吾、沖天鳳 鄭孟霞、余麗珍	普慶	
130 臥冰求鯉	1945.11.02	大光華	顧天吾、沖天鳳 鄭孟霞、余麗珍	高陞	
131 蔡文姬	1945.11.09	大光華	顧天吾、沖天鳳 鄭孟霞、余麗珍	普慶	

唐滌生創作傳奇（增訂版）

	劇目名稱	首演日期 （年·月·日）	演出劇團	主演紅伶	演出場地	補充資料
132	煙精掃長堤	1945.11.20	大光華	李海泉、顧天吾 沖天鳳、鄭孟霞	普慶	
133	方世玉打死雷老虎	1945.12.06	太上	少新權、陸飛鴻 區倩明、衛明珠	普慶	
1946						
134	錢	1946.03.29	前進	羅品超、衛少芳 李海泉、鄭孟霞	普慶	
135	四千金	1946.04.11	前進	羅品超、衛少芳 梁國風、關海山	普慶	
136	三朵夢中花	1946.05.09	前進	羅品超、衛少芳 李海泉、鄭孟霞	高陞	
137	戰場風月	1946.05.11	前進	羅品超、衛少芳 李海泉、鄭孟霞	高陞	
138	人倫	1946.05.14	前進	羅品超、區楚翹 李海泉、鄭孟霞	高陞	
139	出谷黃鶯	1946.07.09	雙雄	陳錦棠、新馬師曾 區倩明、少新權	普慶	
140	金鎚搏銀鎚	1946.07.13	雙雄	陳錦棠、新馬師曾 區倩明、少新權	普慶	
141	落紅零雁	1946.07.13	勝利	馬師曾、紅線女	太平	
142	新捨子奉姑	1946.07.19	雙雄	陳錦棠、新馬師曾 區倩明、少新權	太平	
143	我為卿狂	1946.07.29	勝利	馬師曾、紅線女	太平	唐滌生編劇、馬師曾參訂；1947 年拍成電影
144	夜來香	1946.08.06	龍鳳	羅品超、余麗珍 馮少俠、白駒榮	普慶	
145	我若為王	1946.08.19	龍鳳	羅品超、余麗珍 馮少俠、白駒榮	普慶	

	劇目名稱	首演日期（年·月·日）	演出劇團	主演紅伶	演出場地	補充資料
146	賠了姑娘貼嫁妝	1946.09.09	龍鳳	羅品超、余麗珍馮少俠、白駒榮	普慶	
147	夜流鶯	1946.10.14	龍鳳	新馬師曾、余麗珍顧天吾、鄒潔雲	高陞	
148	碧血黃花	1946.10.29	龍鳳	白駒榮、余麗珍新馬師曾、鄒潔雲	高陞	
149	淚滿瓊樓	1946.11.09	龍鳳	羅品超、余麗珍	高陞	
150	憑欄四十年	1946.11.22	龍鳳	白駒榮、余麗珍新馬師曾、尹少卿	高陞	
	桃園抱月歸	1946.11.？	勝利	馬師曾、紅線女	待考	詳情待考
151	仕林祭塔	1946.12.09	龍鳳	新馬師曾、余麗珍文覺非、白駒榮	高陞	編劇待考唐滌生參訂
1947						
152	龍鳳喜相逢	1947.03.16	龍鳳	李海泉、陳錦棠新馬師曾、余麗珍	高陞	
153	兩個煙精掃長堤	1947.03.21	龍鳳	李海泉、陳錦棠新馬師曾、余麗珍	高陞	1948年拍成電影
154	故宮紅葉恨	1947.03.24	龍鳳	陳錦棠、余麗珍雪影紅、新馬師曾	高陞	
155	麗春花	1947.04.02	龍鳳	陳錦棠、余麗珍雪影紅、新馬師曾	高陞	傑克原著小説唐滌生改編
156	閻瑞生	1947.04.12	龍鳳	陳錦棠、余麗珍雪影紅、新馬師曾	普慶	
157	英雄本色	1947.05.03	龍鳳	陳錦棠、余麗珍雪影紅、新馬師曾	高陞	
158	野火春風	1947.05.17	龍鳳	陳錦棠、余麗珍雪影紅、新馬師曾	高陞	
159	夜雨入紅樓	1947.05.19	龍鳳	陳錦棠、余麗珍雪影紅、新馬師曾	高陞	

	劇目名稱	首演日期 （年·月·日）	演出劇團	主演紅伶	演出場地	補充資料
160	牡丹花下墳	1947.06.13	龍鳳	陳錦棠、余麗珍 雪影紅、新馬師曾	高陞	
161	路遙知馬力	1947.06.16	龍鳳	陳錦棠、余麗珍 新馬師曾、李海泉	普慶	
162	朱門綺夢	1947.06.18	龍鳳	陳錦棠、余麗珍 新馬師曾、譚玉真	高陞	
163	梁山伯與祝英台	1947.08.29	龍鳳	陳錦棠、余麗珍 新馬師曾、譚玉真	普慶	
	生死緣碰碑	1947.09.24	艷海棠	陳燕棠、芳艷芬	待考	千里駒首本改編；詳情待考
164	南北二霸天	1947.10.25	龍鳳	新馬師曾、陳錦棠 余麗珍、李海泉	高陞	
165	龍潭盜玉妃	1947.11.09	龍鳳	陳錦棠、余麗珍 新馬師曾、張漢昇	高陞	
166	無敵雄獅	1947.11.19	光華	羅品超、余麗珍 李海泉、新馬師曾	高陞	
167	禁城雙癡虎	1947.11.27	光華	羅品超、余麗珍 衛明珠、新馬師曾	普慶	
1948						
168	斬龍遇仙記	1948.02.13	光華	新馬師曾、羅品超 余麗珍、李海泉	普慶	
169	天官賜福	1948.02.17	光華	羅品超、余麗珍 新馬師曾、張漢昇	高陞	
170	綠野天鵝	1948.02.18	光華	羅品超、余麗珍 新馬師曾、張漢昇	高陞	
171	桃花依舊笑將軍	1948.02.29	飛馬	馬師曾、譚玉真 陳燕棠、銀劍影	高陞	
172	花蝴蝶三氣穿雲燕	1948.04.12	光華	羅品超、余麗珍 李海泉、張漢昇	普慶	
173	孫悟空大鬧天宮	1948.04.24	光華	羅品超、余麗珍 石燕子、衛明珠	高陞	

劇目名稱	首演日期（年·月·日）	演出劇團	主演紅伶	演出場地	補充資料
174 孫悟空大鬧天宮下卷	1948.04.28	光華	羅品超、余麗珍、石燕子、衛明珠	普慶	
175 岳飛出世	1948.04.30	光華	羅品超、余麗珍、石燕子、衛明珠	普慶	
176 孟姜女哭崩萬里長城	1948.05.05	光華	羅品超、余麗珍、石燕子、衛明珠	高陞	
177 雙艷朝皇	1948.05.10	光華	羅品超、余麗珍、黃鶴聲、顧天吾	普慶	
178 打破玉籠驚彩鳳	1948.05.15	光華	羅品超、余麗珍、黃鶴聲、顧天吾	普慶	1948 年拍成電影《打破玉籠飛彩鳳》
179 上苑流鶯	1948.05.27	光華	羅品超、余麗珍、黃鶴聲、顧天吾	普慶	世界名著《王子與私娼》改編
180 同是天涯淪落人	1948.06.05	光華	羅品超、余麗珍、黃鶴聲、顧天吾	高陞	
181 曾經滄海難為水	1948.06.17	光華	羅品超、余麗珍、黃鶴聲、李海泉	高陞	
182 癲婆尋仔	1948.06.26	花錦繡	新馬師曾、譚蘭卿、文覺非、關耀輝	高陞	電影改編
183 月上柳梢頭	1948.09.03	非凡響	何非凡、楚岫雲、陸雲飛、麥炳榮	高陞	
184 鐵馬銀婚	1948.09.24	雄風	羅品超、上海妹、麥炳榮、譚玉真	高陞	
185 天堂地獄再相逢	1948.10.02	雄風	羅品超、上海妹、麥炳榮、譚玉真	高陞	
186 嫦娥奔月	1948.10.11	雄風	羅品超、上海妹、衛明珠、半日安	高陞	陳卓瑩原著唐滌生參訂
187 七俠五義	1948.10.14	雄風	羅品超、上海妹、衛明珠、半日安	高陞	播音小説改編

唐滌生創作傳奇（增訂版）

劇目名稱	首演日期（年·月·日）	演出劇團	主演紅伶	演出場地	補充資料
188 七俠五義二本	1948.10.15	雄風	羅品超、上海妹衛明珠、半日安	高陞	播音小說改編
189 落花猶似墜樓人	1948.10.30	雄風	羅品超、上海妹衛明珠、葉弗弱	高陞	
190 夢中人隔九重天	1948.11.13	雄風	羅品超、上海妹衛明珠、葉弗弱	高陞	
191 海棠花下箱屍案	1948.12.18	覺光	薛覺先、余麗珍黃鶴聲、陸飛鴻	高陞	
192 黃花四烈士	1948.12.24	覺光	薛覺先、余麗珍黃鶴聲、陸飛鴻	普慶	
1949					
193 秦庭初試燕啼聲	1949.01.16	燕新聲	新周瑜林、石燕子衛明珠、衛明心	普慶	
194 春歸五鳳樓	1949.01.31	覺光	薛覺先、余麗珍文覺非、陸飛鴻	普慶	
195 六盜綺羅香	1949.02.02	覺光	薛覺先、余麗珍文覺非、陸飛鴻	普慶	
196 南宋鶯花台	1949.02.20	覺光	薛覺先、余麗珍文覺非、陸飛鴻	普慶	電影改編
197 胭脂虎	1949.04.04	光華	麥炳榮、孔繡雲衛明珠、陸飛鴻	高陞	電影改編
198 地獄金龜	1949.04.18	光華	麥炳榮、孔繡雲文覺非、李海泉	高陞	同年拍成電影，5月29日公映
199 紅裙艷	1949.05.16	光華	石燕子、余麗珍孔繡雲、麥炳榮	高陞	
200 啼笑斷腸碑	1949.05.21	新世界	陳燕棠、羅麗娟黃鶴聲、譚玉真	普慶	
201 琵琶行	1949.05.28	新世界	陳燕棠、羅麗娟黃鶴聲、譚玉真	高陞	

	劇目名稱	首演日期 （年·月·日）	演出 劇團	主演紅伶	演出 場地	補充資料
202	新小青吊影	1949.06.10	新世界	陳燕棠、羅麗娟 黃鶴聲、譚玉真	高陞	
203	夜弔白芙蓉	1949.06.28	綺羅香	石燕子、秦小梨 新海泉、麥炳榮	高陞	
204	斷腸碑	1949.07.14	新世界	新馬師曾、譚玉真 羅艷卿、黃鶴聲	普慶	著名女伶燕燕 首本同名粵曲 改編；1958年 拍成電影
205	新客途秋恨	1949.07.25	新世界	新馬師曾、譚玉真 黃鶴聲、梁素琴	普慶	
206	四郎探母	1949.08.01	新世界	新馬師曾、譚玉真 羅艷卿、黃鶴聲	普慶	
207	金瓶梅	1949.08.26	錦添花	陳錦棠、羅麗娟 李海泉、黃千歲	普慶	
208	紅粉飄零	1949.08.26	新東方	馬師曾、紅線女 陸飛鴻、羅艷卿	中央	
209	文姬歸漢	1949.09.05	艷海棠	陳燕棠、芳艷芬 羅家權、馮鏡華	普慶	1958年 拍成電影
210	嬌魂偷會牡 丹亭	1949.09.10	艷海棠	陳燕棠、羅家權 芳艷芬、馮鏡華	普慶	
211	生死緣	1949.09.23	艷海棠	陳燕棠、芳艷芬 羅家權、馮鏡華	普慶	駱錦卿編劇 千里駒古本 唐滌生改編
212	我為卿題烈 女碑	1949.09.30	艷海棠	陳燕棠、羅家權 芳艷芬、馮鏡華	高陞	
213	寶玉失通靈	1949.10.25	新馬	新馬師曾、廖俠懷 羅麗娟、梁素琴	中央	
214	崑崙奴夜盜 紅綃	1949.11.14	錦添花	陳錦棠、紅線女 黃千歲、李海泉	普慶	
215	血海蜂	1949.11.18	錦添花	陳錦棠、紅線女 李海泉、黃千歲	普慶	1950年 拍成電影

唐滌生創作傳奇（增訂版）

	劇目名稱	首演日期（年·月·日）	演出劇團	主演紅伶	演出場地	補充資料
216	新海盜名流	1949.11.28	錦添花	陳錦棠、紅線女黃千歲、李海泉	普慶	
217	白楊紅淚	1949.12.26	新聲	任劍輝、陳艷儂白雪仙、黃超武	普慶	1950年拍成電影
218	新粉面十三郎	1949.12.26	覺華	薛覺先、上海妹余麗珍、石燕子	高陞	
		1950				
219	粉城騷俠	1950.01.09	錦添花	陳錦棠、芳艷芬黃千歲、羅麗娟	普慶	西片改編
220	三喜同堂	1950.01.16	新世界	薛覺先、譚玉真廖俠懷、黃金愛	普慶	
221	慾海雙癡	1950.01.19	錦添花	陳錦棠、芳艷芬黃千歲、羅麗娟	普慶	
222	惹火朱唇萬骨枯	1950.01.23	錦添花	陳錦棠、芳艷芬李海泉、羅麗娟	普慶	
223	十載繁華一夢銷	1950.01.27	新世界	薛覺先、譚玉真廖俠懷、黃金愛	高陞	1952年拍成電影
224	蕩寇三雄	1950.02.02	錦添花	陳錦棠、芳艷芬黃千歲、羅麗娟	高陞	李海泉意念莫志勤編劇唐滌生參訂
225	嫡庶之間難為母	1950.02.03	新世界	薛覺先、譚玉真廖俠懷、黃金愛	普慶	1952年拍成電影
226	義薄雲天	1950.02.10	碧雲天	鄧碧雲、羅品超廖俠懷、胡笳	高陞	
227	艷麗海棠迎新歲	1950.02.18	錦添花	陳錦棠、芳艷芬李海泉、羅麗娟	普慶	
228	萬里長城	1950.02.21	新龍鳳	黃鶴聲、秦小梨沖天鳳、蔣世勳	大舞台	
229	雙燕喜臨門	1950.02.22	錦添花	陳錦棠、芳艷芬黃千歲、羅麗娟	普慶	

	劇目名稱	首演日期 （年·月·日）	演出 劇團	主演紅伶	演出 場地	補充資料
230	董小宛	1950.03.03	錦添花	陳錦棠、芳艷芬 黃千歲、羅麗娟	普慶	同年拍成電影，6月23日公映
231	卿須憐我我憐卿	1950.03.17	錦添花	陳錦棠、芳艷芬 黃千歲、羅麗娟	普慶	
232	彩鸞盜婚	1950.03.20	新世界	薛覺先、譚玉真 廖俠懷、羅艷卿	普慶	
233	一結同心萬古愁	1950.03.26	新世界	薛覺先、譚玉真 廖俠懷、謝君蘇	普慶	
234	法網哀鴻	1950.04.03	新世界	薛覺先、譚玉真 廖俠懷、謝君蘇	普慶	
235	復活情魔	1950.04.14	新世界	薛覺先、譚玉真 廖俠懷、許英秀	高陞	
236	血海紅鷹	1950.04.17	錦添花	陳錦棠、芳艷芬 黃千歲、鳳凰女	普慶	
237	花蕊夫人	1950.04.22	錦添花	陳錦棠、芳艷芬 黃千歲、鳳凰女	普慶	
238	撲火春娥	1950.05.01	錦添花	陳錦棠、芳艷芬 黃千歲、鳳凰女	普慶	
239	蛇蠍兩孤兒	1950.05.06	錦添花	陳錦棠、芳艷芬 黃千歲、鳳凰女	普慶	
240	金碧輝煌	1950.05.15	碧雲天	羅品超、鄧碧雲 車秀英、黃千歲	普慶	
241	紅菱血	1950.05.19	碧雲天	羅品超、鄧碧雲 車秀英、黃千歲	普慶	1951（上、下集）、1964年三度搬上銀幕
242	唐宮金粉獄	1950.05.31	碧雲天	羅品超、鄧碧雲 車秀英、黃千歲	普慶	
243	新墜珠崖	1950.06.09	碧雲天	羅品超、鄧碧雲 車秀英、黃千歲	高陞	

唐滌生創作傳奇（增訂版）

劇目名稱	首演日期 （年·月·日）	演出劇團	主演紅伶	演出場地	補充資料
244 漢武帝夢會衛夫人	1950.06.12	覺先聲	薛覺先、芳艷芬 陳錦棠、車秀英	普慶	1954、1959 年兩度搬上銀幕
245 罪惡鎖鏈	1950.06.26	覺先聲	薛覺先、芳艷芬 陳錦棠、車秀英	普慶	
246 吳宮鄭旦鬥西施	1950.07.10	大前程	黃千歲、上海妹 石燕子、鄧碧雲	普慶	
247 可憐天下父母心	1950.07.13	大前程	黃千歲、上海妹 石燕子、鄧碧雲	普慶	
248 慾海鵑魂	1950.07.20	大前程	黃千歲、上海妹 石燕子、鄧碧雲	高陞	莫志勤編劇 唐滌生修訂
249 胭脂紅淚	1950.07.28	新世界	薛覺先、余麗珍 廖俠懷、譚玉真	高陞	
250 秦娥夢斷秦樓月	1950.08.02	大前程	黃千歲、上海妹 鄧碧雲、石燕子	高陞	
251 隋宮十載菱花夢	1950.09.08	錦添花	陳錦棠、芳艷芬 徐人心、黃千歲	普慶	
252 火雁啼鶯	1950.09.15	錦添花	陳錦棠、芳艷芬 徐人心、黃千歲	高陞	
253 裙帶尊榮裙帶瘋	1950.09.20	新東方	馬師曾、紅線女 文覺非、衛明珠	中央	
254 血掌紅蓮	1950.09.27	錦添花	陳錦棠、芳艷芬 徐人心、黃千歲	高陞	
255 魂化瑤台夜合花	1950.10.02	大龍鳳	新馬師曾、芳艷芬 衛明珠、麥炳榮	普慶	1958 年拍成電影
256 一曲鳳來儀	1950.10.06	大龍鳳	新馬師曾、芳艷芬 衛明珠、麥炳榮	普慶	
257 韓信一怒斬虞姬	1950.10.16	大龍鳳	新馬師曾、芳艷芬 麥炳榮、衛明珠	普慶	
258 血淚灑郎心	1950.10.18	大四喜	何非凡、芳艷芬 譚玉真、馮狄強	高陞	

	劇目名稱	首演日期 （年·月·日）	演出 劇團	主演紅伶	演出 場地	補充資料
259	一寸相思一寸灰	1950.10.20	大龍鳳	新馬師曾、芳艷芬 衛明珠、麥炳榮	普慶	
260	火網梵宮十四年	1950.10.30	錦添花	陳錦棠、芳艷芬 任劍輝、白雪仙	普慶	1953、1958年 兩度搬上銀幕
261	梟巢孤鶩	1950.11.10	錦添花	陳錦棠、芳艷芬 任劍輝、白雪仙	高陞	
262	袈裟難掩離鸞恨	1950.11.17	錦添花	陳錦棠、芳艷芬 任劍輝、白雪仙	普慶	
263	虎吻幽蘭	1950.11.24	錦添花	陳錦棠、芳艷芬 任劍輝、白雪仙	高陞	
264	在天願為比翼鳥	1950.11.27	大龍鳳	新馬師曾、芳艷芬 麥炳榮、羅艷卿	普慶	
265	元順帝夜祭凝香兒	1950.12.11	大龍鳳	新馬師曾、芳艷芬 麥炳榮、羅艷卿	普慶	
266	萬里雲山一雁歸	1950.12.16	大龍鳳	新馬師曾、芳艷芬 麥炳榮、羅艷卿	普慶	
267	橫霸長江血芙蓉	1950.12.25	錦添花	陳錦棠、芳艷芬 任劍輝、白雪仙	高陞	
			1951			
268	情花浴血向斜陽	1951.01.06	錦添花	陳錦棠、芳艷芬 任劍輝、李海泉	高陞	電影《太陽浴血記》改編
269	禁巢粉蝶悼鵑紅	1951.01.12	錦添花	陳錦棠、芳艷芬 任劍輝、白雪仙	普慶	
270	彩鳳還巢	1951.01.22	大光明	關影憐、任劍輝 麥炳榮、羅艷卿	普慶	
271	錦艷同輝香雪海	1951.02.06	錦添花	陳錦棠、芳艷芬 任劍輝、白雪仙	普慶	1954年 拍成電影
272	雍正皇與年羹堯	1951.02.10	錦添花	陳錦棠、芳艷芬 任劍輝、白雪仙	普慶	莫志勤編劇 唐滌生參訂
273	春鶯盜御香	1951.02.16	錦添花	陳錦棠、芳艷芬 任劍輝、白雪仙	普慶	

	劇目名稱	首演日期 （年・月・日）	演出 劇團	主演紅伶	演出 場地	補充資料
274	雪嶺梅魂	1951.02.23	錦添花	陳錦棠、芳艷芬 任劍輝、白雪仙	普慶	
275	蠻子怒吞蠻母血	1951.02.24	錦添花	陳錦棠、紅線女	待考	潘一帆編劇， 唐滌生、李少芸參訂
276	馬玉龍三打連環寨	1951.03.02	錦添花	陳錦棠、芳艷芬 任劍輝、白雪仙	高陞	莫志勤編劇 唐滌生參訂
277	孤臣血浴孤星淚	1951.03.05	大龍鳳	黃千歲、芳艷芬 譚玉真、黃鶴聲	普慶	
278	龍潭血葬夜明珠	1951.03.19	大龍鳳	黃千歲、芳艷芬 譚玉真、陸飛鴻	普慶	
279	唐伯虎點秋香	1951.03.22	大龍鳳	黃千歲、芳艷芬 譚玉真、陸飛鴻	普慶	
280	一枝梨花春帶雨	1951.03.24	大龍鳳	黃千歲、芳艷芬 廖俠懷、陸飛鴻	普慶	1954 年 拍成電影
281	鄭莊公掘地見母	1951.04.02	錦添花	陳錦棠、紅線女	待考	潘一帆編劇， 唐滌生、李少芸參訂
282	玉女凡心	1951.04.30	大中華	何非凡、紅線女 鄭碧影、石燕子	普慶	1952 年 拍成電影
283	歌殘血雁飄	1951.05.14	大中華	何非凡、紅線女 鄭碧影、石燕子	普慶	
284	青磬紅魚非淚影	1951.05.24	大中華	何非凡、紅線女 鄭碧影、石燕子	高陞	1954 年 拍成電影
285	艷陽丹鳳	1951.05.28	大龍鳳	芳艷芬、任劍輝 麥炳榮、白雪仙	普慶	1958 年 拍成電影
286	一彎眉月伴寒衾	1951.06.08	大龍鳳	芳艷芬、任劍輝 麥炳榮、白雪仙	普慶	1952、1964 年 兩度搬上銀幕
287	冰山火鳳凰	1951.06.11	大三元	桂名揚、紅線女 馬師曾、石燕子	高陞	

	劇目名稱	首演日期（年·月·日）	演出劇團	主演紅伶	演出場地	補充資料
288	一片冰心在玉壺	1951.06.18	大龍鳳	芳艷芬、任劍輝 麥炳榮、白雪仙	普慶	
289	艷曲梵經	1951.06.25	大四喜	何非凡、芳艷芬 譚玉真、梁醒波	普慶	
290	還君明珠雙淚垂	1951.07.09	大四喜	何非凡、芳艷芬 白龍珠、梁醒波	普慶	1957年 拍成電影
291	錦湖艷姬	1951.07.30	錦添花	陳錦棠、芳艷芬 黃千歲、秦小梨	高陞	
292	廿載紅裳恨	1951.08.03	錦添花	陳錦棠、芳艷芬 黃千歲、秦小梨	高陞	
293	楊花攀折銷魂柳	1951.08.11	錦添花	陳錦棠、芳艷芬 黃千歲、秦小梨	高陞	
294	節婦可憐宵	1951.08.18	錦添花	陳錦棠、芳艷芬 黃千歲、秦小梨	高陞	
295	蒙古香妃	1951.08.20	大龍鳳	何非凡、芳艷芬 鄭碧影、麥炳榮	普慶	
296	一自落花成雨後	1951.09.03	大龍鳳	何非凡、芳艷芬 鄭碧影、麥炳榮	普慶	
297	月落烏啼霜滿天	1951.09.14	大龍鳳	何非凡、芳艷芬 鄭碧影、麥炳榮	高陞	
298	三十年梵宮琴戀	1951.09.17	大羅天	何非凡、芳艷芬 麥炳榮、鳳凰女	高陞	
299	似曾相識燕歸來	1951.09.17	錦添花	陳錦棠、羅麗娟 任劍輝、白雪仙	普慶	
300	紅淚袈裟	1951.09.22	大羅天	何非凡、芳艷芬 麥炳榮、鳳凰女	高陞	
301	毒金蓮	1951.10.06	錦添花	陳錦棠、羅麗娟 任劍輝、白雪仙	高陞	
302	風流夜合花	1951.10.06	大羅天	何非凡、芳艷芬 麥炳榮、鳳凰女	高陞	1953年 拍成電影

	劇目名稱	首演日期（年·月·日）	演出劇團	主演紅伶	演出場地	補充資料
303	假鳳戲游龍	1951.10.21	大金龍	馬師曾、紅線女陳錦棠、任劍輝	高陞	
304	仙女牧羊	1951.10.21	大金龍	馬師曾、紅線女陳錦棠、任劍輝	高陞	
305	屠城鵜鰈淚	1951.11.06	大金龍	馬師曾、紅線女陳錦棠、任劍輝	高陞	
306	一劍能消天下仇	1951.11.12	大四喜	新馬師曾、譚玉真廖俠懷、白龍珠	普慶	
307	金面如來	1951.11.17	大四喜	新馬師曾、譚玉真廖俠懷、白龍珠	普慶	
308	搖紅燭化佛前燈	1951.12.10	普長春	何非凡、紅線女羅艷卿、石燕子	高陞	1954 年拍成電影
309	蠻女催妝嫁玉郎	1951.12.24	普長春	何非凡、紅線女羅艷卿、石燕子	高陞	1954 年拍成電影
1952						
310	粉俠賀元宵	1952.01.27	大歡喜	何非凡、鄧碧雲譚玉真、石燕子	中央	
311	綵雲仙子鬧禪台	1952.02.11	大歡喜	何非凡、鄧碧雲譚玉真、石燕子	中央	唐寧編劇、劇務策劃唐滌生
312	鸞鳳換香巢	1952.02.16	大歡喜	何非凡、鄧碧雲譚玉真、石燕子	中央	唐寧編劇、唐滌生參訂；1955 年拍成電影
313	漢宮蝴蝶夢	1952.03.24	喜臨門	何非凡、鄧碧雲麥炳榮、鄭碧影	普慶	
314	夜夜念奴嬌	1952.04.04	喜臨門	何非凡、鄧碧雲麥炳榮、鄭碧影	高陞	1956 年拍成電影
315	玉女懷胎十八年	1952.07.18	大好彩	陳燕棠、陳艷儂鄧碧雲、黃千歲	普慶	劇務策劃唐滌生、采蘋編劇；1954 年拍成電影

	劇目名稱	首演日期 （年·月·日）	演出 劇團	主演紅伶	演出 場地	補充資料
316	望帝迎歸九鳳屏	1952.08.11	金鳳屏	芳艷芬、任劍輝 白雪仙、麥炳榮	普慶	
317	一枝紅艷露凝香	1952.08.21	金鳳屏	芳艷芬、任劍輝 麥炳榮、白雪仙	高陞	1955、1959年 兩度搬上銀幕
318	漢苑玉梨魂	1952.08.25	金鳳屏	芳艷芬、任劍輝 麥炳榮、白雪仙	普慶	
319	一樓風雪夜歸人	1952.09.04	金鳳屏	芳艷芬、任劍輝 麥炳榮、白雪仙	高陞	1957、1962年 兩度搬上銀幕
320	再世重溫金鳳緣	1952.09.08	金鳳屏	白玉堂、芳艷芬 麥炳榮、鄧碧雲	普慶	
321	梨渦一笑九重冤	1952.09.18	金鳳屏	白玉堂、芳艷芬 麥炳榮、鄧碧雲	高陞	1962年 拍成電影
322	艷女情顛假玉郎	1952.09.22	金鳳屏	白玉堂、芳艷芬 麥炳榮、鄧碧雲	普慶	1953年 拍成電影
323	千里攜嬋	1952.09.28	金鳳屏	白玉堂、芳艷芬 麥炳榮、鄧碧雲	普慶	
324	郎心如鐵	1952.10.06	錦添花	陳錦棠、鄧碧雲 任劍輝、白雪仙	普慶	
325	三百日魚水歡情	1952.10.11	錦添花	陳錦棠、鄧碧雲 任劍輝、白雪仙	普慶	
326	楊乃武與小白菜	1952.10.20	錦添花	陳錦棠、鄧碧雲 任劍輝、白雪仙	普慶	
327	楊乃武與小白菜下集結局	1952.10.30	錦添花	陳錦棠、鄧碧雲 任劍輝、白雪仙	高陞	
328	一點靈犀化彩虹	1952.11.03	金鳳屏	芳艷芬、任劍輝 黃千歲、白雪仙	普慶	1963年 拍成電影
329	夢斷香銷四十年	1952.11.08	金鳳屏	芳艷芬、任劍輝 白雪仙、黃千歲	普慶	
330	紅樓二尤	1952.11.17	金鳳屏	芳艷芬、任劍輝 白雪仙、黃千歲	普慶	

唐
滌
生
創
作
傳
奇
（
增
訂
版
）

	劇目名稱	首演日期 （年·月·日）	演出 劇團	主演紅伶	演出 場地	補充資料
331	蓬門未識綺羅香	1952.11.22	金鳳屏	任劍輝、芳艷芬 白雪仙、黃千歲	普慶	
332	帝苑梨花三月濃	1952.12.22	梨園樂	陳燕棠、羅艷卿 衛明珠、黃千歲	普慶	
1953						
333	金鳳迎春	1953.02.14	金鳳屏	芳艷芬、任劍輝、 白雪仙、麥炳榮	普慶	1954 年 拍成電影
334	普天同醉賀新年	1953.02.15	金鳳屏	芳艷芬、任劍輝、 白雪仙、麥炳榮	普慶	
335	艷滴海棠紅	1953.02.20	金鳳屏	芳艷芬、任劍輝 麥炳榮、白雪仙	普慶	李少芸、唐滌生編劇；1954年拍成電影
336	五福齊來錦繡家	1953.02.23	大五福	何非凡、紅線女 馬師曾、黃千歲	普慶	李少芸、唐滌生編劇
337	一年一度燕歸來	1953.03.13	金鳳屏	芳艷芬、任劍輝 麥炳榮、白雪仙	高陞	1953、1958 年兩度搬上銀幕
338	啼鶯驚破三生夢	1953.03.14	金鳳屏	芳艷芬、任劍輝 麥炳榮、白雪仙	高陞	
339	香銷十二美人樓	1953.04.14	大好彩	陳錦棠、芳艷芬 任劍輝、白雪仙	東樂	1954、1958 年兩度搬上銀幕
340	神女有心空解珮	1953.04.27	大好彩	陳錦棠、芳艷芬 任劍輝、白雪仙	東樂	
341	大明英烈傳	1953.08.03	鴻運	陳錦棠、任劍輝 白雪仙、鳳凰女	普慶	
342	富士山之戀	1953.08.04	鴻運	陳錦棠、任劍輝 白雪仙、鳳凰女	高陞	西片《殘月離魂記》改編；1954 年拍成電影
343	還君昔日煙花淚	1953.08.24	鴻運	陳錦棠、任劍輝 白雪仙、鳳凰女	高陞	

	劇目名稱	首演日期 （年‧月‧日）	演出 劇團	主演紅伶	演出 場地	補充資料
344	賴婚	1953.09.14	鴻運	陳錦棠、任劍輝 白雪仙、梁醒波	普慶	西片改編
345	復活	1953.09.15	鴻運	陳錦棠、任劍輝 白雪仙、梁醒波	普慶	
346	燕子啣來燕 子箋	1953.09.29	鴻運	陳錦棠、任劍輝 白雪仙、鳳凰女	普慶	1959 年 拍成電影
347	情困深宮 二十年	1953.10.19	大好 彩	陳錦棠、陳艷儂 白玉堂、鳳凰女	普慶	
348	天降火麒麟	1953.10.29	大好 彩	陳錦棠、陳艷儂 白玉堂、鳳凰女	高陞	
349	凡夫碧侶兩 情深	1953.11.09	非凡 響	何非凡、鄧碧雲 沖天鳳、羅艷卿	中央	
350	醉打金枝戲 玉郎	1953.11.10	大好 彩	陳錦棠、芳艷芬 任劍輝、白雪仙	普慶	
351	願作長安脂 粉奴	1953.11.30	大好 彩	陳錦棠、陳艷儂 麥炳榮、鄭碧影	高陞	
352	忽必烈大帝	1953.12.07	大好 彩	陳錦棠、陳艷儂 麥炳榮、鄭碧影	普慶	
353	紅了櫻桃碎 了心	1953.12.21	鴻運	陳錦棠、任劍輝 白雪仙、鳳凰女	普慶	
1954						
354	魂繞巫山十 二重	1954.01.04	鴻運	陳錦棠、任劍輝 白雪仙、鳳凰女	新舞 台	
355	錯把銀燈照 玉郎	1954.01.09	鴻運	陳錦棠、任劍輝 白雪仙、鳳凰女	新舞 台	
356	鴻運喜當頭	1954.02.02	鴻運	陳錦棠、任劍輝 白雪仙、鳳凰女	中央	1955 年 拍成電影
357	艷陽長照牡 丹紅	1954.02.03	新艷 陽	芳艷芬、黃千歲 陳錦棠、鳳凰女	普慶	1955 年 拍成電影

	劇目名稱	首演日期（年·月·日）	演出劇團	主演紅伶	演出場地	補充資料
358	程大嫂	1954.02.17	新艷陽	芳艷芬、黃千歲麥炳榮、歐陽儉	普慶	同年拍成電影，12月8日公映
359	英雄掌上野茶薇	1954.02.17	鴻運	陳錦棠、任劍輝白雪仙、鳳凰女	中央	唐滌生用筆名「南山鳳」編劇；1962年拍成電影
	紫氣東來花滿樓	1954.02.?	鴻運	陳錦棠、任劍輝白雪仙、鳳凰女	新舞台	詳情待考
360	萬世流芳張玉喬	1954.04.12	新艷陽	陳錦棠、芳艷芬黃千歲、鄭碧影	高陞	簡又文編劇、唐滌生撰曲；1958年拍成電影
361	難續空門未了情	1954.04.27	新艷陽	陳錦棠、芳艷芬黃千歲、鄭碧影	普慶	
362	亂世嫦娥	1954.09.06	新艷陽	陳錦棠、芳艷芬黃千歲、鳳凰女	普慶	
363	一代名花花濺淚	1954.09.08	新艷陽	陳錦棠、芳艷芬黃千歲、鳳凰女	普慶	
364	春燈羽扇恨	1954.09.20	新艷陽	陳錦棠、芳艷芬黃千歲、鳳凰女	普慶	1956、1959年兩度搬上銀幕
365	錦城脂粉賊	1954.11.22	錦城春	陳錦棠、陳艷儂蘇少棠、鳳凰女	東樂	
366	殺嫂英娥傳	1954.11.27	錦城春	陳錦棠、陳艷儂蘇少棠、鳳凰女	東樂	
367	病美人雪夜渡檀郎	1954.12.02	錦城春	陳錦棠、陳艷儂蘇少棠、鳳凰女	高陞	
368	鐵馬騮情伏九花娘	1954.12.02	錦城春	陳錦棠、陳艷儂蘇少棠、鳳凰女	東樂	
369	胭脂淚灑戰袍紅	1954.12.06	錦城春	陳錦棠、陳艷儂蘇少棠、鳳凰女	東樂	

	劇目名稱	首演日期（年·月·日）	演出劇團	主演紅伶	演出場地	補充資料
370	鐵馬騮情伏九花娘續集	1954.12.09	錦城春	陳錦棠、陳艷儂蘇少棠、鳳凰女	東樂	
371	鐵馬騮情伏九花娘大結局	1954.12.10	錦城春	陳錦棠、陳艷儂蘇少棠、鳳凰女	東樂	
372	壯士魂銷帳下歌	1954.12.27	大世界	陳錦棠、羅麗娟陳燕棠、鳳凰女	普慶	《金瓶梅》改編
1955						
373	揚鞭敲碎海棠花	1955.01.05	大世界	陳錦棠、羅麗娟陳燕棠、鳳凰女	高陞	
374	玉女換雙城	1955.01.08	大世界	陳錦棠、羅麗娟陳燕棠、鳳凰女	高陞	
375	真假春鶯戲艷陽	1955.01.23	新艷陽	陳錦棠、芳艷芬譚倩紅、麥炳榮	普慶	
376	陽春白雪兩增輝	1955.01.24	多寶	任劍輝、白雪仙靚次伯、梁醒波	利舞臺	
377	花都綺夢	1955.01.29	多寶	任劍輝、白雪仙鳳凰女、梁醒波	利舞臺	同年拍成電影，8月26日公映
	一盞春燈照玉郎	1955.01.？	多寶	任劍輝、白雪仙	待考	詳情待考
378	李仙傳	1955.02.01	多寶	任劍輝、白雪仙靚次伯、梁醒波	利舞臺	
379	一入侯門深似海	1955.02.06	新艷陽	陳錦棠、芳艷芬譚倩紅、麥炳榮	利舞臺	1958年拍成電影
380	胭脂巷口故人來	1955.02.16	多寶	任劍輝、白雪仙陳燕棠、鳳凰女	高陞	1959年拍成電影
381	傾國名花盛世才	1955.03.01	艷陽紅	新馬師曾、陳艷儂蘇少棠、鳳凰女	高陞	
382	紅梅閣上夜歸人	1955.03.03	艷陽紅	新馬師曾、陳艷儂蘇少棠、鳳凰女	高陞	

	劇目名稱	首演日期（年·月·日）	演出劇團	主演紅伶	演出場地	補充資料
383	海角孤臣血浪花	1955.03.14	艷陽紅	新馬師曾、陳艷儂蘇少棠、鳳凰女	高陞	
384	三月孤魂九月回	1955.05.23	同慶	黃千歲、鄧碧雲麥炳榮、鳳凰女	高陞	
385	雄寡婦	1955.05.27	同慶	黃千歲、鄧碧雲鳳凰女、梁醒波	高陞	同年拍成電影，11月27日公映
386	漢女貞忠傳	1955.07.15	新艷陽	陳錦棠、芳艷芬譚倩紅、麥炳榮	利舞臺	1959年拍成電影
387	為誰顰笑為誰狂	1955.07.21	新艷陽	陳錦棠、芳艷芬譚倩紅、麥炳榮	利舞臺	
	李香君	1955.07.23	新艷陽	陳錦棠、芳艷芬麥炳榮、譚倩紅	利舞臺	新艷陽編委會編訂；唐滌生參與角色待考
388	風箏誤	1955.09.16	多寶	任劍輝、白雪仙梁醒波、靚次伯	利舞臺	
389	初為人母	1955.09.18	多寶	任劍輝、白雪仙陳燕棠、黃金愛	利舞臺	
390	三年一哭二郎橋	1955.09.21	多寶	任劍輝、白雪仙陳燕棠、黃金愛	利舞臺	1959年拍成電影
391	豫讓復仇記	1955.10.10	錦添花	陳錦棠、羅麗娟蘇少棠、譚倩紅	高陞	
392	還卿一把吳鉤劍	1955.10.13	錦添花	陳錦棠、羅麗娟蘇少棠、譚倩紅	高陞	
393	隋宮鏡花緣	1955.10.15	錦添花	陳錦棠、羅麗娟蘇少棠、譚倩紅	高陞	
394	梁祝恨史	1955.11.09	新艷陽	芳艷芬、任劍輝譚倩紅、麥炳榮	利舞臺	潘一帆、唐滌生合編
395	西廂記	1955.12.23	利榮華	何非凡、白雪仙蘇少棠、譚倩紅	利舞臺	

	劇目名稱	首演日期 （年·月·日）	演出 劇團	主演紅伶	演出 場地	補充資料
396	珍珠塔	1955.12.25	利榮華	何非凡、白雪仙 蘇少棠、譚倩紅	利舞臺	
				1956		
397	琵琶記	1956.01.19	利榮華	任劍輝、白雪仙 鄭碧影、蘇少棠	利舞臺	
398	跨鳳乘龍	1956.02.12	利榮華	任劍輝、白雪仙 鄭碧影、蘇少棠	利舞臺	1959 年 拍成電影
399	煙花引蝶來	1956.02.16	利榮華	任劍輝、白雪仙 鄭碧影、蘇少棠	利舞臺	
400	販馬記	1956.02.22	利榮華	任劍輝、白雪仙 蘇少棠、鄭碧影	利舞臺	又名《桂枝告狀》；1956、1959 年兩度搬上銀幕
401	金雀奇緣	1956.02.29	利榮華	任劍輝、白雪仙 蘇少棠、鄭碧影	利舞臺	
402	西施	1956.04.13	新艷陽	陳錦棠、芳艷芬 譚倩紅、黃千歲	利舞臺	
403	洛神	1956.04.25	新艷陽	陳錦棠、芳艷芬 黃千歲、譚倩紅	利舞臺	1957 年 拍成電影
404	紅樓夢	1956.06.18	仙鳳鳴	任劍輝、白雪仙 梅綺、鳳凰女	利舞臺	
405	唐伯虎點秋香	1956.07.04	仙鳳鳴	任劍輝、白雪仙 梁醒波、鳳凰女	利舞臺	1957、1959 年 兩度搬上銀幕
406	六月雪	1956.09.17	新艷陽	任劍輝、芳艷芬 梁醒波、半日安	利舞臺	1959 年 拍成電影
407	香羅塚	1956.11.14	麗聲	陳錦棠、吳君麗 麥炳榮、任冰兒	利舞臺	1957 年 拍成電影
408	牡丹亭驚夢	1956.11.19	仙鳳鳴	任劍輝、白雪仙 靚次伯、梁醒波	利舞臺	
409	穿金寶扇	1956.12.03	仙鳳鳴	任劍輝、白雪仙 靚次伯、梁醒波	利舞臺	1959 年 拍成電影

	劇目名稱	首演日期 （年·月·日）	演出劇團	主演紅伶	演出場地	補充資料
				1957		
410	雙珠鳳	1957.01.31	麗聲	麥炳榮、吳君麗 林家聲、鳳凰女	高陞	
411	花田八喜	1957.02.02	仙鳳鳴	任劍輝、白雪仙 靚次伯、梁醒波	東樂	
412	蝶影紅梨記	1957.02.15	仙鳳鳴	任劍輝、白雪仙 靚次伯、梁醒波	利舞臺	1959 年 拍成電影
413	帝女花	1957.06.07	仙鳳鳴	任劍輝、白雪仙 靚次伯、梁醒波	利舞臺	1959、1976 年 兩度搬上銀幕
414	紫釵記	1957.08.30	仙鳳鳴	任劍輝、白雪仙 靚次伯、梁醒波	利舞臺	1959、1977 年 兩度搬上銀幕
415	紅菱巧破無頭案	1957.11.15	錦添花	陳錦棠、羅艷卿 鳳凰女、蘇少棠	高陞	1959 年 拍成電影
416	斬狐遇妖記	1957.11.29	錦添花	陳錦棠、羅艷卿 鳳凰女、蘇少棠	東樂	
				1958		
417	雙仙拜月亭	1958.01.08	麗聲	何非凡、吳君麗 麥炳榮、鳳凰女	東樂	1958 年 拍成電影
418	醋娥傳	1958.02.18	錦添花	陳錦棠、吳君麗 半日安、胡笳	高陞	1959 年拍成電影《獅吼記》
419	九天玄女	1958.03.14	仙鳳鳴	任劍輝、白雪仙 靚次伯、梁醒波	利舞臺	1959 年 拍成電影
420	白蛇傳	1958.03.14	新艷陽	新馬師曾、芳艷芬 譚倩紅、麥炳榮	普慶	
421	王昭君	1958.05.07	香港東區婦女福利會	李子農夫人、 陳樹渠夫人、 李炳泉夫人、 黃仲安夫人	利舞臺	屬義演劇目
422	蛇女懺情恨	1958.05.16	快樂	陳錦棠、秦小梨 林家聲、任冰兒	東樂	

	劇目名稱	首演日期（年·月·日）	演出劇團	主演紅伶	演出場地	補充資料
423	白兔會	1958.06.06	麗聲	何非凡、吳君麗麥炳榮、鳳凰女	香港大舞台	1959年拍成電影
424	香囊記	1958.06.08	麗聲	麥炳榮、吳君麗鳳凰女	新舞台	
425	花月東牆記	1958.06.25	牡丹紅	何非凡、羅麗娟	待考	
426	西樓錯夢	1958.09.24	仙鳳鳴	任劍輝、白雪仙任冰兒、靚次伯	普慶	
427	百花亭贈劍	1958.10.20	麗聲	何非凡、吳君麗鳳凰女、麥炳榮	新舞台	
428	美人計	1958.12.17	梨苑香	陳錦棠、麥炳榮秦小梨、譚倩紅	東樂	
429	鐵弓奇緣	1958.12.18	孖寶	陳寶珠、梁寶珠梁醒波、陳非儂	香港大舞台	
			1959			
430	雪蝶懷香記	1959.02.16	快樂	何非凡、吳君麗李香琴、陳錦棠	香港大舞台	
	義膽忠魂節烈花	1959.03.？	梨苑香	麥炳榮、秦小梨	待考	詳情待考
431	血羅衫	1959.08.24	麗聲	何非凡、吳君麗梁醒波、蘇少棠	香港大舞台	
432	再世紅梅記	1959.09.14	仙鳳鳴	任劍輝、白雪仙靚次伯、梁醒波	利舞臺	1968年拍成電影

參考資料（按出版年份排列）

薛覺先

1936　〈南遊旨趣〉，載《覺先旅行劇團特刊：覺先集》，頁 3，香港：覺先旅行劇團宣傳部。

麥嘯霞

1940　《廣東戲劇史略》，《廣東文物》第八卷抽印本，香港：中國文化協進會。

黃燕清

1947　〈麥嘯霞先生行述〉，載《麥嘯霞殉難六週年紀念冊》，頁 3-4，香港：嘯聲社。

麥雪峰

1947　〈亡弟麥嘯霞之生前死後〉，載《麥嘯霞殉難六週年紀念冊》，頁 9-10，香港：嘯聲社。

唐滌生

1949　〈介紹海上名編劇家劉豁公為程艷秋編撰《文姬歸漢》之主題曲詞〉，載《艷海棠劇團名劇特刊：〈文姬歸漢〉》，無頁碼。

1950a　〈我把《董小宛》搬上銀幕〉，載《董小宛》電影特刊。

1950b　唐滌生在《華僑日報》廣告介紹《隋宮十載菱花夢》，1950 年 9 月 3 日。[1]

1951a　〈悼非煙（代題詞）〉及〈我對凡、紅合作感覺興趣〉，載《玉女凡心》特刊。

1951b　〈關於妹芳合作之『大羅天』〉，出處待考。[2]

1951c　唐滌生在《華僑日報》廣告介紹《艷陽丹鳳》，1951 年 5 月 28 日。[3]

1　轉載自李少恩：《唐滌生粵劇選論：芳艷芬首本（1949-1954）》，2017:68。

2　這篇唐滌生文章由粵劇學者林英傑先生提供，出處待考。

3　轉載自李少恩：《唐滌生粵劇選論：芳艷芬首本（1949-1954）》，2017:110-112。

1952a 〈寫在《漢宮蝴蝶夢》公演前〉，載《漢宮蝴蝶夢》特刊，
　　　 香港：喜臨門劇團。

1952b 唐滌生在《華僑日報》廣告介紹《一點靈犀化彩虹》，
　　　 1952 年 11 月 3 日。

1953　 唐滌生在《華僑日報》廣告介紹《一年一度燕歸來》，
　　　 1953 年 3 月 2 日及 3 月 9 日。[4]

1954　 唐滌生在《華僑日報》廣告介紹《程大嫂》，1954 年 2
　　　 月 17 日。[5]

1956a 唐滌生致利舞臺戲院司理袁耀鴻的信

1956b 唐滌生寫在《西施》劇本的導言

1956c 〈寫在『仙鳳鳴』開幕前〉，載《紅樓夢》，頁 1，香港：
　　　 仙鳳鳴劇團。

1956d 唐滌生寫在《紅樓夢》劇本第五場的提要

1956e 〈關於《六月雪》〉，載馮梓著：《芳艷芬傳及其戲曲藝
　　　 術》，頁 95-97，香港：獲益出版事業有限公司，1998。

1956f 〈拉雜談《香羅塚》〉，載《麗聲劇團第三屆特刊》，封面
　　　 內頁，香港：麗聲劇團。

1956g 〈編寫《牡丹亭驚夢》的動機與主題〉，載《仙鳳鳴劇團
　　　 第二次公演特刊：〈牡丹亭驚夢〉》，頁 5-6，香港：仙鳳
　　　 鳴劇團。

1957a 〈我編寫粵劇《雙珠鳳》的動機〉，載《〈雙珠鳳〉特刊》，
　　　 頁 3-4，香港：麗聲劇團。

1957b 〈我改編《紅梨記》的動機〉，載《〈蝶影紅梨記〉特刊》，

4　 轉載自李少恩：《唐滌生粵劇選論：芳艷芬首本（1949-1954）》，
　　 2017:194-197。

5　 轉載自李少恩：《唐滌生粵劇選論：芳艷芬首本（1949-1954）》，
　　 2017:220。

頁 6，香港：仙鳳鳴劇團。

1957c 〈作者對於拍攝《蝶影紅梨記》之初步意見書〉，未發表手稿。

1957d 〈在『仙鳳鳴』第四屆裏我為甚麼選編《帝女花》和《紫釵記》〉，載《仙鳳鳴劇團第四屆演出特刊：〈帝女花〉》，頁 9，香港：仙鳳鳴劇團。

1957e 〈改編湯顯祖《紫釵記》的經過〉，載《〈紫釵記〉特刊》，頁 4-6，香港：仙鳳鳴劇團。

1957f 〈永誌不忘〉，載《覺先悼念集》，頁 65，香港：文華印刷公司。

1958a 〈拉雜寫《九天玄女》〉，載《仙鳳鳴劇團第六屆演出特刊：〈九天玄女〉》，頁 4-5，香港：仙鳳鳴劇團。

1958b 〈介紹《白蛇傳》〉，載《新艷陽〈白蛇傳〉（第十三屆）特刊》，頁 2，香港：新艷陽劇團。

1958c 〈《白兔會》的出處及在元曲史上的價值〉，載《華僑日報》，1958 年 6 月 4 日。

1958d 〈介紹袁于令原著《西樓記》中〈病晤〉與〈會玉〉兩折之精妙詞曲〉，載《仙鳳鳴劇團第七屆演出特刊：〈西樓錯夢〉》，頁 4-5，香港：仙鳳鳴劇團。

1958e 〈繼《香羅塚》、《雙仙拜月亭》、《白兔會》後編寫《百花亭贈劍》〉，載《〈百花亭贈劍〉特刊》，頁 9，香港：麗聲劇團。

1958f 〈節錄名滿中國曲壇的古代戲曲《百花亭》〈設計〉與〈贈劍〉兩折原曲〉，載《〈百花亭贈劍〉特刊》，頁 4-5，香港：麗聲劇團。

1958g 唐滌生為《牡丹亭驚夢》唱片題詞，香港：娛樂唱片公司。

1958h 〈唐滌生向藝術界呼籲共同搞好香港粵劇使它邁向健康繁榮〉，1958 年 11 月 13 日，香港《文匯報》引述唐滌生接受訪問時的發言。

1959　〈我以哪一種表現方法去改編《紅梅記》〉，載《仙鳳鳴劇團第八屆演出特刊：〈再世紅梅記〉》，頁 4-5，香港：仙鳳鳴劇團。

白雪仙

1957　《白雪仙自傳》，香港：集文出版社。

作者不詳

1958　〈唐滌生向藝術界呼籲共同搞好香港粵劇使它邁向健康繁榮〉，載《文匯報》，1958 年 11 月 13 日。

吳楚帆口述，筆錄者不詳

1959　〈吳楚帆痛哭唐滌生〉，載《中聯畫報》第四十七期，頁30。

唐賓南

1959　〈唐滌生先生事略〉，載《唐滌生先生哀思錄》，「港九伶星各界追悼唐滌生先生大會」場刊，《銀燈日報》印贈，1959 年 11 月 1 日，無頁碼。

孔茗

1985　《紅線女傳奇 —— 獨上高樓》（第二版），香港：博益出版集團有限公司。

李鐵口述、李焯桃執筆

1987　〈戲曲與電影：李鐵話當年〉，載《第十一屆國際電影節粵語戲曲片回顧》，頁 68-69，香港：香港市政局。

何建青

1993　《紅船舊話》，澳門：澳門出版社。

葉紹德口述，黎鍵記錄

1993　〈五十年來粵劇編劇面面觀〉，載黎鍵編：《香港粵劇口述史》，頁 89-101，香港：三聯書店（香港）有限公司。

黎鍵編

1993　《香港粵劇口述史》，香港：三聯書店（香港）有限公司。

唐
滌
生
創
作
傳
奇
（
增
訂
版
）

賴伯疆

1993 《薛覺先藝苑春秋》，上海：上海文藝出版社。

2001 《廣東戲曲簡史》，廣州：廣東人民出版社。

陳守仁

1995 《王粵生圖傳：王氏相片彙輯》，香港：香港中文大學音樂系粵劇研究計劃。

1999 《香港粵劇導論》，香港：香港中文大學音樂系粵劇研究計劃。

2001 《粵劇音樂的探討》，香港：香港中文大學音樂系粵劇研究計劃。

2005 〈《帝女花》：黃韻珊與唐滌生版本概説〉，載《香港戲曲通訊》第十期，頁 1-4。

2007a 《香港粵劇劇目概説（1900-2002）》，香港：香港中文大學音樂系粵劇研究計劃。

2007b 《粵曲的學和唱：王粵生粵曲教程》（第三版），香港：香港中文大學音樂系粵劇研究計劃。

2012a 《香港神功戲》（第二版），香港：三聯書店（香港）有限公司。

2012b 〈麥嘯霞年表〉，載《香港戲曲通訊》第三十七、三十八期合刊，頁 13。

2015 《唐滌生粵劇劇目概説（任白卷）》，香港：匯智出版有限公司。

2016a 〈開戲師爺的浮沉〉，載《劇誌》，2016 年三月號，頁 22-25。

2016b 〈麥嘯霞熱血灑在桃花扇〉，載《香港電影資料館通訊》，第七十六期（2016 年 5 月），頁 21-23。

2016c 《唐滌生創作傳奇》，香港：匯智出版有限公司。

2016d 〈薛覺先、唐雪卿攜手尋突破、反壟斷〉，載《香港電影資料館通訊》，第七十八期（2016 年 11 月），頁 3-4。

2020 《粵曲的學和唱：王粵生粵曲教程》（增訂第四版），香港：商務印書館（香港）有限公司。

2021 《早期粵劇史：〈廣東戲劇史略〉校注》，香港：中華書局（香港）有限公司。

2024 《香港粵劇劇目初探 1750-2022 —— 創意與局限》，香港：商務印書館（香港）有限公司。

盧瑋鑾編

1995 《奼紫嫣紅開遍 —— 良辰美景仙鳳鳴》（卷一、二、三），香港：三聯書店（香港）有限公司。

2004 《奼紫嫣紅開遍 —— 良辰美景仙鳳鳴（纖濃本）》，香港：三聯書店（香港）有限公司。

劉燕萍

1996 〈蔣防傳奇《霍小玉傳》與粵劇《紫釵記》之比較〉，載應錦襄編《跨世紀與跨文化 —— 閩粵港第二屆比較文學學術研討會論文集》，頁 330-340，廈門：廈門大學出版社。

2015 〈小道具：紫釵與試鍊 —— 論唐滌生編粵劇《紫釵記》〉，載劉燕萍、陳素怡著《粵劇與改編 —— 論唐滌生的經典作品》，頁 39-61，香港：中華書局（香港）有限公司。

2021a 〈宣恩與爭夫 —— 論唐滌生《紫釵記》（1957）劇本 —— 以末折之名實為核心〉，載《人文中國學報》三十一卷，頁 221-261。

2021b 〈從偽負情到至情 —— 論唐滌生《紫釵記》（1957）劇本〉，載《東方文化》五十一卷第一期，頁 137-164。

黃淑嫻編

1997 《香港影片大全》第一卷（1913-1941），香港：香港電影資料館。

馮梓

1998 《芳艷芬傳及其戲曲藝術》，香港：獲益出版事業有限公司。

傅慧儀編

1998 《香港影片大全》第二卷（1942-1949），香港：香港電影資料館。

2000 《香港影片大全》第三卷（1950-1952），香港：香港電影資料館。

余慕雲

1999 〈唐滌生傳記〉，載香港電影資料館編《唐滌生電影欣賞》，頁 7-11，香港：香港電影資料館。

余慕雲、阮紫瑩、周荔嬈

1999a 〈唐滌生電影作品年表〉，載香港電影資料館編《唐滌生電影欣賞》，頁 35-37，香港：香港電影資料館。

1999b 〈唐滌生粵劇作品年表〉，載香港電影資料館編《唐滌生電影欣賞》，頁 38-46，香港：香港電影資料館。

香港電影資料館編

1999 《唐滌生電影欣賞》，香港：香港電影資料館。

周偉、常晶

2002 《我的媽媽周璇》（第二版），太原：山西教育出版社。

郭靜寧編

2003 《香港影片大全》第四卷（1953-1959），香港：香港電影資料館。

2005 《香港影片大全》第五卷（1960-1964），香港：香港電影資料館。

2007 《香港影片大全》第六卷（1965-1969），香港：香港電影資料館。

2014 《香港影片大全》第八卷（1975-1979），香港：香港電影資料館。

香港文化博物館編

2004 《文武兼擅：吳君麗戲劇藝術剪影》，香港：康樂及文化事務署。

鄧兆華

2004　《粵劇與香港普及文化的變遷:〈胡不歸〉的蛻變》,香港:
　　　　香港中文大學音樂系粵劇研究計劃。

岳清

2005　《烽火梨園:1938 至 1949 年香港粵劇》,香港:一點文
　　　　化有限公司。

2008　《新艷陽傳奇》,香港:樂清傳播。

唐滌生著、賴宇翔選編

2007　《唐滌生作品選集》,珠海:珠海出版社。

陳苡霖

2007　〈本事:芳艷芬首本劇目簡介〉,載《香港戲曲通訊》第
　　　　十六期,頁 6。

賴伯疆、賴宇翔

2007　《蜚聲中外的著名粵劇編劇家唐滌生》,珠海:珠海出版
　　　　社。

《粵劇大辭典》編纂委員會編

2008　《粵劇大辭典》,廣州:廣州出版社。

劉文峰

2008　〈試論粵劇的形成和改良〉,載崔瑞駒、曾石龍編:《粵劇
　　　　何時有:粵劇起源與形成學術研討會文集》,頁 12-21,
　　　　香港:中國評論學術出版社。

禾久田幸助

2009　〈香港淪陷後的薛覺先〉,載楊春棠編:《真善美:薛覺先
　　　　藝術人生》,頁 116-117,香港:香港大學美術博物館。

楊春棠編

2009　《真善美:薛覺先藝術人生》,香港:香港大學美術博物館。

潘步釗

2009　《五十年欄杆拍遍 —— 唐滌生粵劇劇本文學探微》,香
　　　　港:匯智出版有限公司。

陳仲琰

2010　〈陳卓瑩生平〉，載陳卓瑩原著、陳仲琰修訂：《陳卓瑩粵曲寫唱研究》，頁 8-9，香港：懿津出版企劃公司。

黎鍵著、湛黎淑貞編

2010　《香港粵劇敘論》，香港：三聯書店（香港）有限公司。

王勝泉、張文珊編

2011　《香港當代粵劇人名錄（2011 年版）》，香港：香港中文大學音樂系粵劇研究計劃。

李小良編

2011　《芳艷芬〈萬世流芳張玉喬〉原劇本及導讀》，香港：三聯書店（香港）有限公司。

盧瑋鑾、張敏慧編

2011　《梨園生輝：任劍輝、唐滌生 —— 記憶與珍藏》，香港：三聯書店（香港）有限公司。

鄭寶鴻

2013　《百年香港華人娛樂》，香港：經緯文化出版有限公司。

張敏慧

2014　《開鑼》，香港：中和出版有限公司。

戴淑茵

2014　《驚艷紅梅 —— 粵劇〈再世紅梅記〉賞析》，香港：匯智出版有限公司。

馬克奧尼爾（Mark O'Neill）著，張琨譯

2015　《唐家王朝：改變中國的十二位香山子弟》，香港：三聯書店（香港）有限公司。

林英傑

2016　〈打曲不成曲打我 —— 唐滌生傳略〉，未出版文稿。

李少恩

2017　《唐滌生粵劇選論：芳艷芬首本（1949-1954）》，香港：匯智出版有限公司。

郭靜寧編

2019　《香港影片大全》第一卷（1913-1941），修訂版，香港：
　　　香港電影資料館。

陳守仁、張群顯

2020　《帝女花讀本》，香港：商務印書館（香港）有限公司。

2022　《帝女花讀本》（修訂第二版），香港：商務印書館（香港）
　　　有限公司。

陳守仁、張群顯、何冠環

2021　《紫釵記讀本》，香港：商務印書館（香港）有限公司。

吳君玉編

2022　《香港影片大全》第二卷（1942-1949），修訂版，香港：
　　　香港電影資料館。

初版跋　五個巧合

有幸為陳守仁博士的著作撰寫「跋」，真有點愧不敢當之感。

在農曆新年前偶遇久違的陳博士，知道他正埋頭撰寫講述唐滌生創作傳奇的專著。他一見我，馬上隨身取出一本《唐滌生電影欣賞》的小冊子出來，並徵求我允許他轉載當中的〈唐滌生電影作品年表〉和〈唐滌生粵劇作品年表〉。我把兩表看了一會，不期然勾起了十七年前的往事。

記得我於 1995 年與先師余慕雲結師徒之緣，隨即成為他的助手，每天到香港大學圖書館翻看舊報紙，為他撰寫的《香港電影史話》作資料搜集。有一天，他叫我把「史話」工作暫時停下，而另給我一項新任務；原來他要我翻閱 1930 年代至 1959 年的報紙，幫忙搜集唐滌生編的粵劇劇目。於是，我便開始翻看所有有關的粵劇廣告，大約花了一個多月的時間，找到了四百多份；但當時出版時間迫在眉睫，電腦亦未普及，到小冊子出版後，我才發現仍有很多錯漏的地方。所以當陳博士提及這兩個年表時，我便指出了有從頭再翻看一遍舊報紙的必要。但陳博士認為單以他一人，在四月底交稿前，恐怕已沒有充裕的時間。

數天後，我到新倉執拾資料，在堆積了我入行二十年

的雜物中赫然發現一個公文袋，上寫「唐滌生工作文件」。
打開一看，我就呆了；原來那是當年我工作留下的一小部
分廣告和文章資料，還有當年李鐵導演贈與先師的一封唐
滌生寫的〈作者對於拍攝《蝶影紅梨記》之初步意見書〉
的影印本。再數天後，我約了陳博士見面，我說適逢今年
是我先師逝世的十周年，也是我加入文壇發表文章的二十
周年，而且這兩個年表的編製也是我與先師的首次合作，
解鈴還須繫鈴人，為了紀念這兩個重要的日子，不如由我
重新編訂這兩個年表吧！

　　更何況先師早在 1984 年曾為大導演李翰祥的著作
《三十年細說從頭》做配圖和文字說明，為了繼承他的工
作，我也嘗試為陳博士這本著作配圖。過去二十多年來，
我認識了數百位電影界前輩，其中有二十多位曾贈送他們
的珍藏照片、書刊和劇本等資料給我。特別是今年已屆
九十五高齡的鄧美美女士，她是 1930 年代名編劇家鄧英的
長女，也是余慕蓮的母親；她在移民美國前餽贈了兩大本
相簿給我，而這些照片是非常珍貴和未曾公開的。為了表
示對先師的感激，我將安排把這些資料陸續發表。

　　基於這五個巧合 —— 偶遇陳博士、搬了新倉、兩個紀
念的日子，和懷念先師開展了的配圖工作，我便答應略盡
綿力重新編訂兩個年表。

　　為了重新整理唐滌生的電影和粵劇年表，我曾多次到
香港大學圖書館和香港中央圖書館，重新翻看和核對有關

唐滌生創作傳奇（增訂版）

粵劇廣告，既發現了一些新的劇目，也找到了一些當年記錄錯誤的地方；可惜因時間倉卒，可能仍有不足和錯漏之處，祈盼日後再版時才作修訂吧！本人謹此鳴謝羅海珊小姐的協助。

阮紫瑩

寫於 2016 年 4 月 30 日

唐滌生
創作傳奇 （增訂版）

陳守仁 著

責任編輯	張佩兒
裝幀設計	簡雋盈
排　　版	楊舜君
印　　務	劉漢舉

出　　版　　中華書局（香港）有限公司
　　　　　　香港北角英皇道 499 號北角工業大廈 1 樓 B
　　　　　　電話：（852）2137 2338　　傳真：（852）2713 8202
　　　　　　電子郵件：info@chunghwabook.com.hk
　　　　　　網址：http://www.chunghwabook.com.hk

發　　行　　香港聯合書刊物流有限公司
　　　　　　香港新界荃灣德士古道 220-248 號
　　　　　　荃灣工業中心 16 樓
　　　　　　電話：（852）2150 2100　　傳真：（852）2407 3062
　　　　　　電子郵件：info@suplogistics.com.hk

印　　刷　　深圳市雅德印刷有限公司
　　　　　　深圳市龍崗區平湖街道輔城坳工業大道 83 號 A14 棟

版　　次　　2024 年 7 月初版
　　　　　　© 2024 中華書局（香港）有限公司

規　　格　　特 16 開（210mm×150mm）

ISBN　　　978-988-8861-93-4